비판청소년학(critical youth studies) 총서 7

청소년학

천정웅 지음

Youth Studies

신정

머리말

PREFACE

청소년에 대한 정의가 존재하지 않았던 때는 물론이고 청소년에 대한 아이디어가 사회일반의 의식에 들어 왔을 때조차도 청소년세대를 이해하는 일은 언제나 하나의 도전과제로 여겨져 왔다. 사람들은 예외 없이 연령 기준을 언급하거나, 청소년이라는 존재가 아동기와 성인기의 경계 사이 그 어디쯤에 위치하는 것으로 말하면서 10대라는 상대적으로 짧은 인생의 한 부분을 청소년시기의 온전한 모습이라고 보기도 하였다. 그러나 청소년은 연령으로만 정의내릴 수 없으며 그 이름과 신분에 따라 다양하게 규정되어야 할 필요가 있다. 특히 자율, 독립 그리고 의사결정의 자유 등과 관련해서 더욱 그러하다. 사실 개념상 청소년기를 규정하는 하한연령이 어떻게 되든 간에 실제 청소년은 그보다 더 어린 나이에 자율적인 주체가 되기도 하고 동시에 상한연령이 30세를 넘어가도 완전한 성인의 지위를 갖지 못하기도 한다. 오랜 기간을 여전히 교육과정 중에 있을 때는 더욱 그렇다.

오늘날 '청소년'에 대한 개념규정은 이른바 '10대의 덫'에 빠지기 쉬웠던 과거와 달리 '성인진입기'로 연결되는 경제적·사회적 자립이 20대 후반이나 30대 초반으로 연기됨에 따라 발생하는 '청년의 청소년화 경향'에 대한 논의로 이어지고 있다. 청소년 이해의 스펙트럼이 그만큼 넓어지고 다양해진 것이다. 이제 청소년시기를 아동기의 연장선으로 이해하는 것에서 벗어나, 지나친 10대 중심에서 탈피하면서 동시에 청소년기를 하나의 발달단계와 과정으로 보는 것에 머물지 않고 이들의 사회적 역할과 활력을 강조하는 방향으로 전환하는 새로운 접근에 관심을 가져야 한다. 이는 청소년에 관한 인접 학문들이 기존의 논의를 담으면서도 청소년학 나름의 학문적 구조와 분석틀, 그리고 내용구성에 대한 진지한 성찰을 통해 정체성을 새롭게 해야 할 필요성과도 맞닿아 있다. 이 책은 이러한 생각에서 출발하여 청소년학의 체계와 내용을 다시 한 번 정립해 봄으로써 그간의 청소년 학술공동체가 보여준 노력에 또 하나의 시도를 보태고자 한다.

이 책은 청소년 이해와 관점들, 청소년학의 핵심 영역, 그리고 청소년개발과 시민적 관여 등의 세 부분으로 구성하였다. 제1부에서는 '청소년과 Z세대의 이해'(1장), '청소년발달의 요소와 이론'(2장), '청소년발전과 적극적 관점'(3장)에 대해 서술하였다. 제2부에서는 청소년분야의 중점 영역이 되고 있는 '청소년문제'(4장) '청소년복지'(5장), '청소년활동'(6장), '청소년문화'(7장), '청소년참여'(8장)에 대해 개관하면서 그 동안의 각 영역별 동향을 업데이트하였다. 제3부에서는 '청소년발전과 청소년개발'(9장), '지역사회청소년개발'(10장), 그리고 '시민적 관여와 청소년운동'(11장)을 포함하였다. 전체적으로 발달-개발-발전으로 번역되는 영어의 'development'라는 의미가 각 장별로 유사하면서도 각기 다른 의미로 전체 내용을 가로지르고 있다. 동일한 용어이지만, 문맥에 따라 입체적으로 이해될 수 있도록 맥락적으로 서술하면서 해당 내용이 활용・전개되는 흐름이 지향해야 할 바를 저자의 관점에서 나름대로 구체화하는 데 주력하였다. 청소년학에서 주로 언급되거나 제시된 기존의 내용들을 재구성하고 보완하면서 청소년분야를 새롭게 접근하는 전환적 틀을 갖도록 시도한 것이다.

하나의 학문 분야를 몇 사람의 노력만으로 이룰 수는 없지만, 이 책이 청소년분야에 대한 기본적 관점의 전환과 새로운 접근의 필요성을 공유할 수 있는 계기를 제공해 줄 수는 있으리라 기대해 본다. 기대가 현실이 되어 발간의 기쁨이 그간의 부담감을 상쇄할 수 있기를 바라는 마음이다. 한편으로 이 책의 내용은 기존의 다양한 선행연구들의 성과를 부분적으로 활용하거나 포함하고 있다는 점에서 인용의 미비나 누락이 있다면 최대한 빠른 시기에 바로잡을 것을 밝힌다. 특히 이 책은 필자가 10여 년 전에 구상했던 청소년발전론의 중요한 부분들을 새롭게 업데이트하였다는 점에서 내용보완의 부족함은 후일의 과제로 남기며, 독자제현의 지도편달을 부탁드린다. 끝으로 COVID-19 팬데믹으로 어려워진 출판 여건 속에서도 흔쾌히 책을 발간해 주신 도서출판 신정의 최용구 사장님과 직원 여러분께 깊은 감사를 드린다.

2023년 6월 중순

무학산 자락에서

중천(中天) 천 정 웅

차 례

CONTENTS

PART 03 청소년개발과 시민적 관여

YOUTH STUDIES

PART

01 청소년 이해와 관점들

Chapter 01

청소년과 Z세대의 이해

지금부터 20여 년 전, 새로운 밀레니엄(Millennium)시대라고 했던 2000년대를 목전에 두고 정치, 경제, 사회, 문화 등 각 영역에서 다가올 새로운 세기에 나타날 변화에 대응하는 다양한 방안들을 논의한 바 있다. 청소년분야에서도 1980년대 중반 이후 발전되기 시작한 '청소년정책'을 그 후 매 5년 단위의 국가정책의 일부로 주기적으로 수립·시행하는 모습을 갖기 시작하였다. 21세기를 20여년 지난 오늘날 우리는 2000년 이전에 태어난 세대를 밀레니얼 세대 또는 Y세대로 보고, 그 이후 태어난 세대를 Z세대, 알파세대(generation alpha)로 새롭게 규정하면서 그에 따른 사회·정책적 대응방안을 모색하고 있다(강주연·이이든·김지수, 2020).

한국사회에서 청소년이란 용어는 1960~1970년대를 거치면서 사회문제로서 청소년문제가 부각되면서 널리 쓰이게 되었다. 그 후 청소년연구가 활성화되고 청소년정책, 청소년활동과 실천현장이 발전하면서 점차 하나의 독립된 학문으로서 청소년학(youth studies)이 논의되었고 최근에는 시민청소년학(civic youth), 글로벌청소년학(global youth studies) 등의 다양한 학문적 발전이 모색되고 있다(천정웅, 2023). 이런 점에서 청소년학이 전제하는 핵심 대상으로써 청소년의 개념을 정의하고 그 연령적 특성을 알아보고 그에 따른 청소년의 사회적 위치를 파악하기로 한다.

청소년에 대한 개념은 일반적으로 "개인적 삶의 과정 중 한 시기, 특수한 행위양식을 갖는 집합적 사회구성체, 불완전한 사회적 신분, 세대 단위를 구성하는 역사적 세력 혹은 집단" 등으로 정의되고 있다(김영화 · 최영진, 2012). 그러나 오늘날에는 청소년을 삶의 한 시기에 속한 유사연령대의 집합으로만 보는 시각은 점차 줄어들고 있다. 청소년들이 구성하는 문화에 대한 이해의 폭이 넓어지고 있기 때문이다. 사실, 청소년의 개념은 18세기와 19세기에도 제대로 인식되지 못했으며, 20세기에 들어와서야 유엔을 중심으로 청소년에 대한 인식의 전환이 이루어지고, 청소년에 대한 사회의 관심과 태도 변화가 나타나기 시작하였다. 이런 점에서 역사의 발전에 따라 인생에서 청소년기와 사회 안에서의 청소년 존재의 의미와 중요성이 점차 확산된 것은 분명하다(최윤진, 1998).

1 청소년의 정의와 연령규정

'청소년'을 정의하는 것은 청소년 관련 분야나 청소년정책에 관련한 사람들이 항상 수행하는 일이다. 이는 그 개념이 존재하지 않았던 때나 청소년에 대한 아이디어가 공공의 의식에 들어왔을 때에도 항상 하나의 도전과제가 되어 왔다. 연령 개념을 반드시 언급하고, "아동기(childhood)"와 "성인기(adulthood)" 사이의 일종의 경계를 말하면서 불가피하게 그 사이에서 겹치기도 하지만, 그 속에 "청소년(youth)"이 위치할 수 있다고 본다. 그 결과 "청소년"은 일단 사춘기(puberty)와 청소년기(adolescence) – 즉, 10대 연령의 그 어느 때 – 와 동시에 일어나는 상대적으로 짧은 시기인 것으로 받아들여지게 되었으며, 현재는 하향연령은 11세 정도로 내려가고 상향연령은 적어도 25세 정도, 때로는 30세, 일부 국가에서는 40세까지로 올라가는 것으로 연령 범위가 나타나고 있다(Williamson. Fras, & Lavchyan, 2021). 청소년의 연령범주 상한선이 높아지는 이유는 청소년들의 성장은 빨라지는 반면에 성인기는 연장되고 있는 경우가 많기 때문이다.

1) 호칭과 용어로 본 정의

청소년과 관련한 호칭에는 아동, 미성년자, 소년, 10대, 사춘기, 청춘기, 젊은이 등이 있다. 먼저, 일반적 의미에서 청소년은 청년과 소년(아동)을 포함한 의미로 볼 수 있다. 여기에서 '아동'은 대체로 초등학교에 다니는 어린 아이를 지칭하며, '소년 · 소녀'는 아주 어리지도 않고 완전히 자라지도 않은 초등학교나 중학교 재학 연령에 해당하는 것으로 보는 경향이다. 청소년과 관련하여 '10대(teens)'라는 말이 있는데 이는 20대 미만의 연령층으로서 주로 영어로 숫자 끝에 'teen'이 붙는 '13세(thirteen)'부터 '19세(nineteen)'까지에 속하는 집단을 의미한다.

또한 '미성년자'는 주로 법적 용어로서 지능이나 신체가 완전히 성숙하지 않아 성인으로 인정받지 못하는 연령층의 사람을 말한다. 나라에 따라 차이가 있으나, 미성년자는 대략 18세 또는 20세 미만인 자로, 사회에서 법적 행위를 하려고 할 때 보호자를 필요로 하는 연소자를 말한다. '청춘기'(youth)는 보다 포괄적 개념에서 아동 및 청소년, 청년을 포함하고 있고, '사춘기'는 급속한 신체성장을 이루는 시기로서 청소년들이 신체적으로 성적 기관의 발달로 인해 출산이 가능한 기간을 가리키며, 생식기관 및 성기, 그리고 2차 성징의 발달로 특징지어질 수 있다. 또한 '젊은이'란 젊은 세대나 청・장년을 지칭하는 것으로서 일상적으로 '청년'이 보다 널리 사용되고 있다(김진화 외, 2003).

다음으로 청소년과 관련한 서구적 용어와 호칭들도 우리말의 용어와 유사하게 이해할 수 있다. 서구 영어권에서는 "adolescent"와 "puberty", "youth", 그리고 "teenager"라는 용어들이 있는데, 모두 청소년과 관련하여 사용되지만, 그 용례와 의미는 상황에 따라 조금씩 다름을 알 수 있다. 대체로 adolescent와 puberty는 심리・생리・발달론적 접근으로 이해되고, youth와 teenager는 사회문화적 접근으로 이해된다(천정웅, 2021). 우선, "adolescent"란 청소년기(adolescence)에 있는 연령층 집단을 의미하는 것으로 그 어원을 살펴보면, 라틴어 동사인 "adolescere"에서 유래하여 "성장하다", 또는 "성숙에 이르다"라는 뜻을 갖고 있어 미숙한 상태를 벗어나는 과정을 의미한다(김성이 외, 2010).

Puberty는 청소년기의 생리적 전이과정, 특히 생식기능의 발달시기의 의미를 갖는다. 사전적으로는 개인의 생리적 출산이 가능하게 되는 시기(협의) 또는 성장기 소년, 노소에게 나타나는 광범위한 신체적 변화의 시기(광의)를 뜻한다. 사춘기의 대표적 특징은 2차 성징의 출현과 발달이다. 인체 내 호르몬의 영향과 밀접한 관련을 갖고 나타나는 생식기능 변화가 주요 특징이며 사춘기에 직면한 청소년들이 겪는 스트레스, 갈등의 문제, 자기 이미지, 정체성에 미치는 영향 등에 관한 심리학적 연구의 다양한 주제들과 연계되어 논의된다.

한편, "youth"라는 개념은 사회-심리학적 관점과 깊이 관련되어, 청소년기를 과도기로 인정하지 않고 이 시기를 고유한 인생의 발달 단계로 인정함으로써, 이 시기에 놓인 청소년들의 자율성과 책임성, 그리고 권익옹호(empowerment)와 참여(participation), 시민성(citizenship) 등을 강조한다.

이 점에서 youth는 puberty나 adolescent에 비해 사회문화적 맥락과 깊은 연관을 가진 개념이며, 성인으로서의 전이과정, 사회적 관계망, 그리고 또래그룹들과 더불어 표출하는 문화 양상들에 근거해서 시기적 특성을 상징하는 개념적 성격을 갖는다. youth는 또한 서구사회적 개념이며 아동기(childhood)라는 개념보다는 늦게 출현하였다. 18세기 이후에 아동과 성인사이의 전이시기적 의미를 중심으로 youth가 통용되기 시작했으며 20세기에 이르기까지 오랜 기간 동안 사회적으로 문제를 야기하는 시기 또는 학교에서 직업세계로 전이하는 시기, 그리고 정치적 잠재집단으로서의 시기 등 사회적 지위, 역할 등과 연계하여 지칭되는 개념으로 이해된다. 1950년대와 1960년대부터 범죄학, 사회학, 문화인류학 등의 학문분야에서 주로 다루어진 개념이다.

또 다른 용어로서의 teenager는 1900년대 초반까지는 존재하지 않았다. 당시에도 10대들이 존재했지만 지금처럼 10대집단들이 보여주는 독특한 문화와 공유된 라이프스타일이 존재하지 않았다는 것을 의미한다. 대체로 1930년대 후반에 나타난 용어로 이해되고 있으며, 10대들의 소비성향, 패션, 음악, 영화 등의 대중문화 양상과 라이프스타일을 함축하여 상징하는 호칭으로 통용되면서 보편적 용어로 자리 잡게 되었다. hip-hop 문화 등 젊은 층 주도의 문화현상과 밀접한 관련을 갖는다.

이상에서 살펴본 청소년에 관한 용어와 호칭은 결국 그것이 논의되는 상황에 따라 각기 다르게 사용되고 있음을 알 수 있다. 청소년학과 관련하여서는 주로 adolescent와 youth가 사용되고 있으며, 전자는 심리발달적 접근, 후자는 사회문화적 접근의 경우 많이 사용되고 있다. 청소년을 adolescent로 이해하는 것은 생리학적 발달 국면의 성격이 강하며, 청소년기의 과도기적 성격을 부각시킴으로써 현재의 권리를 유보한 채 성인기 생활의 준비를 강조하는 경향이 있다고 본다. 즉, 이러한 과정 속에서 청소년의 자율과 책임성이 배제되는 경향이 있다는 설명이다.

〈표 1-1〉 **호칭과 용어로 보는 청소년의 정의**

아동(child)	• 대체로 초등학교에 다니는 어린아이를 지칭
소년	• 아주 어리지도 않고 완전히 자라지도 않은 아이로 일반적으로 초등학교 재학 연령에 해당하는 연령층
10대(teens)	• 10~19세까지 20대 미만의 연령층으로서 어떤 특정한 청소년층보다 미숙한 집단 세대를 의미함
미성년자	• 주로 법적 용어로서 지능이나 신체가 완전히 성숙하지 않아 성인으로 인정받지 못하는 연령층을 지칭
청춘기(youth)	• 보다 포괄적인 개념에서 아동 및 청소년, 청년을 포함함
사춘기	• 급속한 신체성장을 이루는 시기(2차 성징의 출현과 발달)
젊은이(청년)	• 젊은 세대나 청·장년을 지칭
adolescent	• 청소년기에 있는 연령층 집단을 의미하는 것으로, 성장하다(to grow up), 또는 성숙에 이르다(to grow into maturity)라는 의미를 내포함 • 육체적으로 급성장하고 정신적으로 부모로부터 독립성과 자아개념이 성숙하는 시기로 아동기에서 성인기로 이해하는 발달단계
puberty	• 청소년기의 생리적 전이과정, 특히 생식기능이 발달하는 시기를 의미함 • 사춘기의 대표적인 특징인 2차 성징의 출현과 발달
youth	• 후기 산업사회가 만들어 낸 사회·심리적 부산물로 시민들에게 높은 수준의 교육적 성취를 요구하면서 생겨난 새로운 인생주기에 도달하는 청소년의 자율성과 책임성, 권리 및 권익옹호와 참여 및 시민성 등을 강조하는 것에서 생성함
teenager	• 1930년대 후반에 나타난 용어로 이해되고 있으며, 10대들의 소비 성향, 패션, 음악, 영화 등의 대중문화 양성과 라이프스타일을 함축하여 상징하는 호칭

출처: 천정웅(2021). pp.16-20 참조.

2) 법적 정의와 연령 구분

일반적으로는 청소년은 연령으로 구분하고 있으며, 시대나 나라에 따라 다양하며, 한 국가 내에서도 법제에 따라 각기 다르기도 하다. 청소년의 연령 구분과 관련한 대표적인 것으로 UN의 규정을 들 수 있는데, 1985년 이후 공식적으로는 15~24세 사이의 연령집단을 youth로 범주화하고 있다. 국제적인 청소년전문기관(youthpolicy.org)에서 전 세계 188개 국가의 청소년정책 연령과 주관부처 등을 조사한 바에 의하면, 대부분 30세 전후까지를 정책대상 연령으로 규정하고 있음을 알 수 있다. 예를 들면, 호주는 12~24세, 중국은 14~28세, 프랑스는 3~30세, 독일은 12~26세, 이탈리아는 15~35세, 일본은 0~30세, 뉴질랜드는 12~24세, 러시아는 15~29세, 싱가포르는 15~35세, 스웨덴은 13~25세, 영국은 13~19세, 미국은 10~24세 등이다.

미국의 경우, 청소년과 관련한 각종 연령 규정에 대해 아직도 많은 논란이 이루어지고 있지만, 대부분의 주는 18세를 성인과 청소년을 구분짓는 연령으로 보고 있다. 그러나 일부 주는 19세 또는 21세까지로 상향된 규정을 적용한다(천정웅, 2009). 중요한 것은 연방정부에서는 정책대상으로서의 청소년 연령을 10~24세로 규정하고 있는데, 미국의 연방기관 간 청소년정책 협의기구인 IWGYP(Interagency Working Group on Youth Programs)에서는 전통적으로 12~18세로 보던 청소년기가 문화적·경제적 변화(cultural and economic shifts)로 연장되고 있다고 보고, 청소년(adolescents)과 청년(young adults)을 포함하는 개념으로 이해하고 있다(IWGYP, 2016).

우리나라에서도 청소년은 다양한 호칭과 함께 관련법에 따라 연령 구분이 다르게 규정되고 있다. 먼저 아동이란 호칭과 관련하여 「아동복지법」에서는 18세 미만으로 규정하고 있으며, 특수 상황에 있는 아동에게 교육이나 보호가 계속 필요한 경우에는 20세 또는 25세 미만까지 서비스를 계속 받을 수 있게 권리를 부여하고 있다. 「민법」에서는 만 20세 미만을 미성년자로, 「소년법」에서는 19세 미만을 소년으로 규정하고 있다. 「근로기준법」에서는 15세 미만인 자는 근로자로 사용하지 못하며, 18세 미만인 자는 도덕상 또는 보건상 유해·위험한 사업에 사용하지 못하게 규정하고 있다.

그러나 우리나라의 청소년과 관련한 국가정책의 기본 방향을 제시해주는 법인 「청소년기본법」에서는 청소년의 연령 범주를 9~24세까지로 규정하고 있음에 주목할 필요가 있다. 그리고 청소년을 유해환경으로부터 적극적으로 보호하기 위한 「청소년보호법」에서는 법의 적용대상이 되는 청소년의 연령을 만 19세 미만으로 규정하고 있다. 「아동·청소년의 성보호에 관한 법률」에서는 법의 적용대상을 19세 미만인 자로 규정하고 있다. 「청소년복지지원법」과 「청소년활동진흥법」 등은 「청소년기본법」에서의 청소년의 연령범주를 따로 정한 규정이 없는 경우에는 「청소년기본법」에서 정한 것에 따르고 있다.

이와 같이 청소년 명칭이나 연령이 법령별로 유사하거나 상이하게 나타나는 것은 각 법령별 입법 배경과 입법 목적, 적용 대상의 특성 그리고 시대적·사회적·정책적 필요성 등이 각기 다르기 때문으로 볼 수 있다. 그러나 법적 연령규정의 문제는 관련 부처 간 정책 내용이나 적용 대상의 중복성이나 누락 등에 따른 정책적 비효율성을 초래할 수 있다는 점에서 연령기준에 대한 논의의 필요성이 제기되고 있다(문호영·최창욱, 2015; 이혜경·김도영·진은설, 2020).

〈표 1-2〉 **법률에서의 청소년 명칭 및 연령 정의**

법령	명칭	연령 정의
청소년기본법	청소년	9세~24세 이하
청소년활동진흥법	청소년	9세~24세 이하
청소년복지지원법	청소년	9세~24세 이하
청소년보호법	청소년	19세 미만(단, 19세가 되는 해의 1월 1일을 맞이한 자는 제외)
아동복지법	아동	18세 미만
학교밖 청소년 지원에 관한 법률	청소년	만 9세 이상 24세 이하
한부모가족지원법	아동	18세 미만(취학 중인 경우에는 22세 미만)
아동·청소년의 성보호에 관한 법률	청소년	19세 미만(단, 19세에 도달하는 연도의 1월 1일을 맞이한 자는 제외)
소년법	소년	19세 미만
청년기본법	청년	19세 이상 34세 이하
청년고용촉진특별법	청년	15세 이상 29세 이하인 사람(지방공기업 고용 청년은 15세 이상 34세 이하인 사람)
영화 및 비디오물의 진흥에 관한 법률	청소년	18세 미만의 자(「초·중등교육법」 제2조의 규정에 따른 고등학교에 재학 중인 학생을 포함한다)
음악산업진흥에 관한 법률		
게임산업진흥에 관한 법률		
근로기준법	연소자 (18세 미만)	15세 미만(초·중등교육법에 따른 중학교 재학 중인 18세 미만 포함)
형법	형사 미성년자	14세 미만
민법	미성년자	20세 미만

출처: 천정웅(2021). p.23.

한편, 「청소년기본법」에서 청소년 연령을 9~24세까지로 규정한 바와 같이 우리나라의 청소년정책은 19세 이상에서 24세에 이르는 연령층을 청소년의 연령범주로 포함하고 있지만, 최근 청년 「청년기본법」에서는 청년의 연령을 19세 이상으로 규정하고 「청년고용촉진특별법」에서 15세 이상을 청년으로 규정함에 따라 청소년과 청년의 연령규정의 혼란과 중복성이 나타나는 상황을 맞이하고 있다. 특히, 청소년과 청년은 영어로는 동일하게 youth를 지칭하는 것이라는 점과 함께, 19세 이상 연령을 후기청소년기 또는 청년으로 부르는 것에 대한 사회적 관심이 높아지고 있는 것에 유의할 필요가 있다. 이는 그동안 우리나라뿐만 아니라 전 세계적으로도 결혼과 첫 출산의 연령이 지난 50여 년간 지속적으로 상향되어 왔으며, 오늘날 대부분의 청소년들은 성인이 되는 것에 대해 혼돈된 느낌을 가지고 있다는 점에서 19세 이상의 연령에 대한 논의를 불러일으키고 있는 것과 관련된다(Arnett, 2004).

실제로 이런 상황은 청소년과 관련한 호칭에서도 다양하게 나타나고 있는데, 18세에서 25세에 이르는 연령시기는 청소년(youth)을 비롯하여, 늦은 청소년기(late adolescence), 후기청소년기(post-adolescence), 젊은 성인(young adulthood) 또는 성인기로의 이행(the transition to adulthood)으로 용어화하면서 18세 이전의 청소년시기와 다른 18세 이후의 연령층의 심리적·사회적, 특성을 논의하고 있다. 특히, Arnett(2004, 2007)는 이 시기를 점차 성인이 되는 시기라는 의미를 가진 "성인진입기(emerging adulthood)"로 정의하면서 주로 산업화된 사회에서의 18~25세의 연령대가 겪는 독특한 경험과 문화적 특성을 강조하고 있다(Tanner & Arnett, 2009).

후기청소년에 대해서는 여러 가지 용어들이 제시되고 있지만, 특별히 "성인진입기(emerging adulthood)"에 주목하기로 한다. 이 말은 "근접성인기," "발현성인기", 또는 "성인도래기" 등으로도 번역되기도 하지만, 그 내용상의 의미는 "청년의 청소년화 경향"을 말하는 것으로 볼 수 있다는 점에서 "후기청소년기"와 다르지 않을 것이다. 그러나 "이머징 어덜트후드(emerging adulthood)"에 대해서는 그 용어가 "당사자의 심리적 상태를 우선적으로 고려하기 때문에 사회구조적이며 문화적인 특성들을 적절히 포착하지 못하며, 동시에 현재 변화하는 과정에 있는 성인기를 상수로 보기에 현실과 규범의 괴리(지체)에 무관심한 한계를 드러낸다"는 지적이 있기도 하다(조혜영 외, 2012: 19-20).

그러나 분명한 것은 이전에는 10대 후반이나 20대 초반에 청소년기에서 성인기로 이행하여 안정된 직업을 갖고 결혼을 하고 첫 출산을 하였지만, 오늘날은 대부분 청소년기를 지나 후기청소년기를 경험한 후에 성인기로 접어들게 된다는 점이다. 이에 따라 후기청소년기는 10대 후반(약 18세에 시작)부터 적어도 20대 중반까지 이어진다고 보는 것이다. 특히, 후기청소년 또는 청년층의 고용률은 21세기에 들어서 가파르게 하락하였는데 우리나라의 경우 기성세대는 나이가 들수록 임금이 높아져 왔던 반면, 현재의 젊은 세대는 그와 같은 임금상승률을 경험하지 못하게 될 가능성이 많으며, 부동산 자산의 격차가 커짐에 따라 계층 간 불평등은 더욱 심화되는 모습을 나타내고 있다(주경필, 2015).

이러한 인식은 한국사회의 청소년문제는 후기청소년 또는 청년세대의 정치적·문화적·교육적 상황과도 밀접한 관련을 갖고 있음을 말해 준다. 정책적 측면에서도 우리 사회의 후기청소년 또는 청년의 현실을 알아보고 이들을 위한 현실적인 정책 방향을 구체화하는 것이 중요함을 알 수 있다(주경필, 2015). 대부분의 산업화사회에서는 청소년기의 특징이 나타나기 시작하는 연령대가 앞당겨지는 것과 달리, 취업, 결혼, 출산 등의 성인기 과업을 성취하는 연령대는 점차 높아지고 있기 때문이다(Arnett, 2004). 다시 말하면, 교육기간 연장과 직업획득, 결혼이 20대 중반 이후 연령대로 지연되면서 과거에는 경제적·사회적 자립이 주로 20대 초반에 이루어졌지만, 오늘날에는 자립연령이 20대 후반이나 30대 초로 옮겨가고 있다는 것이다(천정웅, 2021).

후기 청소년에 대한 또 다른 관심은 청소년들의 권리주장, 신자유주의적 지배구조 속에서 교육제도의 억압을 경험하는 10대들의 봉기, 다른 세대와 구별되는 새로운 청소년세대로서의 의미 등으로 구별하면서 참여지향성, 탈물질적 가치관 등을 우선시하는 세대론과 참여론의 논의와 관련된다(오찬호, 2010). 이에 따라 청소년의 긍정적 발달(positive development)과 역량개발(competence development)이 강조되면서, 시민역량(civic competence), 나아가 시민적 관여(civic engagement)에 대한 관심도 점차 높아지고 있어 주목된다. 청소년의 시민성(citizenship) 함양과 시민교육의 강화 등이 오늘날의 민주시민사회의 주요한 과제로 논의되고 있는 것도 이와 맥락을 같이한다.

아네트(Arnett, 2007)는 정상적 발달의 측면에서 보면, 후기청소년기는 그 이전의 청소년기나 그 이후의 성인기와 구별되는 다섯 가지 특징을 갖는다고 보고, 이를 정체성 탐색의 시기(age of identity exploration), 불안정성의 시기(age of instability), 자기 자신에 대한 집중의 시기(self-focused age), 중간에 낀 어중간한 정체감의 시기(age of feeling in between) 및 가능성의 시기(age of possibilities) 등의 다섯 가지로 제시하였다. 이러한 특징들이 후기청소년기에만 고유하게 나타나는 특징은 아니지만, 다른 연령 시기보다 후기청소년기에 더욱 현저하게 나타난다는 점에서 주목할 필요가 있다는 것이다.

2 청소년 이해의 차원과 Z세대 청소년

1) 청소년 이해의 차원

청소년을 이해하기 위해서는 먼저 청소년에 대한 4가지 차원이 중요한 의미를 갖는다. Spence(2005)는 이를 생물학적 차원, 사회적 차원, 역사적 차원, 그리고 공간적 차원의 4가지로 설명하고 있다. 이 모델에 의하면 청소년 개인이나 청소년집단의 상황은 이러한 4가지 차원이 혼합된 상황에서만 이해할 수 있게 된다(천정웅, 2021).

첫째, 생물학적 차원은 청소년 개인의 신체적 특징, 즉 신장이나 외모와 같은 것을 말한다. 청소년들은 각 연령시기별로 외모나 신체가 다르게 보여야 하며, 특히 성별에 따라서는 구분되고 같은 성별로도 다양하게 나타난다. 예를 들면, 신장은 특히 중요한 특징이 되는데, 동일 연령에서 또래보다 작거나 큰 키를 가진 청소년들은 일반적 기대에 부응하는 청소년과는 다른 상황을 경험한다. 또 다른 특징으로는 사춘기 시작 연령에 대한 것이 있는데, 이는 서구 사회에서 그 중요성이 줄어들고는 있지만 역시 중요하다. 생물학적 정신심리학적 이론들에 의하면 특정 연령집단에는 그 연령에 맞는 특별한 인지적·정서적 능력을 가질 것이 기대된다고 보고 있다.

둘째, 공간적 차원은 청소년 개인들의 지리성(geography)을 말한다. 청소년의 개념이 지역과 장소에 따라 각기 다르게 이해된다는 측면과 관련된다. 인도의 농촌마을에 사는 청소년과 영국의 도시에 살고 있는 청소년이 다른 차이점, 또는 같은 국가의 도시 내에서도 잘 사는 이웃을 가진 동네에 살고 있는 청소년과 가난한 이웃을 가진 동네의 사회보호시설에서 살고 있는 청소년의 경우가 다르다는 점을 기억할 필요가 있다. 청소년들은 자신들이 살고 있는 물리적 공간에 따라 청소년시기에 겪게 되는 경험의 정도와 청소년시기 자체의 기간에도 본질적으로 다른 영향을 받게 된다는 점이다.

셋째, 역사적 차원이란 동일한 지역과 장소에서도 역사적인 시기의 차이에 따라서 청소년에 대한 이해가 다양하게 나타난다는 사실과 관련된다. 역사적으로 각기 다른 시기마다 아동과 청소년들은 각기 다르게 이해되었으며 다른 세 가지 차원의 중요성에 대해서도 다양하게 나타난다는 것이다. 예를 들면, 공장의 성장과 관련된 산업적 변화와 기술적 변화, 그리고 성인 남성의 노동운동과 관련된 사회적 변화 등은 청소년들의 고용을 제약하는 입법화를 초대하였으며 보통교육의 도입을 가능하게 한 것으로 논의된다.

넷째, 사회적 차원은 가장 중요한 것으로 이는 청소년들이 살고 있는 사회적·경제적 지위에 관련하여 볼 때 더욱 큰 의미를 갖는다. 청소년들의 삶과 기대수준은 본질적으로 그들을 둘러싼 주요한 사회적 구조와 제도(예컨대 가족, 학교, 고용 등)에 의해 규정되기 때문이다. 청소년에 대한 이해와 관련하여 이러한 4가지 차원으로 접근하는 것은 청소년을 이해하기 위해서는 이러한 4가지 차원에 대한 개별적 이해뿐만 아니라, 각 차원들이 어떻게 상호관련되며 또 영향을 주는지에 대해서 고려할 필요가 있다는 점을 알게 해준다.

2) Z세대(Z generation)의 등장

청소년들이 성장하는 사회는 청소년들의 발달, 대인관계, 적응 및 여러 가지 문제 발생에 지대한 영향을 미치고. 청소년이 소속된 사회가 청소년들에 대해 가지고 있는 기대는 청소년의 성격을 조성하고, 청소년의 역할에 영향을 주며, 청소년의 미래를 안내한다. 사회의 구조와 기능은 청소년의 욕구충족을 도와주기도 하고 더 많은 긴장과 좌절을 초래하여 새로운 문제를 만들어내기도 한다. 특히, 오늘날 청소년들은 이전 세대가 접했던 환경과는 아주 다른 환경을 접하고 있으며, 일부 환경은 점진적 진화의 결과로 이전보다 더 발전한 것이다. 그러나 50년 전에는 상상할 수 없었던 환경들도 있다.

청소년들은 급격한 변화와 특별한 사건으로 인해 태어난 시기에 따라 서로 다른 특성을 갖는데 이는 '동시출생집단(코호트: cohorts)'의 형성을 통해 알 수 있게 된다. 어떤 사건과 주제가 청소년들에게 가장 많은 영향을 끼쳤는지 명확하게 알기 위해서는 역사적 시간이 충분해야 하기 때문에, 최근에 나타나고 있는 동시출생집단들보다는 과거의 동시출생집단에 관해 보다 잘 말할 수 있을 것이다. 그러나 보다 분명한 것은 한 사회를 구성하는 각 세대가 어떤 역사적 사건과 사회적 이슈를 비롯하여 문화적 환경에서 반응하면서 성장하는 과정에서 세대 간의 차이를 나타내게 된다는 것이다. 더욱이 과거와 다르게 오늘날의 세대구분은 갈수록 세밀해지고 그 기간도 짧아지고 있는데, 이전의 세대가 베이비붐세대, X세대, Y세대라고 불리는 것과 그 동시출생집단의 특성을 명확히 구분하여 지금의 청소년세대는 Z세대로 규정되고 있다(오해섭 · 문호영, 2020). 우리나라의 경우 경제 · 사회 · 문화적 성장과 더불어 급격한 사회변화 속에서 각 세대의 가치관 및 행동 양식의 특징과 차이를 바탕으로 비슷한 시기에 태어난 집단의 관점으로 구분한다(송주완, 2020).

먼저, 베이비붐 세대(Baby Boomers)는 제2차 세계대전 이후, 즉 용병들이 집에 돌아오고 정상적인 시민의 삶을 영위하기 시작한 이후에 태어난 사람들로, 높은 출생률과 경제발전 시기에 성장하여 수적으로 거대한 세대이다. 이들은 1940년대 중반부터 1960년대 중반 사이에 태어난 사람들로 1950년대 최초의 로큰롤세대가 되었고, 1960년대 후반에는 히피세대를 구성하였다.

X세대(Generation X)는 1960년대 중반부터 1980년대 사이에 태어난 수적으로 적은 세대이다. X세대의 구성원들은 1980년대와 1990년대에 청소년기를 보냈다. 이들은 대체로 베이비붐세대의 자녀들이지만 부모가 물려준 세상에 매력을 느끼지 못한 세대였다. 이들은 종종 개인적 자기충족을 추구했던 부모로부터 무시당했다고 느꼈고, 직업을 얻을 가능성과 세상을 긍정적으로 변화시킬 수 있는 능력에 관해 비관적이었다.

Y세대(Generation Y)는 새천년, 즉 밀레니얼세대로 알려진 집단으로 오늘날의 청년들을 중심으로 볼 수 있다. 대략 1980년대부터 2000년 사이에 태어났으며, 개인적으로 냉전을 기억하기엔 너무 젊지만 컴퓨터, 인터넷, 그리고 휴대전화가 삶의 일부로 통합될 만큼은 충분히 젊은 사람들이다. Y세대에 속하는 많은 사람들은 지나치게 자녀중심적인 '헬리콥터 부모'에 의해 길러졌다. 밀레니얼세대들은 최근 SNS라는 플랫폼을 활발하게 구축하고 활동하면서 다양한 사회문제와 정치에 관심을 갖고 자신들의 의사를 적극적으로 표출하고 있다(오해섭・문호영・염유식, 2019).

Z세대는 이러한 추세를 반영하여 포스트 밀레니얼(post millennial)세대로 대두되었다. 정보를 손쉽고 정확하게 이용 가능한 스마트폰과 미디어를 이용하여 다양한 국내외 문화를 경험하고 적극적으로 교류하고 있다. 이 과정에서 익숙해진 문화적 감수성과 1인가구 증가 등 변화된 성장환경 속에서 이전 세대와는 다른 정체성을 갖게 된 것이다. 이전 세대가 주로 학교에서 배운 가치관을 중시하는 데 비해, Z세대는 자신이 좋아하고 관심 있는 대상에 대한 호불호가 뚜렷한 삶의 태도와 소비성향을 보여주고 있다. Z세대는 또한 인종, 성별, 종교, 사회・경제적 지위에서 다양성을 중시하고 편견이 없는 세대로 디지털 원주민(digital native)으로 정의되기도 한다(주희영・김수영・김영인, 2018).

주목할 사실은 청소년들이 직접 가상공간 속에서 제작을 비롯한 여러 참여 활동을 펼치고 있으며 통신망을 통한 선거운동과 토론 등 전자민주주의(electronic democracy)에 대한 관심도 증대되고 있다는 것이다. 이른바 "말보다 스마트폰 조작법을 먼저 배우게 된"(Fromm & Read, 2018), 오늘날의 청소년들은 비대면 온라인수업을 경험하면서, 줌(Zoom)으로 대표되는 화상채팅 서비스로 학창시절을 보내는 '줌 세대(Generation Zoom)' 혹은 '주머(Zoomer)'라고 칭하기도 한다(지영래, 2020). 이들에게 가상공간은 현실공간과 같은 또 하나의 삶의 공간이 된다.

〈표 1-3〉 **밀레니얼세대(M세대)와 Z세대**

세대	밀레니얼세대	Z세대
출생시기	1984~1996	1997~2012
주요 사건	정권교체, IMF 경제위기, 인터넷-휴대폰, 2002 월드컵, 디지털 1세대	경제위기 상시화, 세월호-각자도생, 국제분쟁, 한류/뉴트로, 공유 1세대
가치관	정서적 안정, 높은 나의 만족도, 대중적, 낙관적	포용성, 개성, 다양성, 개인적, 현실적
디지털기기	TV, 스마트폰, 태블릿	유튜브, 사물인터넷(IoT), 립싱크 동영상 앱 뮤지컬리
영향을 받는 사람	셀럽	유튜브 크리에이터
정보신뢰	검색엔진 활용	지인으로부터 얻는 정보
소비성향	브랜드 지명도에 따른 선호	개성 중시 맞춤형 브랜드 선호
멀티태스킹 기능	두 개의 화면	다섯 개의 화면
가상현실기술적응도	3D	4D
집중력	집중력 12초, 위험감수	집중력 8초, 위험회피

출처: 지영래(2020). p.88.

3) 디지털 원주민(native)과 전자시민(e-citizen)

Z세대는 대체로 1990년대 중반에서 2010년 초반까지 출생한 세대로 본다. 국내의 경우 2020년 기준으로 15~25세에 해당하며 가장 큰 특징은 2000년대 초반 정보통신기술의 비약적 발전과 더불어 유년시절부터 디지털 환경에서 자라온 세대로 아날로그 시대를 경험하지 못한 완벽한 디지털세대를 말한다(송주완, 2020). 디지털 원주민(digital native)라는 말은 그래서 Z세대를 규정하는 가장 대표적인 용어가 되고 있다(Schroth, 2019).

Z세대는 스마트폰과 같은 디지털 디바이스의 보편화로 인하여 밀레니얼 세대(1981~1996)보다 더욱 디지털 환경에 익숙해지고 있다. 이들은 인터넷을 통하여 상품이나 서비스 정보, 신문기사를 검색하여 정보를 획득하고, 동영상, 영화, 이미지, 음악, 게임, 인터넷, 쇼핑몰 구경 등과 같은 여가생활을 하면서, 인터넷 쇼핑몰 구매, 인터넷뱅킹과 같은 소비금융활동을 한다. 뿐만 아니라 카카오톡 등과 같은 인스턴트 메시지는 물론 SNS 콘텐츠를 이용한 커뮤니케이션이 매우 활발하다(채희주 · 이진숙, 2020).

오늘날 청소년에 대해 디지털문화가 언급되고 전자시민(e-citizen)이 논의되는 것은 이러한 인식과 밀접한 관련을 갖는다. Deuze(2006)는 "디지털 문화"라는 개념을 개발하면서 "컴퓨터화에 의해 가장 직접적으로 영향을 받는 현대 사회의 거주민들이 공유하는 일련의 가치, 규범, 실천, 기대"에 대해 연구하였는데, 디지털 문화에 대한 가치와 기대를 구현하고 있는 세 가지의 "주요한 구성요소"를 강조하였다. 첫째는 "참여"인데, 이는 TV나 비디오게임, 그리고 정치현실에 이르기까지 많은 영역과 관련된다. 둘째 중요한 특징은 정보를 수집하고 평가하는 개인적 시스템과 관련된다. 셋째 분야는 청소년들 간에 디지털 소통의 힘을 점차 더 많이 인정하고 있다는 것이다. 의사소통의 힘에 대한 이러한 인정은 많은 상황에서 증명되고 있다.

디지털문화 속에서의 청소년의 특징은 다음과 같은 경향을 갖는 것으로 본다. 첫째, 반권위주의이다(anti-authoritarian). 사람들은 제도적 정보 원천을 다양화되고 개인화된 선택을 지향한다. 둘째, 집단이 아닌 네트워크를 통한 덜 구조화된 참여이다. 셋째, 참여적이며 자기 표현적이다. 넷째, 커뮤니케이션의 힘을 인정하고 활용하는 것이다. 청소년의 시민적 미디어와의 상호작용은 미디어와 정보의 힘을 본능적으로 이해하는 것을 보여준다. 다섯째, 시민적 관여를 연구하는 학자들은 청소년들이 가장 최근의 세대이며 그에 상응하는 독특한 시민적 관여 패턴을 보여주는 것으로 본다. 디지털 문화를 연구하는 학자들에게는 청소년들은 디지털 기술의 최초이며 완전한 채택자로 보이기 때문이다. 이와 같이 e-시민(citizen) 또는 e-시민성(citizenship)에 대한 이해는 오늘날의 청소년들이 디지털 도구를 통해 의사소통하는 것을 공식적으로 경험한 최초의 세대라는 것으로 요약된다.

또한, 출생 시부터 디지털 환경에 노출되어 성장한 Z세대의 이러한 특성은 이전 세대에 비해 멀티태스킹은 물론, 동시에 다양한 정보를 수집하고 이를 활용하는 능력이 매우 뛰어나며, 신기술에 대한 민감성을 소비활동에 적극 활용하고 있다는 특성을 갖는다(송주완, 2020). 예를 들면, 옷이나 신발, 책, 음반은 물론, 게임기 등 전자기기의 온라인 구매 비중이 모두 50%를 넘으며, 소셜 미디어를 적극 활용하며 신중하게 구매하는 경향도 강할 뿐만 아니라 개인적이고 독립적이며 경제적 가치를 우선시하는 등 이전 세대와 다른 소비 패턴을 보인다는 것이다(박혜숙, 2016).

Z세대는 인종, 성별, 종교, 사회경제적 지위와 민족성이 한데 뒤얽히고 정체성이 점점 더 모호해지는 새로운 시대를 맞이하며 가장 편견 없는 세대로 여겨지기도 한다. 또한 타인에 대한 편견이 없는 Z세대는 타인의 정체성을 인

정하는 만큼 자신의 정체성도 인정받고 싶어 하는 욕구와 동시에 타인과 다르게 보이고 싶어 하는 욕구를 지니며, 개인이 원하는 개인 이미지를 소비를 통해 설계해 나가며, 이를 통해 자신의 가치관을 잘 드러내려 한다(Schwieger & Ladwig, 2018).

3 청소년 가치관의 개념과 변화

1) 청소년 가치관의 개념

일반적으로 사회과학자들 사이에 있어 '가치'라는 개념은 인간행동에 영향을 주는 바람직한 것에 대한 개념」이란 뜻으로 널리 쓰이고 있다. 가치는 개인이 사물이나 일정한 상황, 사건에 대해 선호적 관심(preferential interest)을 가지고 '좋다 – 나쁘다', '옳다 – 그르다', '바람직하다 – 바람직하지 못하다'고 판단하는 일종의 심리적 과정이다. 가치에 대한 또 다른 정의는 '가치란, 개인이나 집단을 특징지어 주는 것으로써 행동의 이용가능한 제형태, 수단 목표의 선택에 영향을 주는 바람직한 것에 대한 명시적, 묵시적 개념'이라는 규정이다. 사람들은 일상생활에서 눈에 보이거나 눈에 보이지 않는 일체의 사상에 대해서 어떤 가치판단적 평가를 내리는데 가치관이란 개념은 바로 이러한 '개인의 의식에 내면화되어 있는 평가적 성향과 태도'를 말하는 것으로 볼 수 있다(천정웅 · 박선희 · 이태숙, 2020).

청소년 가치관에 관한 다양한 연구들이 있지만, 그 중에서 세계 가치관 조사, 미국의 가치관 조사 및 한국의 가치관 조사들은 간략히 개관할 필요가 있을 것이다. 우선, 세계가치관조사(World Value Survey)는 1981년 이후 100여 개국에서 실시되는 5~7년 주기의 횡단조사(cross-sectional study)로서 주로 세계 시민들의 사회적, 정치적, 문화적, 윤리적 가치의 변화, 인식과 태도의 변화 및 집단문화적 차원의 가치를 측정해 오고 있으며, 시민들의 가치와 신념에 관한 국가 간 통시적 비교자료로 이용된다(www.worldvaluessurvey.org).

미국은 1975년부터 청소년의 사치와 삶에 관한 연구인 "Monitoring the Future(MTF): A Continuing Study of American Youth"을 진행하고 있다. 주로 청소년의 마약 복용이나 일탈행동과 관련한 문제를 조사하지만 정부, 사회제도, 인종, 여성의 변화하는 역할, 진학 및 진로, 결혼과 가족관 등에 대한 다양한 태도를 포함하여 청소년의 중요 가치와 행태 및 라이프스타일의 특성과 변화에 대한 내용을 조사하여 국가 정책을 수립하는 데 기초자료로 활용하고 있다(www.monitoringthefuture.org).

한국의 경우, 최근의 연구로는 문화관광부에서 2019년 실시한 '한국인의 의식・가치관 조사', 통계청에서 1977년부터 매년 실시하는 '사회조사', 그리고, 여성가족부에서 2017년 실시한 '청소년종합실태조사'를 들 수 있다. 이 가운데, '청소년종합실태조사'는 청소년의 현황과 상태를 실증적, 체계적으로 파악하는 조사 통계로서 한국의 청소년조사 중 가장 대표적인 것으로 볼 수 있다. 주요 조사영역은 건강, 참여・활동, 가정생활 및 가족관, 학교생활 및 방과후 영역, 진로・직업 및 직업관 영역, 사회관 등이다(국회미래연구원, 2019).

2) 청소년 가치관의 변화

이러한 종합적인 가치관 조사 외에도 다양한 실증적 연구들이 있는데,

1990년대, 2000년대 및 2010년대의 주요 연구결과들을 통해 공통적으로 알 수 있는 내용들을 찾아 볼 수 있다. 첫째, 1990년을 전후한 가치관 변화는 ① 권위주의 대 평등주의, ② 집합주의 대 개인주의, ③ 인간주의 대 물질주의, ④ 도의적 의례주의, 명분주의 대 실리주의, ⑤ 귀속주의 대 업적주의, ⑥ 온정주의, 비합리주의 대 합리주의로 요약되는데, 전통사회에서 근대사회로 넘어올수록 보다 평등주의, 개인주의, 물질주의, 실리주의, 업적주의, 합리주의적 특성을 보여준다(최윤진, 1992).

둘째, 1998년부터 2010년까지의 12년 간 가장 눈에 띄는 한국인의 가치관 변화양상은 자신과 가족중심 개인주의 증가, 남녀평등의식 확대, 현재를 즐기고 중시하는 경향의 증가, 탈권위주의와 자기주장성 증가 경향의 둔화, 외국인 우대감소 및 실수가 있더라도 풍부한 인생의 추구 등과 같은 내용이 나타나고 있다(나은영 · 차유리, 2010).

셋째, 앞서 언급한 2017년도 '청소년종합실태조사'에서는 가치관과 관련하여 특히 결혼 및 가족관에 주목할 것을 강조하고 있다. 최근의 경제 및 자녀양육의 어려움 등으로 인하여 결혼 및 출산을 포기하거나 기피하는 현상이 청년층에서 나타나고 있는데 조사 대상 청소년들의 응답에서도 반드시 결혼을 해야 한다는 인식이 크게 감소하고 청소년들의 절반 정도는 결혼 후 반드시 자녀를 가질 필요는 없다고 하였다(백혜정 외, 2017).

특히, 교육제도와 성가치관의 변화가 나타나고 있다. 기존 교육제도에 대한 거부감으로 대안학교 및 대안교육에 대한 욕구가 증가하고 있으며, 기존 교육제도권 밖에서의 교육을 부정적으로 보고, 또한 사회적 낙오자로 인식하였지만, 점차 동등한 교육의 수혜자로서의 권리를 주장하고, 이에 따른 정부와 사회의 대책과 해결방안을 적극적으로 요구하고 있다. 또한 국내 청소년들의 성 가치관은 점차 서구적 가치관을 따라가고 있으며, 선정적인 문화와의 접촉 기회가 증대되고 있으며, 미혼모가 증가하고 있다. 이런 점에서 학교교육과 의료 및 보건, 그리고 사회복지 등 관련 기관 및 단체의 협력으로 체계적인 올바른 성교육과 인식을 심어줄 수 있는 노력이 필요하다.

지금까지 청소년의 이해에 필요한 여러 가지 내용들을 청소년의 개념 정의, Z세대로서의 청소년을 중심으로 고찰하고 청소년 가치관의 개념과 변화에 대해 알아보았다. 청소년이 개념이나 정의도 정착해 있는 것이 아니라 시대의 흐름과 사회·문화적 환경에 따라 변화하고 있음을 알 수 있다. 청소년에 대한 인식과 정의는 끊임없는 환경 간의 상호작용과 마찰을 통해 이루어지며, 현재 청소년을 보는 관점은 오랜 시간 동안의 시대적 흐름과 문화가 축적된 결과로 볼 수 있다.

세계화와 정보화라는 세계적인 흐름 앞에서 청소년기를 단순히 과도기적인 상황으로 특징짓는 것은 청소년에 대한 전통적 관념을 답습하는 것이다. 미래의 목표를 정하고 매진하는 과정을 통해 자신을 통합시키는 처방 대신 현대 세계의 변화를 주체적으로 읽으면서 오늘날과 같은 4차 산업혁명 시대, 인공지능(AI) 시대의 급변 속에서 살아낼 자기관리의 기술을 습득하고, 청소년으로 하여금 이를 장려하는 것이 미래를 위한 준비가 될 것이다.

Chapter 02

청소년발달의 요소와 이론

1 청소년발달의 이해

청소년이란 개념은 사회적으로 만들어진 것이다. 1904년 Hall은 인간발달 시기로서의 청소년기(adolescence)를 "질풍과 노도(storm and stress)"의 시기라고 규정하면서 청소년의 행태를 설명한 바 있다. 그러나 현대적 의미의 청소년(adolescent)의 개념은 19세기 이후에 등장하였으며 전산업사회(pre-industrial society)에는 오늘날 사회적으로 의존적(dependent)인 존재로서의 청소년기(adolescence)는 존재하지 않았다고 본다. 그 대신 어린 나이에 일찍 부모 곁을 떠나서 나름의 일을 통하여 경제적 자립능력을 어느 정도 갖춘 반의존적(semi-dependent)인 청소년(youth)이 비교적 오랜 기간 동안 존재하였다는 것이다.

청소년에 대한 학문적 관심도 청소년에 대한 이러한 인식과 흐름을 같이하고 있으며, 그동안 사회학, 사회복지학, 심리학, 교육학(사회교육), 문화인류학 등의 분야에서 부분적으로 이루어져 왔다. 특히, 청소년발달과 관련한 연구는 심리학을 중심으로 발전되어 오면서 사회학과 문화인류학 등에서도 지속적으로 이루어져 왔다. 청소년의 발달적 특성에 관한 이해에 대한 강조와 함께 청소년발달에 대한 이론이 발전되어 온 것이다. 청소년발달에 관한 이론들은 청소년들이 왜 그러한 행동이나 심리적 특성을 갖는지에 대한 이유를 설명할 뿐만 아니라, 더 나아가 청소년들의 행동이나 심리적 특성을 예측하는 데 유용한 역할을 하였다. 청소년기에는 여러 가지 변화가 다양한 영역에서 나타나기 때문에 이를 설명하는 이론적 관점도 매우 다양하다. 생물학적 이론, 정신분석학적 이론, 심리사회적 이론, 인지발달이론, 사회학습이론, 인본주의이론, 그리고 생태학적 이론 등 많은 연구가 진행된 것도 같은 맥락으로 이해할 수 있다.

청소년발달에 대하여 이채식(2009)은 청소년에 대한 새로운 관점으로서의 긍정적 청소년개발을 논의하면서 다음과 같이 고찰한 바 있다. 그는 먼저 청소년발달에 대한 과학적 연구의 기초(Hall, 1904) 이후에 청소년기의 지배적인 개념은 질풍노도기(storm and stress)나 규범-발달적 혼란의 개체발생기(Freud, 1969)였다고 지적하였다. Hall(1904)은 인간의 개체발생이 계통발생으로 바라보는 진화론적 시각을 수용하여 청소년기를 질풍노도의 시기로 보았다. 인간의 진화는 동물적인 것으로부터 문명화된 존재로 변화한 것이며, 청소년기는 이것에 대응하는 시기라고 하였다. Hall의 이러한 입장은 청소년기를 대변동과 스트레스의 시기라는 일반적 개념화에 많은 영향을 주었다.

그러나 1960년대에 이르러 Hall의 입장은 보편적 사실이 아님을 밝히는 연구가 문화인류학을 비롯하여 시작되었다(Bandura, 1964; Block, 1971). Hall의 주장과는 달리 대부분의 청소년은 청소년기인 10대에 격심한 혼란을 겪지 않는다는 것이다. 청소년이 부모보다는 점차 친구들과 함께 보내는 시간이 증가하였더라도 많은 청소년은 그들의 부모와 친밀하고 상호작용적 관계를 하고 있었다. 청소년은 부모와 유사한 사회적 정의, 삶에 있어 교육의 중요성 등의 핵심가치를 가지고 있으며, 청소년은 이러한 핵심가치를 공유할 친구를 선택하였다. 청소년은 이 시기 동안 다양한 경로를 갖고 있으며 소수의 청소년만이 질풍노도적인 변화를 보였다. 그러나 청소년에 대한 이러한 이론은 주류적인 입장을 극복하지 못하고 인지발달, 학습이론, 심리분석 등의 주요한 이론이나 경험적 연구를 형성하지 못하였다(Lerner, 2002).

이러한 흐름 속에서 특정 영역의 발달에 대한 연구가 이루어졌다. 개인적 발달에 관련하여 자아정체성발달(Marcia, 1991), 형식적 조작(Piaget, 1952), 청소년의 자기중심성(Elkind, 1967), 도덕적 발달(Colby et al, 1983) 등에 대한 연구가 수행되었다. 그리고 사회적 발달이나 청소년-맥락적 관계에 있어 청소년발달에 대한 역사적 맥락의 효과(Elder, 1974), 부모-청소년의 관계(Steinberg, 1988) 등이 있었다. 이러한 연구들은 10대를 거치는 개인의 발달에 관한 경험적 작업으로 청소년에 대한 연구와 청소년의 생활을 향상시키는 이해와 열정의 증가를 이끌어낼 수 있었다. 청소년기의 연구는 발달과학의 범위에서 중요한 영역으로 자리 잡고 대중화되도록 하였으며 청소년분야의 성숙을 이끌어낼 수 있었다. 그리고 이 시기에 수행된 청소년연구는 긍정적 청소년개발과 인간발달의 발달시스템이론의 정교화를 위한 시너지적 세대의 경험적 기초를 마련할 수 있었다(Lerner & Steinberg, 2004).

청소년발달은 본질적으로 인간 생애를 거치는 인간발달의 광범위한 연구에 관한 이론적 발달의 주요한 영역이다. 청소년기인 10대는 기초적 연구와 긍정적 인간발달을 촉진하는 실천을 위한 이론으로 이해될 수 있다. 청소년의 발달은 사춘기, 인지적 정서적 특성, 사회적 기대 등의 자신의 변화와 가족과 또래집단관계, 제도적 변화의 변경에 대한 적응에 관여한다. 모든 청소년들이 동일한 방식, 동일한 속도나 경쟁적인 산물로 이러한 변화를 경험하는 것은 아니다. 개인적 차이는 청소년발달의 중요한 영역이며, 생물학적, 심리학적, 사회적 요인 간 연계의 시기적 차이에 의해 발생된다. 발달적 궤적에서 다양성의 주요 요소는 가족, 또래집단, 학교, 직장, 이웃, 공동체, 사회, 문화 및 역사 등의 사회적 맥락 안에서 청소년이 맺고 있는 핵심인물과 제도의 체계적 관계이다(Lerner, 2002).

이러한 청소년발달에 관한 연구는 이후 연구자들에 의해 긍정적 청소년의 성과(outcome)에 관심을 갖게 되면서 "행동의 요청(call to action)"을 강조하는 변화를 초래하였으며, "일상의 발달적 기회와 청소년들을 지역사회와 연결된 능력 있고 열정 있는 개인으로 만드는 것에 대해" 관심을 갖고 연구하게 되면서 이른바 긍정적 청소년개발의 관점이 대두되는 기반으로 작용하게 된다(Benson, Scales, Hamilton, & Sesma Jr., 2006).

즉, 긍정적 청소년개발의 관점은 조직화의 생물학적이며 맥락적 단계의 융합에서 출발한 발달적 과정의 유연성 연구를 수행하던 심리학자와 생물학자에 의해 발견되었다. 개체발생적 변화 형성의 통합적 단계에 대한 생각은 1970년대의 인간발달과학에 영향을 미치기 시작하였다(Lerner, 2006). 청소년발달에 대한 연구가 청소년분야의 두 번째 국면 동안 싹트기 시작하였으며, 청소년개발의 생태학적 범위 내에서 조직화의 생물학적, 개인적, 맥락적 수준 간의 상호적인 영향력 있는 관계, 청소년을 개체발생적 실험으로서 바라보는 발달론자는 청소년연구의 새로운 이론적 프레임을 위해 생물학과 심리학 내에서 계속적인 작업의 실천과 적용을 주도하였다.

긍정적 청소년개발 연구의 황금시대는 1990년대 중반에 시민활동참여, 봉사학습, 연결성, 관용, 목적, 강화, 리더십 같은 주제들이 급성장함으로써 시작되었다. 긍정적 청소년발달이론의 이론적 토대가 마련되고 연구가 촉진되었다. Benson 등(2006)은 이러한 역사적인 실천의 진보는 이론과 연구에 있어 이상적인 과학적 진보는 아닐 수 있지만, 어떻게 이러한 진화적인 패턴이 그 이전까지의 미국의 청소년연구자들과 청소년단체들이 발달심리학에 무관심했던 것을 비판하게 되었는지를 깨닫는 계기가 되었다고 지적하고 있다. Larson(2000)은 이에 대해 "부분적으로는 우리 심리학자들이 잘 몰랐기 때문에" 발달심리학과 분리된 청소년개발 실천이 이루어져 왔다고 말한 바 있다.

2 청소년발달 요소의 개관

청소년발달에 관한 문헌들은 많은 핵심요소들을 규명하고 있다. Delgado(2002)는 ① 사회적 요소, ② 정서적 요소, ③ 인지적 요소, ④ 신체적 요소, ⑤ 도덕적 요소, 그리고 영성적인 요소 등의 6가지의 주요한 기본형태로 범주화하였다. 청소년발달은 이러한 핵심요소들 중의 하나 또는 두 가지로만 이루어지는 것이 아니다. 많은 연구자들은 6가지의 모든 핵심요소들이 체계적인 개입을 통해 추구할 때에 최대로 달성할 수 있다고 주장한다. 6가지의 모든 요소가 같은 비중을 갖거나 동일하게 강점적인 것은 아니며, 각 요소들은 청소년시기의 전체 발달시기를 통해 변화할 수 있다. 청소년에 따라서는 이러한 핵심요소들 중에서 특별히 강한 요소들을 가질 수 있으며 또 특별히 더 많이 개발할 필요가 있는 것도 있다.

청소년발달의 핵심요소 또는 구성개념에 대해서는 많은 재단, 정부기관, 전문적 단체들과 연구보고서들에서 자세히 밝히고 있다(Carnegie Corporation, 1989;

Catalano et al., 1998; National Collaboration for Youth, 1998). 이러한 핵심요소들은 전략과 활동의 창출을 위한 기본이 된다. 그러한 요소를 갖는 전략과 활동들은 장치에 따라 다양하지만, 핵심요소들은 청소년발달을 위해 중요한 것이다. 청소년발달은 이러한 요소들을 토대로 이루어지기 때문이다.

예를 들면, 카네기재단(Carnegie Corporation, 1989)은 15세 청소년들이 효과적인 사람이 되기 위해 반드시 소유해야만 하는 5가지 특징을 규명한 바 있다. 즉, 청소년은 ① 지적으로 사려 깊고 ② 의미 있는 취업활동을 통해 생애의 방향을 갖고 ③ 좋은 시민이 되며 ④ 돌보고 윤리적이 되며 ⑤ 건강해야 한다는 것이다. Meyer(1999)는 핵심요소에 해당하는 행태와 태도를 생활기술(life skills)이라는 용어를 사용하여 설명하고 있다. 청소년이 삶에서 직면하는 도전을 벗어나게 해주는 개입은 없다. 그러나 생활기술의 함양을 통해 곤란을 극복하는 능력을 가질 수 있다. Little(1993)은 레질리언스(resiliency) 중심의 청소년발달 프로그램을 다음과 같은 4가지 차원, 즉 ① 생활기술 역량의 개발, ② 성인지도자와의 연결(멘토링, 튜토링, 지역사회봉사, 지도력 개발을 포함), ③ 인격 함양(의사결정, 가치, 정직성, 고결성), ④ 자신감 형성(희망과 자기존중심 목적설정과 부합) 등을 가진 것으로 개념화한다. 이러한 4가지 측면의 프로그래밍은 청소년들을 다양한 영역에서의 성공적 기능을 위해 준비하도록 한다는 것이다.

Larson(2000)은 청소년발달에서 자주적 행동능력 관련 개념인 이니시어티브(initiative)의 중요성에 초점을 둔다. 창조성, 지도력, 이타주의 및 시민참여는 이니시어티브가 발현된 것이다. 이러한 구성개념은 자본주의자 주도적 중심 이데올로기를 가진 서구문화적 상황에 기반을 두고 있다. 자주성을 위한 우리의 노력은 그 자체가 서구 가치에 기반하고 있으며 비지배적인 문화 배경을 가진 청소년의 중심가치와는 갈등적인 것이다. 그러한 문화 관점은 상호의존이나 의존을 강조하기 때문이다.

청소년발달은 또한 환경과 무관하게 발생되지는 않는다. 환경에 대한 긍정적 적응으로 생각되는 것이 가장 좋다(Perkins & Villarruel, 2000). 그러한 상호작용적이고 역동적인 과정은 레질리언스(resilience), 유능성 및 발달이란 개념을 동시에 가져다준다(Blum, 1998). 지지적 환경은 레질리언스(resiliency) 요인이 되며, 그것은 다시 유능성을 개발한다. Benard(2004)는 레질리언스(resiliency) 관점이 청소년발달의 모든 요소와 측면에 어떻게 영향을 끼치는지를 논의했다.

일부 학자들은 특정 요소를 다른 것보다 더 강조하기도 하지만, 앞에서 언급한 건강, 정서적, 사회적, 인식적, 도덕적 및 영적 요소라는 6가지 요소가 문헌에서 많이 제시된다. 하나하나의 요소들이 독특하지만, 중첩되는 부분도 있다. 전체적으로도 살펴볼 수 있지만 그 중요성을 이해하기 위해서는 각 요소별로 개별적으로 논의하는 것도 필요할 것이다. 이러한 핵심요소들이 성별, 성취향, 민족적/인종적, 신체적, 인지적 능력에 기반을 두게 되는 경우, 각 요소들이 서로 보완되고 재강화되는 방법에 대한 진정한 평가는 그 다음에 이루어질 수 있다.

청소년, 가족, 학교, 동료집단 및 지역사회(Beck, 1999; Hernandez, Siles, and Rochin, 2000)와 같은 사회적 영역은 또한 독특하지만 중첩적이다. 인지적 요소를 목표로 하는 활동의 경우에서와 같이 핵심요소들 간의 상호관계는 광범위할 수 있다, 이에 대해서 Bembry(1998)는 "교육과 다른 프로그램 목적의 상호관계는 다음과 같은 내용을 생각할 수 있다. 어떻게 수학이 문제해결 능력을 증대시키고 또 그러한 문제해결 능력이 어떻게 갈등을 해결하는 능력과 관련되는지, 사람은 어떻게 읽기와 시연(demonstration)을 통해 관심분야에 관한 지식과 기술을 증가할 수 있는지, 그리고 어떻게 글을 통한 의사전달과 외국어 학습이 청소년의 다문화적 사회에서의 기능 능력을 증가시키는지 등에 대해 생각해 볼 수 있는 것이다."라고 하였다(p. 30).

3 청소년발달 핵심요소

1) 신체적 발달

청소년기는 제2의 성장급등기로 불리는데, 신장과 체중이 급격하게 증가하고 간장, 폐활량, 소화기능 등의 신체 내부기관의 발달도 현저하게 나타난다. 또한 내분비선의 발달로 지방이 과다해져 여드름이 많이 나고, 남자는 음성이 변하고 골격구조와 근육이 단단해지며, 여자는 골반이 커지는 등 외모가 변한다. 특히, 과거와 비교하여 오늘날의 청소년들은 점차 이른 시기에 신장과 체중의 증가가 더욱 뚜렷하며, 청소년들의 체중 이상, 특히 비만문제의 심각성이 높아지고 있다(김혜원, 2010). 이러한 신체변화로 인해 자기 신체상(body image)과 매력에 대한 지각은 청소년, 특히 소녀의 자존감 수준과 관련이 있는데, 자신을 매력적이라고 생각하는 사람일수록 더 자신감을 가지고 자신에 대해 만족한다는 것이다. 또한, 신체적 발달의 개인차와 관련하여 성인과 달리 청소년은 신체적 열등감을 호소하는 경우가 많다. 신체가 급격하게 발달함과 동시에 자아정체감을 형성해야 하는 시기이기 때문에 긍정적 자아개념을 가지도록 도와주지 않으면 자아정체감 형성에 지장을 초래할 수 있다(천정웅 외, 2019).

신체적 발달과 마찬가지로 최근 청소년들은 성적 성숙의 시기도 점차 빨라져 성장의 가속화 현상이 나타나고 있다. 이러한 신체·성적 발달은 청소년에게 다음과 같은 영향을 미친다. 첫째, 자신의 신체변화에 대해 자각을 하게 되므로 자신의 신체에 대한 관심이 많다. 둘째, 자신의 신체변화와 친구들의 변화 정도를 비교함으로써 신체적 열등감을 갖기도 한다. 셋째, 성호르몬의 분비는 성적 욕구의 발달을 동반하며 성적 욕구는 죄의식과 충동조절의 문제를 초래한다(홍봉선·남미애, 2022).

문화적 맥락 내에서의 사람의 다양한 신체적 발달 변화를 이해하는 것은 청소년을 위한 신체의 핵심목표를 성취하는 청소년발달 프로그램 진행을 돕기 위해 중요하다(Earls, 1993). 감정적 대응과 같은 청소년의 신체적 건강 발달은 청소년발달 현장에서 핵심요소를 향상시키고 보다 좋은 평가를 얻기 위해 필요하다(Huebner, 2003). 일반적으로 현장에서는 좋은 건강 습관과 보다 나은 신체 관리 기술이라는 두 개의 상호보완적인 관점으로부터 신체적 건강의 향상을 도모하게 된다(Eccles & Gootman, 2002). 각각의 관점은 최고의 건강을 성취하는 청소년 일련의 행동 목표를 강조한다. 특히, 적절한 영양, 운동, 성적·약물·알코올·담배 경험에서 벗어난 능력발달의 역할은 청소년을 위한 예방적 접근법을 활용하는 실천현장에서 수립되고 실행되어 왔다.

2) 인지적 발달

청소년기의 인지적 발달은 질적·양적·사회인지적으로 나눠 살펴볼 수 있다. 첫째, 질적 발달의 대표적인 인지심리학자인 Piaget는 형식적 조작기에 해당되는 청소년들은 정신적 조작의 범위와 대상이 넓어져서 추상적이고 광범위한 부분까지 가능하게 된다고 하였다. 청소년들은 아동이나 성인과는 다른 독특한 인지적 특징을 보일 수 있는데 ① 추상적 개념을 다룰 수 있으며, ② 현실보다는 가능성의 세계를 중요시하며, ③ 조합적사고가 가능하고 상위인지가 발달함으로써 자기성찰에 몰두하고 정체감 획득이 가능해지게 된다.

둘째, 양적 발달로는 정보처리 능력이 향상되어 정보를 처리하는 양, 속도, 방법 등에서 아동기에 비해 우수한 결과를 보인다. 이와 함께 기억 용량도 연령에 따라 점차 증가하여 청소년기 시작인 12세경에 거의 성인의 수준에 도달하게 된다.

셋째, 사회인지적 발달로는 자신과 타인의 역할이나 관계, 감정, 의도 등을 관찰하고 추론하고 개념화하는 능력이 발달하여 타인의 생각을 추론하고 이해하는 능력이 더 정확해지고, 대인관계와 인간행동에 대한 이해의 폭도 넓어진다(김혜원, 2010). 이러한 인지발달은 청소년의 자아정체감 형성, 자기중심성의 형성, 도덕성의 발달에 영향을 미친다(홍봉선・남미애, 2022).

특히, 청소년기의 추상적 사고의 발달로 청소년들이 불완전한 현실을 비판하거나 비관하기도 하고, 미래사건을 예측하는 사고능력의 발달로 진학이나 취업, 결혼 등에 대해 지나친 염려와 과도한 불안을 경험하기도 한다(송명자, 2008). 또한 자신의 외모에 지나치게 신경을 쓰거나 타인들도 자기만큼 자신에게 관심이 있다고 생각해 자신의 관심사와 타인의 관심사를 구분하지 못하는 '청소년기의 자기중심성'을 경험한다.

대표적인 예로 상상 속의 관중(imaginary audience)과 개인적 우화(personal fable)가 있고, 자기중심적 사고를 보이는 청소년의 경우 부정적 자기개념을 형성하고 자기존중감 수준이 낮은 특징을 보인다(송명자, 2008). 여기에서 상상 속의 관중이란 자신이 마치 무대 위에 선 배우이고 타인은 자신에게 집중하고 있는 관중이라고 생각하는 것이다. 자신이 타인의 관심을 받는다고 생각하기 때문에 강한 자의식을 갖게 되는 것을 의미한다. 또한, 개인적 우화는 자신의 감정, 사고 등은 너무나 독특하고 기발한 것이어서 다른 사람들이 이해할 수 없다고 생각하는 것이다(천정웅, 2022).

3) 정서적 발달

청소년기의 정서는 매우 강하고 변화가 심하며 낙관적·비관적 감정이 교차하기도 하고 자부심과 수치심을 강하게 경험하기도 한다. 또한 부모나 형제, 친구들과 공유할 수 없는 감정의 경험을 통해 고립감을 느끼기도 한다(천정웅 외, 2019). 이러한 정서변화에 대한 청소년들의 반응 양상이 다양하게 나타나는데, 부정적 정서 경험을 지나치게 억압하여 우울증이나 신경성 식욕부진에 걸리기도 하고, 정서에 대한 통제가 이루어지지 않고 지나치게 충동적으로 반응함으로써 비행행동을 보이기도 한다.

청소년기에 나타나는 정서적 변화를 단계별로 살펴보면, 먼저 청소년기 초기(사춘기)는 성적 충동을 강하게 경험하게 된다. 따라서 이들은 성에 대한 높은 호기심과 이성에 대한 관심을 갖지만 이와 동시에 수치심을 느끼고 이성에게 반발하며 주변 사람들에게 허세적인 반항을 하는 등의 이중적 정서를 표출한다. 따라서 이들의 정서는 일관성이 없고, 불안정하며, 정서의 기복이 격렬하다. 이런 가운데 주변 사람들에 대해 부정적인 태도를 보이고 자신의 공상 속에서만 만족을 추구하려고 하지만, 현실적인 해결책을 찾지 못함으로 인한 불안이나 초조함에 사로잡히는 경우가 많다.

반면 청소년 중기(중학교 말부터 고등학교까지)에 이르면 초기보다 더욱 강렬한 정서를 느끼지만 의식적으로 억압하려는 경향을 많이 보인다. 그러나 이런 억압 과정에서 자기혐오나 열등감을 갖고 내면적으로 침울하거나 정서의 불안정성이 고조되기도 한다. 이들은 또한 자아의식이 높아지면서 독선적이고 우월을 과시하며 현실을 부정하고 혐오하는 경향을 강하게 보인다. 이에 따라 기성세대, 사회구조, 사회의 도덕과 법률에 대해 의혹을 품고 자기 나름의 독특한 구조와 논리를 갖고 비판하게 된다.

마지막으로 청소년기 후기(대학교 시기)에 접어들면 사회적으로 안정적인 방향으로의 정서 경험을 하게 된다. 이 시기에는 주관과 객관과의 결합, 자기와 사회와의 타협, 현실과 이상과의 조화를 꾀하며 이를 통해 완성된 자아의식을 가지려 한다. 이와 함께 이성을 사랑하는 마음과 연애의 경험을 통해 더욱 풍부하고 윤택한 정서를 경험하게 된다(김혜원, 2009).

정서적 요소는 자기 자신과 타인의 감정과 정서적 반응을 인식하고 적절히 대응할 수 있는 능력으로 연결된다. Salovey와 Mayear(1990)은 정서적 요소를 다섯 가지로 구분하였다. 즉, ① 자기 자신의 감정을 아는 것, ② 자기 자신의 감정을 조절하는 것, ③자기 자신에 대한 동기부여를 하는 것, ④ 타인의 감정을 인식하는 것, 그리고 ⑤ 관계를 적절히 다룰 수 있는 것 등이다(한국청소년개발원, 2006 재인용).

4) 사회적 발달

인간은 전 발달단계를 거치면서 타인이나 주변 사람에 대한 친밀감과 대인관계 욕구를 갖는데 이러한 친밀감 욕구는 특히 청소년기에 가장 강한 것으로 알려져 있다. 또한 청소년기의 사회성 발달 중 두드러지는 점은 부모에게 의존하고 영향받던 패턴에서 벗어나 독립과 자립의 욕구를 느낌과 동시에 동년배 또래집단에게 강한 심리적 영향을 받는다는 점이다. 청소년은 부모의 지지와 승인을 필요로 하면서 동시에 부모의 통제를 받지 않으려 하고, 부모나 가족으로부터 분리되어 친구나 자기 자신에게 의존하려는 경향이 증가하는 성향을 보인다. 이를 심리적 이유(psychological weaning)라고 하고 청소년기를 심리적 이유기라고도 한다(천정웅 외, 2021).

청소년기에는 친구에게 의존하고 친구의 언행에 동조하는 경향성이 눈에 띄게 커지는 또래집단에 대한 동조성의 발달 특성을 갖는다. 동조성이 높은 경우 집단의 동조압력을 따름으로써 개인과 집단 간의 일치도가 증가하게 된다. 그러나 청소년들이 집단 규범에 동조하는 까닭은 자신의 생각에 대한 확신의 결여 때문만이 아니라 속해 있는 집단과 자신과의 관계 때문이기도 하다. 즉, 모호한 상황에서 정보를 얻기 위해서 뿐 아니라 집단의 수용과 인정을 얻기 위해 그 집단의 행동양식에 일치하고 조화하려는 것이다(김혜원, 2010).

사회적 요소는 구체적인 사회적 목적 혹은 대인관계 목적을 달성하기 위하여 청소년으로 하여금 감정과 사고 그리고 행동을 통합시킬 수 있도록 해주는 다양한 대인관계기술과 관련된다. 이러한 대인관계기술은 주요한 사회적 신호를 해독하는 기술, 사회적 신호를 정확하게 해석하는 기술, 대인관계상의 문제에 대하여 적절한 해결책을 강구하는 기술, 자기 행동에 대해 가능한 장애물이나 결과를 현실적으로 추측하는 기술, 그리고 사회적 결정을 효과적인 행동으로 변환시키는 기술 등을 포함하게 된다. 대인관계기술은 또래와 성인들과의 관계에서 사용되는 의사소통, 자기주장 능력, 효과적인 거부와 저항방법, 분쟁조정력, 그리고 대인관계상에서의 협상력 등을 포함한다.

5) 영성적 · 종교적 발달

청소년기에는 영성적, 종교적 개념을 이해하기 시작하며, 이를 통해 인생관을 정립해 나간다. 청소년기의 영성적 발달과 신앙은 정체성과 전망을 위한 근거와 상호인격적인 견지에서 궁극적인 환경을 제공한다. 여기에서 영성(spirituality)은 "인간의 세속적 또는 종교적 상황에서의 자신의 실제적 자아에 대한 의미, 연결됨과 깨달음을 추구하는 것"이라는 개념으로 이해된다. 그리고 영성적 발달(spiritual development)은 "인간의 영성에 대한 발달적 과정"을 뜻하는 것이다(천정웅, 2007: 362).

청소년의 하나의 중요한 삶의 요인으로서 영성은 그들의 삶의 의미를 인식하고 구축하는 데 중심적인 역할을 하는 것으로 강조되고 있다. 특히 청소년기는 열렬한 이념적 갈증의 시기이며, 삶의 의미와 목적에 대해 이해하려고 노력하는 시기, 그리고 관계성과 연결됨(connectedness)을 추구하는 시기이다. 최근의 연구들은 세계 여러 나라의 청소년들이 다양한 영적 활동을 취미 삼아 해보는 한 양상을 지적하고 있다. 이러한 추세는 청소년들이 보다 경험적 형태의 영적 또는 종교적 체험을 하고 있는 것을 말해주는 것이다.

Fowler(1981)에 의하면, 청소년시기는 비분석적, 종합적, 관습적 신앙단계로, 형식적 논리의 사고를 할 수 있는 초기의 능력과 함께 종교적 상징을 사용할 수 있고, 또 자기가 인식해 왔던 신앙의 주제에 보다 적극적인 이해를 추구함으로써 이것을 통합하고자 한다고 보았다. 다른 한편, 청소년들은 종교적인 통찰이 가능해져서 종교에 대한 강한 부정적인 태도를 나타내기도 한다. 이러한 부정적인 태도는 종교에 대한 강압이나 강요, 과학과 종교의 거리감으로 실제로 자신의 삶과 관계되지 않는다고 느낄 때 보여주는 현상이다.

영적발달과 함께 청소년은 개인적 신앙에 있어서도 의심과 문제가 많은 시기이다. 자아에 대한 눈을 떠가면서, 개인 속에 죄악감, 생사문제, 삶의 보람의 문제 등이 의식되어 종교의식과 연결되기도 한다. 그러나 궁극적인 것에 대한 관심이라 할 때 그들은 곧잘 종교에 관심을 기울인다. 이런 점에서 청소년기는 영성과 종교에 대한 관심이 나타나게 되는 동시에, 종교에 대해서는 비판적이고 부정적인 시각을 소유하게 되는 특성을 갖는다.

다른 인적 서비스분야와 같이 청소년발달과 관련하여 영성적 측면의 중요성이 최근 강화되고 있다. Pace(2003)는 “보다 큰 커뮤니티와 지구와 같은 것에 대한 깊은 존중과 영성적 연결은 지역사회청소년개발의 중요한 측면이다”(p. 259)고 강조한 바 있다. 영성이란 주제는 미국의 청소년개발네트워크(Networks for Youth Development), 전국청소년개발정보센터(National Youth Development Information Center) 등과 같은 많은 전국적 청소년개발단체들이 청소년발달의 핵심요소로 강조하고 있다. 많은 학자들이 청소년발달 상황에서의 영성의 중요성에 대해 이야기했다. 예를 들면, Olive(2003)는 청소년들은 그들 삶에 있어서 “영성적 영역”의 존재에 관해 끊임없이 질문한다는 점을 이야기했다. Benson(2003)은 청소년발달분야가 영적발달을 인지적 발달과 동일하게 중요한 위치에 놓는 새로운 과학적 탐구가 필요하다는 점을 생각할 필요가 있다고 보았다.

〈표 2-1〉 청소년의 발달 특성

구분		발달적 특성
신체적 발달		성장급등, 생식기능 갖춤
인지적 발달	질적	추상적 개념 가능, 조합적 사고 가능, 가능성의 세계 중시
	양적	정보처리능력 향상
	사회인지적	대인관계와 인간행동에 대한 이해의 폭 확대
정서적 발달	초기	성적 충동 → 불안정, 정서의 기복 격렬
	중기	강렬한 정서 느끼나 억압, 나름의 구조와 논리로 비판
	후기	완성된 자아의식을 위한 노력
사회적 발달		독립과 자립의 욕구, 또래집단에 대한 동조성
영성적·종교적 발달		자아에 눈뜨며 삶의 보람, 의미와 목적 추구

4 청소년발달의 주요 이론

청소년기에는 여러 가지 변화가 다양한 영역에서 나타나기 때문에 이를 설명하는 이론적 관점이 매우 다양하다. 특히 청소년발달에 관한 이론들은 왜 청소년들이 그러한 행동이나 심리적 특성을 갖는지에 대한 이유를 설명할 뿐만 아니라 더 나아가 청소년들의 행동이나 심리적 특성을 예측하는 데 유용하다. 따라서 청소년기의 발달에 대한 이론으로 생물학적 이론, 정신분석이론, 심리사회적 발달이론, 인지발달이론, 사회학습이론, 인본주의이론, 생태학적 이론 등을 살펴보기로 한다(김성이 외, 2010; 홍봉선·남미애, 2022).

1) 생물학적 이론

청소년발달에서 생물학적 요인을 강조한 학자로는 Hall, Gesell 등이 있다. 생물학적 입장은 청소년기는 이 시기의 생물학적 특성으로 인해 다른 발달단계와는 차별되는 성격을 가진다는 점을 주장하고 있고, 이러한 주장은 청소년기를 중요하고 독특한 시기라고 인정하는 데 크게 공헌하였다. 그러나 청소년기가 급진적이고 변화가 많은 질풍노도의 시기라는 관점은 청소년들이 문제를 일으키는 부정적인 존재라는 인식을 부각시키는 것이 아니라 청소년시기가 다른 시기에 비해 어려움이 많을 수 있으므로 더 많은 사랑과 관심으로 지원해야 한다는 당위성을 제공하는 것으로 해석되어야 한다(김성이, 2010; 홍봉선·남미애, 2022).

대표적으로 Hall(1904)은 각 개인의 발달은 인류의 발달역사를 재현한다고 주장하여 청소년기도 인간발달상에서 자연스럽게 나타나는 시기라고 보는 관점을 갖는다. 따라서 인류의 발달이 원시적이고 야만적인 문화에서 지금의 문명사회로 발달하여 왔듯이, 개인의 발달도 원시적인 유아기에서부터 청소년기를 거쳐 성인기로 발달한다는 것이다. 재현이론(recapitulation theory)으로 불리는 Hall의 이러한 견해는 개인의 성장과 발달에 영향을 미치는 요인으로 문화적이고 상황적인 요인을 전혀 무시하지는 않았지만, 유전적으로 결정된 생물학적 요인이 보다 중요하다고 보는 것으로 사회적 구조, 부모의 가치관, 동료와의 관계, 생물학적 변화에 대한 문화적인 해석 등과 같은 환경적인 조건은 인간의 행동에 크게 영향을 미치지 못한다고 하였다.

Hall의 이러한 견해는 청소년기에 나타나는 생물학적인 성숙은 불안정과 혼란을 일으킨다는 19세기의 사회적 시각을 반영하고 있는 것으로, 청소년기가 급진적이고 변화가 많은 질풍노도의 시기라는 관점으로 나타나면서, 청소년들이 문제를 일으키는 부정적인 존재라는 인식을 초래하게 된다. Hall의 견해가 많은 측면에서 오류가 있지만, 청소년시기가 신체적, 인지적, 정서적, 사회적 변화와 성장이 일어나는 독특하고 중요한 시기라는 주장은 많은 후속연구에서도 인정하고 있으며, 청소년시기가 다른 시기에 비해 어려움이 많을 수 있으므로 더 많은 사랑과 관심으로 지원해야 한다는 당위성을 제공하는 것으로 해석할 필요성을 제시한다(천정웅, 2021).

2) 정신분석이론

정신분석이론은 Sigmund Freud와 그의 딸인 Anna Freud에 의해 많은 부분이 정립되었다. 우선 Sigmund Freud는 인간의 발달은 단계적이며, 인간의 무의식적 욕구를 중요하게 고려하였다. 무의식이란 개인이 인식하지 못하는 정신작용을 말하며, 의식이란 자신이 알 수 있는 정신작용, 전의식이란 평상시에는 잘 인식하지 못하지만 주의를 기울이고 노력하면 알 수 있는 정신작용을 말한다.

Freud의 이론에서 성적 욕구는 전 생애를 통해 인간발달의 원동력이 되지만, 성적 욕구의 소재는 초기 발달과정에서 신체부위를 중심으로 이동한다. Freud는 인간의 발달단계를 구강기, 항문기, 남근기, 잠복기, 생식기의 5단계로 구분하였는데 그 중 5단계인 생식기(13세 이후)를 청소년기에 해당하는 시기로 보았다. 그러나 그는 남근기 이전 단계에서 이미 성격 형성에 중요한 모든 것이 결정된다고 간주하였기 때문에 청소년기에 대한 강조는 크지 않다.

반면 Anna Freud는 이를 보완하여 청소년기의 정신분석적 설명에 주력하였다. 그녀에 따르면 청소년시기는 기본적으로 내적 갈등, 심적 불균형, 엉뚱한 행동이 지배하는 시기로서, 자기중심적인 면을 지니고 있는 한편, 자기희생과 헌신을 보이는 면도 있다고 하였다(김성이, 2010). 또한 그녀는 발달 단계상 잠재기에 균형을 이루었다가 사춘기와 더불어 초자아와 원초아 간의 깨진 균형을 회복하려는 것이 청년기의 주요 문제라고 보았다. 특히 청소년기에는 잠재된 '오이디푸스 콤플렉스(oedipus complex)'와 '엘렉트라 콤플렉스(electra complex)'로 인해 불안과 갈등, 죄의식에서 벗어나기 위해 방어기제를 사용하며, 즉 사회적으로 용인될 수 없는 가족에 대한 성적인 열망에 대한 방어로써 이성친구와의 친밀감을 추구하게 된다고 하였다(홍봉선·남미애, 2022).

갈등해소를 위해 자아가 어떻게 방어기제를 동원하는지에 관한 논의를 보면, 자아는 본능을 억압하고, 대치시키고, 부인하고, 도치시키며, 자기를 향해 대항하는데, 그 결과 공포증과 히스테리적인 증상이 생기고, 강박적 사고와 행동으로 불안이 야기된다는 것이다. 그러나 Anna Freud는 원초아, 자아, 초자아 간의 조화가 가능하고 결국에는 대부분의 정상적인 청소년에게서 이러한 조화가 생긴다고 생각하였다(Rice & Dolgin, 2008).

3) 심리사회적 발달이론

Sulivan, Erikson, Marcia와 같은 심리사회적 발달이론가들은 유기체에게 중요한 생활사건과 그 사건의 발생 시기, 타인과의 관계, 문화적인 특성 등과 같은 심리사회적 요인이 인간의 발달에 중요한 영향을 미친다고 주장한다.

Sulivan은 청소년기 발달에 친구관계가 중요한 역할을 함을 강조하고 있으며, Erickson은 청소년 때 경험하는 관계들에 의해 자아정체감을 형성하게 되는데 만약 자아정체감 위기를 성공적으로 극복하지 못한다면 부적응행동을 보일 수 있으며, 건강한 성인으로의 성장도 어렵다고 본다.

자아정체감의 형성은 아동기 경험에 기반을 두지만 청소년기부터 본격적인 발달이 이루어지는데, 자신의 여러 역할을 하나의 정체성으로 통합 및 적응하지 못할 때 이를 역할혼란이라고 한다. 청소년기에 자아정체감을 형성하지 못하여 자신이 누구인지, 어떤 사람이 되기를 원하는지에 대한 답을 얻지 못한다면, 직업, 결혼 등과 같은 주요한 선택의 순간에 판단을 내리기 어렵다. 청소년들은 안정된 자아정체감을 형성하기 위해서 신체적 성숙과 성적 성숙, 추상적 사고능력의 발달, 정서적 안정성의 확보, 부모나 또래집단으로부터의 자율성을 확보할 수 있어야 한다.

Erikson 이론이 Freud 이론과 구별되는 점은 첫째, 인간의 발달은 부분적으로는 생물학적 요인에 영향을 받지만 사회적·문화적 요인과 같이 심리사회적 요소가 더 큰 영향을 미친다고 본다. 둘째, Freud가 무의식에 의해 인간의 행동이 결정된다고 보는 데 반해 Erickson은 무의식이 의식세계를 전적으로 지배하지는 않는다는 것이다. 셋째, Freud가 인간의 기본적인 성격형성은 생후 5년 이내에 다 완성된다는 결정론적인 시각을 갖는 데 반해 Erikson은 인간의 발달이 전 생애를 걸쳐 행해진다고 보았다.

Erikson은 인간의 발달 단계를 8단계로 구분하고, 각 발달 단계마다 해결해야 할 중요한 발달과업과 위기가 있으며, 이러한 과업과 위기를 성공적으로 달성할 때 개인은 건강한 발달을 할 수 있다고 주장하였다. 특히, Erikson은 자아정체감의 형성은 청소년기 동안에 이룩해야 하는 가장 중요한 발달과업이며, 나는 누구인가와 같은 일련의 의문들에 대한 답을 찾아가는 과정에서 형성된다고 했다. 청소년기 동안 정체감 획득이 이루어지면 성인기의 역할 수행이 용이해지는 반면, 정체감 확립이 이루어지지 않아 역할

혼란을 경험하는 청소년들은 청소년기의 비행이나 일탈행동에 관여하게 되는 경우가 많다.

Marcia는 자아정체감이 성인기에도 변화될 수 있다고 하였으며 정체감 성취, 정체감 유실, 정체감 유예, 정체감 혼미의 4가지 유형으로 구분하고 있다(홍봉선・남미애, 2022).

4) 인지발달이론

인지발달이론에서는 청소년의 의식적 사고를 강조하고 있다. 대표적인 인지발달이론가인 Piaget(1952)는 인지발달단계는 감각운동기(sensorimotor stage: 0~2세), 전조작기(preoperational stage: 2~7세), 구체적 조작기(concrete operational stage: 7~12세), 형식적 조작기(formal operational stage: 13세 이후)로 구성되어 있다고 주장하였다. ① 감각운동기는 출생부터 약 2세까지의 기간으로 주변 세계의 경험을 감각 및 반사능력을 동원하여 지각한다. ② 전조작기는 2~7세 까지의 기간을 말하며, 사람과 물체들 간에 관계를 이해하고 적용할 수 있는 내면화된 논리적 패턴인 조작(operation)이 이루어지지 않는 단계이다. ③ 구체적 조작기는 6~7세에서 11~12세까지의 시기로 자기중심적 사고와 직관적인 판단에서 벗어나 다른 사람의 입장을 고려하고 추론할 수 있게 된다. ④ 형식적 조작기는 청소년기에 해당하는 구체적 조작기와는 달리 문제해결에 있어 과거・현재・미래를 모두 이용할 수 있으며, 추상적이고 논리적인 사고가 가능하며, 상대적이고 다차원적인 사고가 가능하다는 것이다. 또한 이 시기의 청소년들은 자신이 누구인가 하는 근본적인 존재에 대한 의문을 갖기도 하고 부모와 자신을 분리해서 생각하기도 하며 부모와는 다른 의견을 주장하기도 한다는 것이다(김성이, 2010).

Kohlberg는 인간의 도덕추론능력의 발달은 인지적 발달과 관련되어 있기 때문에 도덕발달도 단계적이며, 이러한 발달 순서는 모든 사람과 문화에서 동일하게 나타난다고 생각하였다. Kohlberg는 가상적 도덕적 딜레마에 대한 반응을 기초로 도덕추론단계, 즉 도덕발달을 전인습적(pre-conventional), 인습적(conventional), 후인습적(post-conventional) 수준의 3수준으로 구분하고, 각 수준을 다시 두 단계로 세분하여 총 3수준 6단계로 구분하였다. Kohlberg에 따르면 도덕발달은 청소년기를 지나 성인기까지 지속되는데 모든 사람이 후-인습적 수준에 이르는 것이 아니라 성인 대부분은 인습적 수준에 머물러 있다고 한다. 그는 개인이 현재의 도덕적 추론방식을 반성할 충분한 기회를 제공받지 못했기 때문이므로 교육이나 지도자의 역할이 중요하다고 생각하였다(홍봉선 · 남미애, 2022).

5) 사회학습이론

청소년의 발달을 설명하는 데에 있어 사회 · 문화적 맥락을 강조한 사람들은 크게 Mead, Benedict와 같은 문화인류학자들과 Bandura와 같은 학습이론가들이 있다. Bandura(1969)와 같은 사회학습이론가들은 전통적인 학습이론적 견해뿐만 아니라, 개인이 지각하고 해석하는 타인의 사고, 행동, 느낌을 모방하고 모델링함으로써 자신의 사고, 행동, 느낌을 형성한다고 주장한다. 즉, 인간의 발달을 자극-반응(S-R)학습이론과 모방 또는 관찰학습으로 설명한다. 따라서 이들은 문화적 요인(예를 들어, 타인의 기대, 규범, 행동 등)이 개인의 바람직한 행동에 대해 직접적으로 강화를 주며, 사회적으로 적절한 행동에 대한 모델을 제공함으로써 개인 유기체의 사회적 발달에 영향을 미친다는 것이다. 이러한 과정을 통해 사람들은 문화적으로 적절한 행동을 학습하게 된다.

사회학습이론은 전술한 다른 이론들과는 달리 인간의 행동은 사회적이고 상황적인 맥락에 의해 결정되므로 인간발달을 어떤 획일화된 단계로 구분할 수 없다고 본다. 또한 다른 이론들이 각 발달단계마다 상이한 심리적 과정이 일어난다고 보는 데 반해, 사회학습이론에서는 유아, 아동, 청소년, 성인은 모두 동일한 심리과정을 갖는다고 주장한다.

이러한 사회학습이론의 기본 가정과 개념은 청소년의 몇 가지 중요한 점을 시사하고 있다. 첫째, 청소년기가 반드시 안정적이지 못한 혼란의 시기는 아니라는 것이다. 따라서 규범에서 벗어난 일탈적인 행동을 보이는 것은 소수의 청소년들이고 다수의 청소년들은 비교적 조화로운 발달을 한다는 것이다. 둘째, 청소년의 발달은 문화적 조건화와 사회적 기대에 의해 많은 영향을 받는다. 따라서 청소년의 발달은 부모나 교사 그리고 또래친구와 같은 주변 사람의 행동을 관찰하고 모방하고, 이들이 청소년에게 어떠한 행동을 기대하느냐에 따라 달라질 수 있다는 것이다(천정웅, 2021).

6) 인본주의이론

인본주의적인 관점의 대표적인 학자는 Maslow와 Rogers가 있다. Maslow에 따르면, 인간은 태어나면서 욕구를 가지고 태어나며 이러한 욕구를 충족하기 위해 행동한다고 보고, 인간의 욕구를 생리적 욕구, 안전, 애정과 소속, 자존심, 자아실현의 욕구로 구분하였으며, 각 욕구는 위계가 있다고 보았다.

즉, 첫 번째의 생리적 욕구는 음식, 물, 공기와 같은 가장 기본적인 욕구로서 이 욕구가 충족되지 않으면 두 번째 안전에 대한 욕구는 강하게 나타나지 않는다. 안전에 대한 욕구는 위험을 느끼지 않는 안전한 상태에 대한 욕구를 말하며, 세 번째의 애정과 소속의 욕구는 타인과 어울리고 타인에 의해 받아들여지고, 어느 곳에 소속되는 것을 말한다. 네 번째 단계인 자존심에 대한 욕구는 어떤 일을 성취하고 자신의 능력에 대해 자신감을 갖고 타인으로부터 승인과 인정을 받는 것을 말하며, 마지막 단계인 자아실현욕구는 자신의 잠재력을 최대한 발휘하여 자기를 완성하고자 하는 욕구로 인간의 욕구 중 가장 상위의 욕구를 말한다.

Rogers는 인간은 근본적으로 자기실현을 취하려는 동기와 스스로 자신의 문제를 해결하고 이해할 수 있는 능력을 가지고 있다는 관점에서 출발하기 때문에 청소년 역시 이러한 잠재력을 가지고 있다고 본다. 또한 현재 있는 그대로의 자기 모습인 실제 자아와 자기가 되고 싶은 모습인 이상적 자아와의 차이가 적절할 때 이상적인 자아가 되기 위한 노력을 기울이지만, 두 자아 간의 격차가 너무 커지면 오히려 부적응적인 문제를 유발한다고 하였다. 특히 청소년기의 자아는 아동기의 경험과 주변의 의미 있는 타인과의 경험에 의해 많은 영향을 받기 때문에 주변의 부모, 교사, 친구와 얼마나 긍정적인 경험을 하였느냐가 건강한 성장에 중요한 요인이 된다는 것이다(홍봉선·남미애, 2022). 따라서 그는 청소년에게 긍정적으로 대하고(positive regard) 격려해줌으로써 청소년 스스로 자신이 가치 있다는 긍정적인 자아관을 갖도록 하는 것이 중요하다고 주장한다. 특히 어머니가 자녀에게 긍정적인 대우를 하지 않으면 자녀의 자아실현과 발달은 심각한 손상을 받게 된다고 하였다.

7) 생태학적 이론

생태학적 이론은 유전적 요소, 가정의 역사, 사회 견제적 수준, 가정생활의 질, 인종·문화적인 배경 등과 같은 가능한 모든 요인들이 청소년의 발달과 관련된다고 본다. 대표적인 학자는 Bronfenbrenner와 Elder가 있다.

Bronfenbrenner의 생태학적 접근은 인간 전 생애를 포함하지만, 특히 청소년발달에 중요한 시사점을 제공하고 있다. 그는 미시체계(microsystem), 중간체계(mesosystem), 외체계(exosystem), 거시체계(macro-system), 시간체계(chronosystem)의 다섯 가지의 환경적 체계가 서로 상호작용하여 발달에 영향을 미친다고 주장하였다.

미시체계란 얼굴을 맞대고 경험하는 관계를 말하는 것으로, 예를 들면 가족관계, 친구와의 관계, 교사와의 관계 등을 말한다. 중간체계는 미시적 체계들이 서로 겹치는 부분에 의해서 생기는 대인관계를 의미한다. 예를 들어, 청소년들이 가족 내에서 갖는 습관이나 경험이 학교에서 영향을 미치는 것이다. 외체계는 직접 경험하지는 않지만 한 사람의 경험에 영향을 미치는 사회적 구조를 말한다. 예를 들면, 아버지가 직장에서 불쾌한 일을 경험하면 이러한 경험은 청소년에게 영향을 미치게 되는데 이처럼 청소년들에게 아버지의 직장은 외적체계로 존재한다. 거시체계는 사회문화적 규범과 같은 신념들을 의미한다. 시간체계는 시간(전생애)에 걸쳐 일어나는 변화와 사회, 역사적인 환경을 의미한다. 이러한 체계들은 각기 때로 존재하는 것이 아니라 상호작용을 통해 영향을 미치게 된다(홍봉선·남미애, 2022).

한편, Elder는 인간발달을 전생애 관점에서 다루고 있다. Elder(1995, 1997)는 그의 생애과정이론(life course theory)을 통해, 개인의 발달을 이해하기 위해서는 각 개인이 살고 있는 역사적 시기와 장소, 개인의 사회적 역할과 중요한 사건이 일어난 시기, 이러한 요소들의 상호관계성, 의사결정에 대한 개인의 역할과 사회적 제약 등을 고려해야 한다고 주장한다. 특히, 오늘날과 같이 급변하는 사회에서는 연령층이 다르면 서로 다른 역사적 환경을 경험하며, 동일한 역사적 변화에 의해서도 다른 영향을 받는다. 또한 역사적 영향은 장소에 따라 다르게 나타날 수 있다.

〈표 2-2〉 **청소년발달이론의 주요 내용**

청소년발달이론	주요 내용
생물학적 이론	생물학적 특성으로 다른 단계와 차별되는 성격을 지님
정신분석이론	내적갈등, 심적 불균형, 자기중심적인 면, 희생과 헌신적인 면 초자아와 원초아 간의 깨진 균형 회복이 주요 문제
심리사회적 발달이론	중요한 생활사건, 사건의 발생 시기, 타인과의 관계, 문화적 특성이 중요한 영향을 미침
인지발달이론	의식적 사고 강조, 추상적·논리적 사고 가능, 상대적·다차원적 사고 가능, 근본적인 존재에 대한 의문, 인습적(혹은 후인습적) 수준의 도덕성
사회학습이론	인간의 행동은 사회적·상황적 맥락에 의해 결정되므로 생애별 단계는 동일한 심리과정을 가짐. 청소년기가 반드시 혼란의 시기는 아님. 청소년에 대한 기대에 따라 행동이 달라질 수 있음
인본주의이론	인간은 근본적으로 잠재력을 가진 존재이므로 청소년도 동일함 이상적 자아와 실제 자아의 격차가 커지면 부적응적인 문제 유발
생태학적 이론	특히 청소년 단계에 환경적 체계의 상호작용이 중요

청소년발달의 제이론들은 그 중 어떤 한 가지 이론만으로 청소년의 모든 특징을 설명할 수는 없다. 각 이론마다 조금씩 다른 관점과 중요하게 고려하는 요소에서 차이가 있다. 즉 청소년의 어떤 특징은 인지발달이론이 또 다른 측면은 사회학습이론으로 잘 설명할 수 있다. 따라서 청소년을 보다 잘 이해하기 위해서는 하나의 이론만 고집하기보다는 여러 이론들 중 필요한 부분을 선택하고 통합하는 노력이 필요할 것이다.

Chapter 03

청소년발전과 발전적 관점

1 청소년발전의 대두

청소년의 중요성은 학문연구나 실천현장에서 널리 인식되고 있다. 그러나 점차 글로벌화되는 오늘날의 시대적 상황에서 청소년들의 상황을 가장 잘 나타내는 것은 불평등과 불확실성, 부정성이다. 세 가지 모두 현 시대만의 독특한 특징은 아니다. 복지, 경제, 시민성 등의 불균형은 전 세계 청소년들의 삶에 오랫동안 영향을 미쳐왔다. 불확실성은 시간과 장소를 막론하고 모든 청소년들에게 지속적으로 주어지는 조건으로 다른 사람들에게 전적으로 의지할 수 없는 동시에 성인으로서 독립적인 삶의 선택을 내리지도 못하는 상황이 결합된 결과이다(Landsman, 2002).

오늘날의 청소년들은 증가되는 가족의 불안전성으로부터 취업과 경제적 안정성에 영향을 주는 불안한 경제상황에 이르기까지 다양한 삶의 양상 속에서 불확실성에 당면하고 있다. 이런 상황 속에서 사회가 청소년을 보는 관점은 불행하게도 대부분 부정적이다(Delgado, 2012). 우리 사회에서 청소년은 성인들이 사회의 자산으로 생각하기 어려울 만큼 주변화되어 있다. 위기에 선(at-risk) 청소년이란 말이 보통의 청소년을 일컫는 상투어가 되고 있으며, 성인들은 그러한 관점에 더욱 익숙해져 있다. 이런 현실은 청소년을 둘러싼 정책영역, 실천현장, 그리고 연구분야에서도 지배적이다.

더구나 요즘 청소년들은 과거 세대와 비교하여 잘 자라고 있다는 많은 증거가 있음에도 불구하고 오랜 세월이 지난 지금도 많은 사람들은 여전히 이를 사실로 믿으려 하지 않고 있다. 오히려 오늘날의 청소년들은 과거 세대와 비교해 변종이고 불건강하다는 메시지를 끊임없이 듣고 있다. 그 결과 오늘날의 청소년에 대한 논의에서 균형을 갖고 상황을 고려한 채 청소년 이슈를 다루려는 노력은 거의 사라지고 있다(Astroth, 2010). 많은 경우 우리는 매체를 통해 전파되고 있는 위기청소년 또는 문제청소년과 같은 대중적 신화를 반복적으로 사용하면서 진정으로 중요한 문제인 성공적인 성인으로의 성장과 발달, 즉 '청소년발전'에는 초점을 기울이지 않고 있다.

이제 청소년을 위한 더 나은 개입이나 학문적인 노력을 안내해 줄 새로운 사회적 패러다임을 필요로 한다. 청소년 이슈에 대응하는 일반적 접근은 오랫동안 재활적 전략과 강제적으로 구속력을 발휘하는 전략을 함께 사용하여 문제를 치료하는 데 초점을 맞추어 왔다. 그러나 최근에 이러한 문제중심의 시스템에서 긍정적이고 적극적인 청소년발전을 위한 접근에 대한 관심이 증대되고 있으며, 많은 성과를 이루어내면서 확산되고 있어 주목된다. 특히, 긍정적 청소년발달(positive youth development: PYD), 청소년개발(youth development: YD), 지역사회청소년개발(community youth development: CYD) 등의 접근법은 1990년대 초 이후 최근 30여 년간 이론적, 정책적, 실천적 연구와 적용이 확산되고 있으며, 주요 선진국을 비롯한 많은 국가에서 성과와 도전을 동시에 가져다주고 있다.

긍정적 청소년발달(PYD)은 지역사회의 프로그램과 서비스를 문제를 가진 청소년이나 위험한 상황에 처한 청소년만을 대상으로 하기보다는 전체 청소년을 대상으로 하는 역량개발에 초점을 맞춘 거시적 개념이다. 청소년개발(YD)은 이러한 긍정적 청소년발달(PYD)과 지역사회청소년개발(CYD)을 아우르는 것이다. 이러한 접근법을 통한 서비스와 활동들은 자발적이며 청소년들이 성인으로 성공적인 전환을 이룰 수 있도록 도와주는 공식 및 비공식적 기회와 경험을 제공한다. 이는 문제예방과 위기예방서비스를 우선시하고 또 이와 같은 서비스에 재정을 지원하는 기존의 시스템과는 많은 차이가 있다. 이 책에서 사용하는 청소년발전의 개념은 이러한 기존의 모든 긍정적이고 적극적인 접근법들을 아우르는 개념으로 용어화한 것이다.

청소년에 대한 문제중심적 관점이 모두 잘못된 것만은 아니지만, 중요한 사실은 문제중심적 이해가 지나치게 지배적이었다는 것이다. Damon(1997)은 문제청소년 전통은 대중문화에서의 청소년의 이미지에 영향을 끼쳤으며 그 결과 사람들의 마음속 모습에도 영향을 끼쳤다고 지적했다. 지나친 문제중심의 청소년에 대한 접근은 청소년의 “사회적 활력(social agency)”을 방치한 것이 그 결과였으며(Mayall, 2002), 그로 인해 사회는 청소년들을 계속해서 긍정적인 궤도(tranjectory)에 머무르게 하는 중요한 기회를 상실하게 되었다.

이런 점에서, 청소년의 긍정적 측면과 강점(strengths)에 대한 관심은 지난 수십 년 동안 청소년분야는 물론 인간개발이나 사회복지 등의 여러 분야에서 계속 증대되어 왔음을 지적할 필요가 있다(Benson, 1997; Saleebey, 2005). 발달심리학은 물론 강점관점(strengths perspective), 삶의 질, 심리적 안녕(wellbeing), 가족지지(family support)운동, 자산중심(asset-based) 지역개발 등과 관련한 학문적 또는 실제적 발전이 많은 주목을 받고 있다(Maton, Schellenbach, Leadbeater, & Solarz, 2004).

지난 수십 년간 전개된 청소년에 대한 긍정적 관점과 문제중심의 관점에 대한 비평은 점차 청소년을 위해 일하는 사람들을 중심으로 청소년들의 긍정적 측면에 초점을 맞춘 대안적 접근법의 힘을 인식하게 만들게 된다. 특히 레질리언스(resilience)와 청소년개발(youth development)의 개념은 청소년들이 유능하고 책임감 있는 성인으로 성장하도록 돕는 하나의 방법으로서 중요하게 논의되고 있다(Benard, 2004).

그럼에도 불구하고 청소년을 사회적 지위와 역할의 관점에서 보기보다는 하나의 인간발달적 시기로 보는 기존의 관점이 여전히 지배적이다. 청소년을 해결해야 할 문제의 대상으로 보는 이른바 "문제로서의 청소년(youth as problems)"의 이미지가 일반담론에서는 물론 전문적 실천 분야와 학문연구 분야에서도 아직도 많이 볼 수 있기 때문이다. 청소년문제를 접근함에 있어 강점(strengths)이나 자원(resource)으로 보는 관점보다는 문제나 결함(deficits)으로 보는 전통이 더욱 오래 자리하고 있는 것이 청소년 분야이기도 하다(Checkoway, 1998; Scales, 2001). 최근 들어 강점관점과 청소년개발의 원리를 강조하는 접근 노력이 강조되고 있지만 얼마나 제대로 이러한 노력을 하고 있는가는 또 다른 과제이다.

2 문제중심적 관점

앞서 언급했지만, 청소년을 강점이나 자원으로 보기보다는 문제나 희생자

중 하나로 보는 것이 일반적 인식이고 동시에 전문분야 다수의 관점이기도 하다. 대중매체가 청소년을 다루는 내용은 대체로 희생자의 관점이 많으며, 청소년은 폭력적, 약물중독, 10대 임신, 학교중퇴, 가출 등의 문제가 되는 대상으로 서술하는 경우가 지배적이다(Matrese, McGinnis, & Mora, 2005). 미국은 인종적으로는 백인이 아닌 경우, 지역적으로는 도시지역, 사회경제적 지위로는 노동계급과 저소득층 가정의 청소년에 대해서 보다 더 부정적으로 조망되고 있는 것이 일반적이다. 이른바 문제중심적 또는 결함관점(deficit perspective)으로 논의되는 것이다.

청소년이란 개념은 사회적으로 만들어진 개념이다. Hall(1904)은 인간발달 시기로서의 청소년기(adolescence)를 규정하면서 이른바 "질풍과 노도(storm and stress)"의 시기라고 보면서 청소년의 행태를 설명하였다. 그의 책 『청소년기(adolescence)』의 서문에서 청소년기를 "고대의 질풍과 노도의 시기와 비슷한 것이다(Hall, 1904: 13)"라고 언급하고 있다. 이러한 관점에서 기술된 책 내용은 성인들에게 청소년기를 인생에 있어서 질풍의 시기로서 보는 인식을 심어주게 되었으며 이것이 사회 속에서 전형적인 10대를 서술하는 한 방법으로 내면화되어 왔다는 지적이다(Nicols & Good, 2004).

청소년에 대한 이러한 질풍노도적 견해가 점차 사회일반에 내면화되면서, 청소년을 위해 일하는 많은 전문가들에게도 청소년은 하나의 해결되어야 하는 문제아 또는 구제되어야 하는 희생자로 보는 관점이 보다 더 일반화되었다. Weick, Rapp, Sullivan 및 Kisthardt(1989)는 이에 대해 "문제의 존재는 전문가의 도움이 요구되는 당위성을 제공하게 된다."(p. 351)고 말한 바 있다. 즉, 청소년을 문제적으로 보면 볼수록 전문가들이 더욱 필요하게 되고 이는 또한 전문가들의 존재를 위해서도 청소년들의 문제가 더욱 심각해져야만 한다는 역설적인 의미를 갖게 되는 것이다.

이러한 관점은 1940년대의 정신분석학적 접근으로 더욱 강화되는데, Freud(1946)는 청소년은 불가피하게 부모-자녀 갈등으로 가득 찬다고 가정하였다. 정신분석가들은 "청소년기의 발달과정을 오이디푸스적 또는 이전 오이디푸스적 갈등을 다시 경험함으로써 이전의 유아기 발달단계가 반복 발생되는 것"으로 본다. 정신분석학적 이론과 그 분파들의 연구는 청소년실천에서 병리학적 이론을 한층 더 촉진하는 데 기여하였다. 청소년기에 대한 부정적 개념화는 1960년대의 정신사회적 접근법이 발달로 더욱 심화된다. 예컨대, Erikson(1963)은 청소년기를 정체성 위기(idenity crisis)의 결과로 특징되는 혼란과 스트레스의 시기라고 보았다. Erikson에게 청소년시기는 생리적 변화와 분리된 별개의 성인 정체성의 개발을 함께 뜻하는 것이었다.

문제중심 또는 결함중심의 이러한 관점과 실천은 1980년대를 거치면서 더욱 지배적이 되었는데, 미국의 경우 정신보건(mental health) 분야가 대두되면서 청소년에 대한 병리학적 이미지가 더욱 심화되었다. 이른바 문제청소년에 대한 의미 속에서 더욱 많이 전유되고 전개되기 시작하였다. Finn(2001)은 이에 대해 "청소년들은 위기, 위험, 그리고 병리학이라는 영원히 확대되는 분류 속에 평가되고 진단받았다."(p. 184)고 주장하고 있다.

3 강점관점과 청소년개발의 전개

청소년을 문제중심적으로 보는 관점에 대한 비판은 청소년기의 개념화와 동시에 제기되었다. 생물학적 결정주의에 대한 많은 비판이 제기되었으며,

특히 청소년문화에 대한 연구들은 청소년시기를 질풍과 노도의 보편적 인생의 발달 단계라고 이해하는 것에 반대하였다. Mead(1928)는 사모아에서의 청소년기 소녀들에 대한 연구에서 청소년들은 혼란된 시기를 경험하지 않는다고 주장하였다. 오히려 적절한 문화적 상황을 전제하면, 10대 청소년기 소녀들은 점진적이고 평화적으로 성인기로 이행을 할 수 있었다고 주장했다. Mead는 "스트레스는 우리의 문명화 속에 있으며, 소녀들이 겪는 신체적 변화 속에 있는 것은 아니다."(p. 234)라고 하였다. 1960년 이후 대중매체가 청소년의 행태를 선정적으로 표현하는 문제들이 비판되기 시작했으며, 사회일반의 청소년에 대한 부정적 견해의 많은 부분이 직접적인 지식과 경험에 근거하기보다는 대중매체의 부정적 보도에 입각하였다는 점이 지적되었다(Bandura, 1964; Scales, 2001).

이러한 일련의 관점의 변화와 지적에 따라 기존의 문제중심적 견해에 비판이 제기되면서 예방적 접근법(prevention approach)이 점차 강조되기 시작하였다. 이러한 예방접근법은 문제가 생기고 난 뒤에 해결하려고 애쓰기보다는 문제를 예방하는 것이 보다 비용효과적이고 또 효율적일 수 있다는 이해에서 비롯된 것이다(Small & Memmo, 2004). 지난 수십 년간 전개된 청소년에 대한 긍정적 관점과 문제중심의 관점에 대한 비평은 아동과 청소년을 위해 일하는 사람들을 중심으로 청소년들의 강점과 긍정적 측면에 초점을 맞춘 대안적 접근법의 힘을 인식하게 만들었다.

이러한 적극적 접근법은 청소년을 문제와 희생으로 보는 견해와는 달리, 청소년을 강점, 자산, 잠재성 및 자원을 가진 존재로 본다. 사실 청소년들은 성공적인 성인기로의 전이를 위해서, 또 그들이 받는 서비스의 질을 높이기 위해서 발전적 관점을 필요로 하는 것이다(Matareses et al., 2005). 이러한 접근법의 지지자들은 청소년들이 직면하고 있는 많은 문제들은 바로 청소년

개인의 강점, 가족, 그리고 지역사회에서 그 해결책을 발견할 수 있다는 점을 인식하였다(Maton et al., 2004).

1) 강점관점의 발전과 특징

강점(strengths)이라는 용어는 오랜 기간 동안 청소년분야에서 사용되어 왔지만, 그것이 사회복지분야에서 하나의 관점으로 개념화되어 사용되기 시작한 것은 1980년대 이후부터라고 볼 수 있다(Weick et al., 1989).

강점관점(strengths perspective)의 대두 배경으로 살펴본 청소년과 사회복지분야의 관계는 사회복지학이 청소년들의 문제를 해결하는 데 중요한 역할을 했음에도 불구하고 그 접근법이 지나치게 정신분석학적, 치료적, 정신보건적 문제진단과 해결을 중심으로 전개되었음을 말해 주고 있다. 이러한 문제중심, 결함중심의 견해와 실천에 대해 지속적인 비판이 전개되어 왔음은 물론이다. 청소년과 관련한 기존의 문제중심의 관점에 대해서도 청소년기 자체를 병리학적으로 이해하게 만들어 비난받기 시작하였다.

예컨대, Goldstein(1990)은 병리학 접근은 인간상태의 복잡성을 진단표의 좁은 칸으로 축소해 버리는 경향이 있다고 지적하였다. Weick, Rapp, Sullivan 및 Kisthard 등은 이러한 문제중심 실천에 따른 문제점을 3가지로 요약하였다. 즉, "① 문제는 반드시 영향을 받는 당사자의 결함 또는 무능으로 보이게 한다. ② 문제의 본질은 전문가들에 의해 정의된다. 그리고 ③ 문제의 핵심에 있는 결점을 극복하는 방향으로 치료가 이루어진다"(p. 352)는 것이다.

비록 사회복지가 문제해결의 직업으로서 자부심을 갖지만, 기존의 문제중심, 결함중심의 치료실천은 많은 비판을 받으면서 그 대안으로 예방접근법(prevention approach)이 강조되기 시작하였다. 한 예로 Goleman(1995)은 예방접근법의 필요성을 논의하면서, 위기개입은 "해당 문제가 유행병같이 만연하게 되고 또 청소년들의 인생에서 아주 깊이 뿌리를 내리게 된 후에야 뒤늦게 나타나는 것이다."(p. 256)고 지적한 바 있다. Finn(2001)은 많은 문제중심치료 프로그램은 청소년을 생산적으로 준비시키는 것이 아니라고 주장하였다. 오히려 "많은 청소년들은 일련의 보호, 통제 및 봉쇄의 연속선상에 놓이도록 준비되고 있다."(p. 168)고 지적하였다.

다른 한편, 이러한 종전의 결함중심, 문제중심 관점에 의한 청소년 이슈에 대한 접근은 청소년에 대한 긍정적 관점이 최근 증대되면서 그 적실성이 더욱 의문시되었다. 비록 강점관점이라는 용어가 나타난 것은 1980년대 후반 들어서이지만, 긍정적 측면이나 강점에 대한 강조는 사회복지 역사 전반을 통해 언급되어 왔기 때문이다(Rapp, 1998; Weick et al., 1989).

특히, 최근에 강조되어온 적극적인 접근법으로서의 강점관점은 어떤 문제의 해결을 위해 문제 자체에 초점을 맞추는 것은 오히려 문제해결을 더 어렵게 할 수 있다는 인식에 기반하여 대두된 것이다. 이 관점은 "사람들은 지속적으로 성장하고 변화할 수 있으며 자원에 동등하게 접근해야 한다."(Chapin, 1995: 507)는 신념에 뿌리를 두고 있다. 강점이란 개념이 다양한 형태로 표현되었지만, Saleebey(2005)는 강점관점의 본질을 "3P" – 가망성(promise), 가능성(possibility), 긍정적 기대(positive expectations), "3C" – 역량(competence), 능력(capacities), 용기(courage), 그리고 "3R" – 레질리언스(resilience), 준비성(reserve), 자원(resources)이라고 제시하였다. 강점관점은 개인이 정신질환 같은 역경에도 불구하고 문제를 넘어서 삶을 이끌어갈 수 있다고 전제한다.

Rapp과 Goscha(2006)는 정신 장애를 가진 사람들의 강점 사례관리 모델에 대한 논의와 설명에서 "기운을 꺾는 행동(spirit-breaking behaviors)"과 "희망을 가져오는 행동(hope-inducing behaviors)"의 중요한 차이점을 구별했다. 기운을 꺾는 행동은 청소년이 성공을 위해, 미래를 위해, 삶을 진전시켜 나가기 위해 가지고 있는 희망을 조력자들이 의도적 또는 우연히 감소시키거나 심지어 소멸시키는 행태를 말한다. 여기에는 형식적 또는 비형식적으로 의사소통한 청소년에 대한 부정적 평가 또는 인식, 제약적 실천, 청소년이 할 수 있고 또 해야 하는 것에 대해 부수적이며 부적절한 생각을 강요하는 것, 청소년에 대한 무례하거나 비하적인 행동, 또는 청소년의 희망과 꿈을 망가뜨리거나 무시하는 것 등이 포함된다.

다른 한편, 희망을 가져오는 행동에는 다음이 포함한다. 즉, 청소년이 이야기하고 싶을 때 응할 수 있으며, 참된 보호와 친절을 표시하고, 그들을 존중으로 대하며, 성공과 실패에 상관없이 청소년을 근본적으로 받아들이며, 당신이 그들을 위해 서 있으며 청소년에 대해 신념을 갖고 있다고 알리는 상호작용, 개인이 목표를 성취하도록 도우며, 그들의 성취와 성공을 적절히 축하하는 것 등을 포함한다.

강점관점은 인간의 의미, 활기 및 능력에 관심을 둔다. 따라서 이러한 강점을 개발하는 일은 동시에 개인과 지역사회의 잠재성 극대화에 이바지한다. Petr(2004)는 "강점관점은 성인중심주의(adultcentrism)와 맞서고, 가족중심 실천을 활용하고, 다양성과 차이점을 존중하는 것에도 불가결한 것이다."(p. 155)고 적고 있다. 강점관점은 개인을 둘러싼 환경적(ecological) 요소들이 개인을 위한 기회의 원천이며 자원의 수를 증대시킨다고 본다. 이런 점에서, 강점관점은 지역사회의 관심사와 지역사회 해결책을 개발하는 데 기존의 자원들을 찾아내고, 동원화하고, 재강화하고 또 증대시킨다.

2) 긍정적 청소년발달의 관점과 접근방식

긍정적 청소년발달의 관점은 기존의 청소년에 대한 이해나 처방에 대한 다음과 같은 두 가지의 한계를 바탕으로 삼는다. 첫째, 기존의 청소년에 대한 관심은 일반적으로 부정적인 인식을 반영하고 있다. 즉, 청소년들은 미국사회가 직면하고 있는 복합적인 문제-약물남용, 미혼모, 범죄, 폭력 등을 포함-들의 주역으로 비춰지고 있다고 지적한다(U. S. Department of Health and Human service, 1997). 둘째, 청소년문제의 예방은 주로 문제나 병폐를 지닌 청소년을 교정하거나 치료하고, 문제와 접할 수 있는 위험스러운 태도와 습관을 고치고 교육시켜야 한다는 문제의 관점에서 설명된다(Pittman, 1996).

다시 말해 기존의 청소년을 대상으로 한 이론이나 정책연구들은 청소년발달과 관련하여 신체적, 인지적, 정서적, 사회적, 도덕적, 인성적 발달 및 자아정체성 발달 등을 고려할 때, 청소년을 미성숙 상태에서 성숙해 가는 과정이라고 정의한다. 따라서 청소년은 언제나 상처받기 쉬운 세대 혹은 상처받은 청소년과 같은 문제발생의 예비자로 간주되어 왔다. 이러한 청소년에 대한 기존의 이해 관점은 청소년을 무엇이 부족하거나 어떤 기질이나 특성이 지나치거나 위험성이 있다는 일종의 '결핍 관점(deficit-based model)' 내지는 '억제 관점'으로 바라본다.

따라서 청소년에 대한 처방 역시 청소년들이 일으키는 심각한 문제-폭력, 가출, 자살, 혼전 임신, 약물, 비행 등-에 주목하여 그들은 누구인가, 왜 문제를 일으키는가, 문제를 일으키지 않기 위해서는 무엇이 필요한가 등에 관심을 기울여 왔다. 결국 청소년에 대한 처방은 이미 드러난 문제행동이나 범죄를 감소 혹은 중단시키려는 의도의 '개입'과 일어날 가능성이 많은 무엇인가를 사전에 차단하기 위해 사전에 무엇인가를 해야 하는 의도로 '예방'을 강조하면서 언제나 청소년문제의 감소에 초점을 맞추고 있다(Perkins, 1997).

그리고 청소년에 대한 접근방식은 일정한 위기 상황에서 즉각적으로 문제해결을 도와주는 위기적 접근(the crisis approach), 청소년의 각 발달단계에서 요구되는 심리·행동적 과제들을 성취하지 못한 청소년을 대상으로 지원하고 치료하는 교정적 접근(the remedial approach), 그리고 발생 가능한 문제상황들을 미리 예측하여 그러한 문제가 일어나지 않도록 사전에 문제상황에 노출될 수 있는 청소년을 상담하거나 지도하고 지원하는 예방적 접근(the preventive approach) 등이 주류를 이루었다(Myrick, 1997: 8-11).

결국 기존의 청소년 관점과 접근방식은 청소년을 지나치게 문제나 예방에 초점을 두고 바라보고, 접근방식 역시 문제를 감소하기 위한 개입이나 사전예방에 주력하는 셈이다. 또한 청소년 관련 정책이나 프로그램은 상처받은 청소년이나 상처받기 쉬운 어느 한편의 동일한 청소년에게 중복되고, 초점은 지나치게 편협하며, 단기적 처방 위주의 대응적(reactive) 접근방식에 몰두한다고 비판받는다.

따라서 긍정적 청소년발달 관점은 기존의 청소년에 대한 부정적인 인식과 접근방식에서 벗어나, 협력적이고 발전적인 일련의 활동을 통한 청소년과 성인의 도전 및 사회적·도덕적·감성적·신체적·인지적으로 경쟁력을 가지도록 돕는 체험을 통해 청소년을 준비된 성인으로 이행해 가는 긍정적인 청소년발달에 초점을 두고 있다.

긍정적 청소년발달의 관점은 지식기반사회의 도래와 디지털 경제시대의 변화 경향에 그 배경을 두고 있다. 즉, 복잡하고 경쟁적인 세계 시장의 형성과 함께 유연하고 융통성 있는 인적자원이 가장 중요한 사회적 자원이라는 인식이 강조되면서, 사회의 많은 구성원들이 생산적 인력, 효과적인 부모, 책임 있는 시민으로 준비되지 않은 채 성인에 이르고 있다는 반성에서부터 출발하고 있다.

다시 말해 긍정적 청소년발달 논의는 청소년이 21세기의 무한경쟁과 디지털 경제시대에 부응하는 생산적이고 유연한 인력 자원으로 양성하고, 책임감 있는 시민으로 책무를 다하며, 부모로서의 역할을 효과적으로 수행할 수 있는 성인으로 성장하도록 하기 위해서는 기존의 문제로부터 해방되는 것만으로는 충분하지 못하다는 인식에 바탕을 두고 있다. 또한 기존의 사전예방, 치료나 교정 위주의 접근방식에서 노출되는 직접적인 비용과 인적자원의 손실에 따른 간접비용 등과 같은 높은 사회적 비용 및 기존의 접근방식과 프로그램에 의한 청소년문제의 감소와 같은 적절한 효과 문제에 관심을 기울이기 시작하면서 청소년에 대한 새로운 관점과 접근방식의 필요성이 대두되기 시작한 것이다.

따라서 긍정적 청소년발달 논의는 21세기 지식기반사회가 요구하는 유연하고 융통성 있는 핵심역량을 구비한 인적자원으로 청소년을 성장하도록 하기 위해서는 청소년에 대한 이해와 접근방식이 문제에 집중하는 관점에서 벗어나 건강하고 책임감이 있으며, 인정 있는 청소년으로 성장하는 긍정적이고 건설적인 활동과 체험에 청소년을 보다 더 많이 노출시키도록 관심을 전환할 필요가 있다고 간주한다.

이렇게 볼 때 긍정적 청소년발달은 예방이나 억제 및 부족과 문제의 감소보다는 철저하게 준비와 발달을 강조하는 청소년정책과 프로그램에 대한 접근이다. 그렇다고 해서 긍정적인 청소년발달 논의는 청소년이 직면하고 야기하는 문제를 무시하거나 외면하지는 않는다. 다만 문제예방이나 감소가 인간발달로서 청소년의 성장의 궁극적인 목적으로 부적절하다고 간주할 뿐이다(Pittman, Cahill & Zeldin, 1994). [그림 3-1]에서 보는 바와 같이, 궁극적인 인적자원개발로서 발달적 접근과 예방과 개입적 접근의 연계가 중요하다고 생각한다. 단지 긍정적 청소년발달은 문제에 대응하는 방식의 접근보다는 친활동적이고 다양한 기회와 지원을 통한 청소년발달이 문제예방과 감소에도 보다 효과적이라는 믿음에 기초하고 있다. 즉, 청소년에게 안전하고 건전한 활동에 참여하는 기회와 지원이 이루어질 때 청소년들은 위험성이 높고 긍정적 발달을 지연시키거나 탈선할 수 있는 불건전한 행동에 관계할 가능성이 적어진다는 연구결과를 강조한다(NYDIC, 1999). 그러므로 긍정적 청소년발달은 예방과 개입이라는 기존의 접근방식을 포함하되, 건전한 성인으로의 이행을 위한 발달과 준비를 강조하는, 예방을 뛰어 넘는 새로운 청소년에 대한 관점이라고 볼 수 있다.

[그림 3-1] **긍정적 청소년발달의 관점과 접근방식**

긍정적 청소년발달 관점은 청소년은 누구인가에 대해 새롭게 조망하고, 그들이 성인으로 성공적으로 이행하고자 할 때 어떤 발달 경험이 요구되는가에 대한 원리에 관심을 집중시킨다. 우선 긍정적 청소년발달 관점은 청소년을 문제나 부족이라는 시각이 아니라 잠재력이라는 관점에서 바라본다. 즉, 청소년은 그 사회의 사회적 · 문화적 자원(youth as resource)인 동시에 사회변화를 이끌어 가는 적극적 존재로 인식한다(Nagorski, 1999; Pittman, 2000).

특히 긍정적 청소년발달 관점은 청소년기는 아동기에서 성인 초기로 이행해 가는 전반적인 과정이지 사건이나 분절된 시기가 아니라는 발달과정과 경로를 강조한다. 인간 일생의 특정 단계라는 고정적이고 정지된 개념이 아니라 아동에서 성인 초기로 이행해 가는 이행과정으로서의 청소년기에 대한 이해는 청소년에 대한 보다 탄력적이고 유연한 접근을 가능하게 한다. 청소년 문제나 위험스러운 행동이 일시적이고 실험적인 행동일 수도 있다고 생각한다. 그리고 이러한 행동은 건전한 청소년으로서 경험해야 할 기본적 요소이기도 하며, 최적의 발달에 기여하는 것이기도 하다고 간주한다. 더욱이 이러한 위험스러운 실험적 행동들은 가끔 청소년이 부모로부터 분리되어 자신의 정체성을 형성해 가는 정상적인 과정으로 이해되어야 한다고 주장한다(U. S. Department of Health and Human Service, 1997).

이와 같은 이행과정으로 청소년발달을 인식하는 긍정적 청소년발달은 청소년발달의 특성과 경로에 대해서 다음과 같은 몇 가지 사항을 강조한다(Pittman, 1996; Academy of Educational Development, 1996). 첫째, 청소년발달은 아동으로부터 성인으로 이행하는 과정인 동시에 지속적인 진행과정이다. 또한 청소년기는 주변의 모든 사람이나 환경적 맥락-가족구성원, 친구, 이웃과 지역주민 및 학교와 지역사회, 사회제도 등-과 연관되어 가는 과정 혹은 여행이다. 따라서 청소년발달은 가족과 학교 및 지역사회가 자연적으로 함께 참여해야 하는 과정이다.

이렇게 볼 때 청소년이 성인으로 성공적으로 이행하는데 실패한 경우 그 원인은 드러난 어떤 문제행동보다는 가족, 친구, 지역사회, 사회제도 등으로부터 지원이 부족한데 있다고 설명되어야 할지 모른다. 그러므로 긍정적 청소년발달 관점은 청소년의 경험을 풍부하게 하고 성공적인 이행을 가증하도록 북돋우는 과정과 영향에 대한 심도 있는 이해가 필요하다고 생각하고 관심을 집중한다.

둘째, 청소년발달은 개인적 측면(심리적, 생물학적, 지적, 인성적, 기질적 특성 등)과 맥락적 영역(다른 사람, 친구집단, 가정, 지역사회, 사회 등) 간의 역동적 상호작용을 통해 일어난다. 즉, 발달과정은 개인이나 환경의 일방적 특성에 의해 미리 결정되지 않는다는 것이다. 특히 긍정적 청소년발달은 개인이 속한 사회적 맥락을 강조하는 일종의 생태맥락적 관점을 채택하고 있다.

그러므로 긍정적 청소년발달 관점은 오랜 동안 청소년 개인의 심리내적 역동성을 강조하는 이론들이 개인의 역기능적 행동을 이해하는 준거틀(모든 문제와 증상이 개인의 내부에 존재하는 심리적 상태에 기인한다)을 거부한다. 결국 긍정적 청소년발달 관점은 유기체와 환경 간의 상호작용을 설명하는 일반체계이론에 기초하여, '발달과학'과 '발달적 맥락주의' 혹은 '역동적 상호주의', '발달적 구성주의'에서 제안하는 발달 개념을 반영하고 인간행동의 총체적 틀 안에서의 이해를 강조하고 있는 셈이다.

셋째, 청소년발달은 균일하지 않은 변덕스러운 과정으로 다양한 형태를 취한다. 특히 청소년 개개인은 서로 다른 이력(다양한 사람들과 다양한 맥락에서의 경험)을 가지고 있기 때문에 같은 경험이나 환경에서도 동일한 의미를 가지지 않는다.

넷째, 청소년발달은 부모를 비롯한 가족구성원, 친구, 이웃, 학교교사, 지도자 및 다른 전문가 등 다른 사람과의 관계를 통해 중재되는 과정이며, 이러한 환경적 맥락과의 관계 맺음, 무엇인가에의 기여 및 학습하는 기회 등의 참여를 통해 일어난다. 따라서 가족, 지역사회 등과 같은 환경적 맥락에 대한 청소년의 참여는 청소년발달에 중요한 핵심적 관건이다.

또한 긍정적 청소년발달은 이러한 청소년의 특성과 경로 이해를 위해 긍정적 청소년발달의 개념적 모델을 구성하기 위해 노력한다. 특히 청소년기의 발달과정, 발달경로, 성인기에서의 바람직한 결과, 긍정적 청소년발달을 위한 개입 등을 모델의 핵심 구성요소로 삼고 있다.

3) 청소년개발의 관점과 원리

청소년개발(youth development) 원리가 청소년을 위해 일하고 있는 실천가, 연구가 및 정책 결정가들 사이에서 큰 관심을 받기 시작한 것은 이러한 상황과 맥락을 같이한다. 청소년개발의 관점은 "청소년은 관리될 수 있는 문제로서가 아니라 개발될 수 있는 자원으로" 본다(Roth & Brooks-Gunn, 2000: 3). 이 관점은 모든 청소년들을 서비스를 통해 개발할 수 있는 잠재력을 가진 개인적 생태적 자산성을 소유하고 있다고 전제하면서 그들의 건강한 삶의 기회를 증대시키려고 한다. 청소년개발의 개념과 특성이 앞에서 언급된 예방적 접근법(prevention approach)과 구별되는 점은 청소년개발은 문제가 발생하거나 위기상황이 생기지 않도록 하는 것뿐만 아니라, 더 나아가 긍정적 발달과 청소년의 건강과 안녕(well being)에 기여하는 조건들을 적극적으로 주장하는 데 있다. 청소년개발 옹호자들은 단순히 문제를 예방하는 것은 청소년을 성인으로 준비시키기 위해서 충분하지 않다고 주장한다(Benson, 1997; Small & Memmo, 2004).

비록 단일개념이 존재하지는 않지만, 청소년개발은 "모든 청소년들이 그 시기 전반을 통해 욕구에 부응하고 역량을 함양하기 위해 경험하는 과정"으로서 정의될 수 있다(Nixon, 1997: 571). 청소년개발은 건강한 조건의 존재를 특히 강조하고 건강이란 개념을 기술(skills), 친사회적 행태 및 장차의 고용, 교육, 시민생활에서 성공하는 데 필요한 역량(competence)을 포함하는 것으로 확대한다(Bazemore & Terry, 1997). 특히, 청소년개발은 그 과정의 중요한 부분으로서 가족, 친구, 이웃, 학교, 지역사회 집단 및 여타 지지의 중요성을 인식한다(Villarruel, Perkins, Borden, & Keith, 2003).

청소년개발 프로그램과 절차(protocols)는 본질상 몇 가지 전제에 입각하고 있다. 가장 중요한 것은 모든 청소년들은 지지와 지도를 받으면 성공적 성장(thriving)을 도모할 수 있다는 점이다. 그들의 삶의 일부인 위험부담과 환경을 강조하는 것은 그들이 가지고 있는 능력과 재능을 부인하는 것이다. 사실, 문제로 둘러싸여 있고, 때로 위험부담이 있거나 문제적 행동에 빠지기도 하지만, 대부분의 청소년들은 생존해가고 있으며, 많은 청소년들은 성공적 성장(thrive)을 도모한다. 어떻게 그렇게 할 수 있는가? 그 질문에 대답하는 일은 청소년의 내·외부에 존재하는 레질리언스(resilience)의 힘을 이해하고, 개인적·환경적 강점과 자원을 알게 되는 핵심이다. 또 다른 핵심 전제는 모든 청소년들이 자신의 희망을 실현하고, 문제를 해결하고, 위험부담을 최소화시키는 기회와 통로(pathways)를 필요로 한다는 점이다. 그러나 모든 청소년은 동일한 프로그램과 기회를 필요로 하는 것이 아니며 청소년들의 삶과 생활스타일에 맞추어야 한다.

또 다른 암묵적 전제는 상황주의(contextualism)의 전제이다. 첫째, 기본 아이디어는 유기체적 발달모델을 거부하는 것이다. 즉, 발달이란 어떤 종착점인 성숙을 향해 전진(progression)하는 것이란 생각과 초기 이벤트(event)는 그 이후의 이벤트와 인과적 관계에 있거나 아니면 연계되어 있다는 것이다. 상황주의적 사고에서 보면, 청소년의 삶에 존재하는 레질리언스는 정서와 사고, 자원과 도전, 동기와 기회 등에서 우발적으로 함께 생겨나오는 문제라는 점이다(Saleebey, 2009).

서치연구소(Search Institute)의 초기 연구에는 모든 청소년들이 소유할 수 있는 구분된 - 내적 및 외적 - 자산의 틀(set)이 있었다. 외적 자산에는 지지와 애착, 임파워먼트와 존중, 가족, 학교 및 지역사회에서의 행동에 대한 명료한 기대와 경계, 그리고 그러한 상황에서 생산적인 시간 사용을 위한 격려와 자원 등이 포함된다. 내적 자산은 청소년의 자연적 호기심에서 생겨나는 배움에 대한 헌신(commitment), 긍정적, 친사회적 가치, 풍부한 사회적 기술과 역량, 그리고 그들에게 통용되는 확고하며 지지적인 긍정적 자아정체감(identity) 등이 포함된다.

서치연구소(Search Institute)의 이러한 연구결과는 청소년들이 더 많은 "발전 자산들"을 경험할수록, 위험성 많은 행태들에 그만큼 연류될 가능성이 더 적으며, 긍정적으로 처신하는 일이 더 많아진다는 것을 나타내주고 있다(Scales & Leffert, 1999). 25개의 청소년개발 관련 연구를 조사한 한 연구에서는 광범위한 긍정적인 청소년개발 접근법은 결국 긍정적 성과와 문제행태의 예방을 가져다줄 수 있다고 결론짓고 있다(Catalano, Berglund, Ryan, Lonczak, & Hawkins, 1999).

4 강점관점과 청소년개발의 접목

이러한 강점관점과 청소년개발의 원리들이 종래의 문제중심적 접근의 문제점을 극복하고 예방적 접근법의 한계점까지지도 지적하고 있는 점에 주목할 필요가 있다. 이러한 인식은 아동과 청소년과 관련한 이론 분야는 물론, 실천적 분야에서도 청소년을 제반 서비스 등의 연결성, 계속성, 고결성 및 기회의 여러 요소들이 어우러지도록 하는 적극적인 접근법을 제시하는 의미를 갖는다. 특히, Benard(2004)는 "문제예방에 대한 가장 효과적, 효율적이며 나아가 보상적이며 즐거운 접근법은 건강한 청소년개발을 통하는 것"(p. 2)이라고 강조하고 있다.

강점관점과 청소년개발의 기본적 공통점은 이들이 모두 기존의 문제중심의 관점에 대한 비판으로부터 대두되고 발전되어 왔다는 점이다. 이 점에서 두 관점이 모두 기존의 결함중심의 청소년에 대한 접근을 발전적 관점으로 전환하고 있다고 볼 수 있다. 강점관점은 강점에 입각한 개입을 구축하고 병리적 측면을 강조하지 않는다. 청소년개발 관점은 단지 특정의 위기상황에 반응하는데 초점을 맞추기보다는 가치, 강점 및 청소년의 잠재력을 그 상황과 관계없이 강조한다.

Saleebey(2009)는 최근 강점관점과 청소년개발 접근법 사이에 유사점과 차이점이 있음을 지적한 바 있다. 우선, 두 가지 접근법에는 적어도 사람을 이해하고 도우는 데 있어서 몇 가지 유사점이 있는데, 사람의 삶에서의 문제, 결점, 그리고 장애에 대해서는 이를 부인하거나 적어도 침묵한다는 것이다. "두 접근법은 사람의 실제에서 - 내적으로 그리고 환경(가족, 학교, 지역사회)에서 - 의식적으로 자산과 강점을 추구한다. 두 접근법의 정향은 이러한 자산을 보다 나은 삶을 위한 필수요소(building block)로 사용한다. 두 접근법은 긍정적 기대가 개인에 대해 유용한 효과를 가질 수 있는 것과 같이, 낮은 기대나 부정적 기대는 동기, 자아정체감, 가능성을 약화시키는 작용을 한다는 것을 알고 있다."

한편, 긍정적 청소년개발 접근법은 여러 측면에서 미리 만들어진 목록, 즉 무엇이 개인이나 지역사회 모두에게 자산이고, 자원이며, 강점으로 중요한지에 대해 매개변수를 설정하는 목록표에 의지하는 것처럼 보인다. 강점관점은 무엇이 개인이나 지역사회의 강점이 될 수 있는지에 대해 미리 알 수 없다. 우리는 개인(또는 가족이나 지역사회)을 먼저 만나야 하고, 그 후에 그들의 관심, 재능, 그리고 희망에 대해 알기 시작할 수 있다. 무엇이 잘못된 것인지(진단법 같은 경우)에 초점을 맞추거나, 이미 만들어진 강점 도표를 적용하는 것으로는 사람에 대해 알 수는 없다. 진단법에서는 그 진단을 받은 사람이 어떤 사람인지에 대해 알지 못한 채, 동일한 진단을 받은 다른 사람들과 함께 동일 부류로 분류한다는 것이다.

그러나 강점관점과 청소년개발의 이러한 차이점에도 불구하고, 두 관점들은 문제중심적 접근법으로부터 벗어나는 차별적이고, 유용하며, 중요한 수단을 제공하고 있음은 사실이다. 이러한 생각을 실천에 적용하면, 서비스를 찾는 사람들은 돕는데, 우리의 에너지 수준, 의식, 창의성에서 차이가 있음을 알게 된다.

청소년과 함께 하는 청소년업무실천에서 강점관점이 보다 강조될 필요가 있다. 실제로 Seita(2000)는 청소년과 일하는 데 있어서의 연결성, 계속성, 고결성 및 기회의 여러 요소들을 어우러지도록 하는 것을 포함하는 보다 적극적 접근법으로 전환할 것을 요청하였다. Watkins와 Iverson(1998)은 청소년의 자산성을 체계적으로 평가절하하는 사회환경을 고려할 때, 청소년의 강점을 찾아내고 활용하는데 초점을 맞추도록 그 노력을 배가할 필요가 있다고 강조하였다.

이러한 이해는 강점관점을 청소년업무실천에 적용하는 것에 대한 관심이 최근 더욱 증대되고 있다는 것으로도 지지된다. 말할 필요도 없이 강점관점은, 청소년의 정신보건, 약물남용 예방 및 소년사법 등 청소년업무실천 전반을 통해 실행되고 있다. 특히 Rapp(1998; 2002)은 강점중심 사례관리(case management) 모델을 개발했으며, Frey(1999)는 사회봉사활동을 정서적 행태적 어려움을 가진 학생들의 본래적 강점을 바탕으로 구축될 수 있는 하나의 강점중심 개입임을 지적하고 있다.

강점관점은 청소년개발(youth development)과 관련한 분야에도 넓게 적용된다. 레질리언스(resilience) 연구는 강점관점을 청소년개발에 성공적으로 적용시킬 가능성에 강한 지지를 제공한다(Pittman, Irby, Tolman, Yohalem, & Ferber, 2003). 레질리언스(resilience)가 있는 청소년은 그것의 바탕이 되는 일련의 강점과 역량을 갖고 있다는 것이다. 이에 따라 최근에는 강점관점의 청소년개발(youth development), 레질리언스(resilience) 등 관련 분야와의 응용 및 수렴(convergence)에 대한 논의가 제기되고 있다. Saleebey(2005)는 발달적 레질리언스, 보건과 복리, 그리고 해결중심접근법(solution-focused approach) 등은 강점관점을 지지하는 중요한 "연구와 실천의 수렴선"의 영역이란 점을 강조하고 있다.

5 청소년발달과 발전적 관점의 함의

이와 같이 강점관점은 청소년실천에 더욱 폭넓게 자리매김하고 있다. 기존의 문제중심, 결함중심의 관점과는 달리, 강점관점은 강점에 입각한 개입을 구축하고 병리학을 강조하지 않는다. 그럼으로써 청소년들의 발달, 삶의 질, 건강과 정신적 복리를 증진하고 옹호하는 방향을 지향하고 있다. 강점관점은

"거의 어떤 것이던, 주어진 환경과 상황이 강점 또는 자산이 될 수 있다(Saleebey, 2005: 301)"고 본다. 강점관점은 개인 내부, 가족 및 지역사회의 강점, 자원, 자산성 및 능력을 이용한다. 더욱이 강점관점은 강점을 개입을 계획하고, 실행하며 평가하는 데에 있어서 실천가와 전문인력들의 강점을 활용함으로써 강점을 개입과정의 중심이 될 것을 목표로 한다. 청소년과 관련한 정신건강분야에서의 발전적 관점의 이론적 기초로서 강점관점에 주목하는 것은 바로 이러한 인식에 따른 것이다.

또한, 청소년개발 관점은 단지 특정의 위기상황에 반응하는 데 초점을 맞추기보다는 가치, 자산성, 청소년의 잠재력을 그 상황과 관계없이 강조한다. 최근 청소년개발은 아동복지와 청소년업무실천 분야에 응용되고 있다. Melpignano와 Collins(2003)에 의하면, "청소년을 다루는 데 관련된 발전 상황은 전체 청소년이 성공적 삶의 성과를 성취하도록 돕는 적극적 청소년개발의 원리로 증대되었다"(p. 160). 정신보건(mental health) 분야에서도 청소년개발 원리에 바탕한 청소년참여를 확대하는 관심이 계속 진전되고 있다(Matarese et al., 2005).

이와 같이, 강점관점과 청소년개발을 비롯한 발전적 관점의 관심과 중요성은 특히 약물남용 예방, 정신보건문제, 소년사법 등의 청소년문제와 관련된 영역은 물론, 청소년복지, 청소년인권분야와 방과후 활동, 지역사회청소년개발(community youth development), 청소년참여 등의 청소년활동과 관련한 여러 분야로 더욱 확대되어가고 있는 실정이다. 발전적 관점은 이러한 모든 영역에서 청소년의 발달, 삶의 질, 건강과 정신적 복리를 증진하고 옹호하는 동일한 방향으로 향하도록 하는 기반이 되고 있다.

더욱이 발전적 관점은 개인, 가족 및 지역사회의 긍정적 잠재성에 초점을 맞추는 것으로 시작한다는 점에서 강점관점(strengths perspective)이나 청소년개발(youth development) 자체에 대한 이론적 또는 실제적 탐색은 물론, 청소년과 관련한 제반 영역, 즉 지역사회(community), 참여(participation), 인권(rights), 나눔(sharing), 영성(spirituality) 및 사이버스페이스(cyber space) 등과 관련한 논의를 전개하는 데 매우 중요하게 기여할 것이다. 발전적 관점은 청소년을 보는 우리의 인식, 판단, 가치를 새롭게 하며 그에 따른 결과적 산물로서 청소년의 모습을 새롭게 자리매김해줄 수 있기 때문이다.

YOUTH STUDIES

PART

02 청소년학의 핵심 영역

Chapter 04

환경변화와 청소년문제

1 청소년의 환경변화

현재적 의미의 청소년문제가 사회문제의 하나로 대두된 것은 사회의 산업화에서 비롯된 것으로 볼 수 있다(천정웅 외, 2013). 물론, 유교적인 동양사회에서는 청소년들에게 인내와 성실성을 인격도야에 힘쓸 것을 요청했으며, 비교적 엄격한 훈육이 이루어진 바 있다. 그러나 청소년문제의 역사를 보면, 기원전 22세기 함무라비 법전에도 어린이는 부모에게 복종해야 한다는 것이 기록되어 있으며, 2500년 전에 소크라테스가 청소년을 꾸짖는 기록도 발견된 바 있다(이해주 외, 2008).

우리나라의 경우 근대사회로 접어들면서 청소년비행이 증가하였으며, 1960년도 이후 소년법원이 운영되기 시작하였다. 특히, 1980년도에 와서 청소년문제에 대한 사회적 관심이 증대되었는데, 이 시기 우리 사회는 빈곤에서 벗어나 어느 정도 경제성장은 이루었지만, 이로 인한 사회변동의 심화로 청소년과 기성세대 간의 가치관 갈등이 심화되면서 맞벌이 부부의 증가에 따라 가정에서의 부모의 통제력이 약화되면서, 입시 위주의 학교교육의 문제로 청소년의 일탈욕구가 강화되는 등의 사회현상을 경험하였다(이해주 외, 2008; 이자영 외, 2017). 특히 최근에는 인터넷과 소셜미디어의 등장으로 인한 음란물과 폭력물의 확산 등 사이버일탈과 사이버불링(cyberbullying) 등의 새로운 청소년문제 양상이 나타나고 있어 주목된다.

1) 인구사회학적 변화

먼저 국가가 정책적으로 청소년에 관심을 두게 된 이유는 인구사회학적 변화로 인하여 가족구조의 급진적인 변화와 출산율 감소 등 다양한 요인에서부터 시작되었다(조흥식 외, 2014; 김종명 외, 2013).

첫째, 청소년 인구의 중요성과 잠재적 가능성을 들 수 있다. 인구학적 측면에서 저출산으로 인한 청소년 인구(9~24세)의 수적 감소가 중요한 사회문제로 대두되고 있다. 청소년은 그간 중요한 사회적 영향세력으로 부각되어 왔으며, 국가발전의 핵심주체이며, 잠재적 가능성이 높은 것으로 인식되어 왔다는 점에서 인구 구성비와 수적 감소에 대한 국가사회적 우려는 아무리 강조해도 지나치지 않을 것이다. 국가는 이러한 현상의 심각성을 공유하면서 미래사회 인적자원 개발의 측면에서 국제경쟁력을 확보해야 할 사명감을 갖고 성장과정의 청소년을 위한 다방면의 정책적 접근을 시도할 필요가 있다.

둘째, 가족적인 측면에서 이혼율의 증가와 가족해체이다. 우리나라의 이혼율은 증가하고 있는 추세이며, 이혼은 이혼 당사자인 부부에게 심리적·정서적·경제적·신체적으로 영향을 주기도 하지만, 해당 자녀와 확대가족에게도 심각한 심리·정서적 문제와 위기를 야기할 수 있다. 부모의 이혼으로 인해 조손가족 증가, 청소년 가장의 증가, 청소년 한부모와 그 자녀문제 등이 급증하고 있는 실정이다.

셋째, 고령인구의 증가는 청소년정책과 매우 밀접한 관련을 맺고 있다. 고령화문제는 가족구성원들에게 심각한 만성적인 부양스트레스를 유발하고 가족 전체의 안정을 위협하기도 하며, 청소년의 정신건강 및 행동에도 직접적인 영향을 미치게 한다. 이러한 측면에서 대가족이 무너져 고령화문제로 파생할 수 있는 파급효과가 청소년업무의 실천과 정책수립에 미치는 영향을 고려해야 한다.

넷째, 입시 위주 교육환경의 문제가 있다. 우리나라는 입시 위주로 학교교육이 진행되고 있어 공교육이 무너지는 결과를 초래하는가 하면, 권위주의적·획일적 교육제도로 인해 성장장애를 유발하게 되었으며, 경제성장에 치중된 한국사회의 병폐적인 현상으로 인하여 기초순수과학 분야 등이 무너지고 있고, 생활의 초점이 황금만능주의, 이기주의와 성과주의에 맞춰짐으로써 청소년의 윤리 형성에 혼란을 가져오는 결과를 초래하였다.

2) 청소년문제와 욕구의 변화

인구사회학적 변동은 청소년문제와 욕구의 변화와도 관련되면서, 그에 다른 청소년정책이나 서비스의 변화를 요청하고 있다. 첫째, 청소년문제와 욕구의 다양성이다. 청소년문제는 그 범위와 이에 따른 대처방법도 다양해졌다. 비행, 공격행동, 우울증과 자살, 비만 및 섭식장애, 음주 및 흡연의 보편화, 인터넷 중독 및 사이버폭력, 10대 성매매문제와 성폭력, 학교부적응 증가 등 사회적 관심과 대응을 요구하는 문제가 다양하게 분포되어 있다.

둘째, 청소년문제와 욕구의 복합성이다. 이전의 청소년문제는 단순한 형태였다. 즉, 청소년문제의 원인이 비교적 단순하고 해결방안이나 접근방법이 다체계적인 접근보다는 개별적인 접근을 요구하였다. 하지만 사회변동과 함께 청소년을 둘러싸고 있는 다양한 체계의 영향이 복잡해짐에 따라 청소년의 문제는 다양한 문제가 서로 얽혀 있어 해결의 실마리를 찾기 어려운 형태로 나타난다.

셋째, 청소년문제의 심각성이다. 청소년문제의 심각성은 저연령화와 여자 청소년의 문제행동 증가에서 보다 분명하게 나타난다. 흡연과 음주, 가출, 최초 성행동의 시도 연령 등이 점차 저연령화되어 초등학생들에게서도 이러한 문제가 발견되는 것을 볼 수 있다. 그리고 청소년들의 흡연비율이나 음주비율이 지속적으로 증가하여 유해매체의 접촉빈도도 높은 것으로 나타난 연구결과들을 볼 때, 이러한 문제들이 청소년들에게 보편적으로 만연해 있음을 알 수 있다.

넷째, 청소년문제의 접근방법의 변화이다. 이전에는 사회복지 접근방법이 의료모델에 입각한 단순원인론적 결정주의에 중점을 두었다면, 1980년대 이후 실천방법은 통합접근을 중심으로 생태체계적 관점과 강점관점 등 적극적이고 긍정적이며, 발전적인 접근에 중점을 두고 있다.

2 청소년문제의 환경영역

청소년문제가 주로 발생할 수 있는 영역은 크게 가정과 학교, 그리고 사회로 나누어 볼 수 있다. 가정생활에 관한 문제행동은 형제나 부모에 대한 반항이나 폭력, 도박, 가출 등이 있으며, 학교생활에 관한 문제행동은 무단결석, 집단따돌림, 학교폭력 등을 생각할 수 있으며, 사회생활에 관한 문제행동에는 자살시도, 흉기소지, 패싸움 등이 포함된다. 물론 이 밖에도 인터넷 중독이나 청소년범죄와 같이 한 영역에만 관련되기보다 개인적인 문제와 여러 영역이 복합적으로 작용하여 만들어지는 청소년문제들도 발생하고 있다(이해주 외, 2008).

1) 가정문제와 청소년

가정은 사회의 최소단위인 가족사회의 보금자리인 동시에, 각 개인이 삶을 이루어가는 출발지라 할 수 있다. 가정은 부부간의 애정이 존속하고 부모와 자녀 간의 존경과 사랑을 바탕으로 유기체적 관계 속에서 혈연으로 맺어진 특수한 체계이다. 그러나 가정이 불행하다면 성장하는 청소년은 정서적으로 불안하고 다양한 문제를 일으키는 비행청소년이 되며, 이러한 청소년의 성격은 성인이 되어도 지속되어 일생을 지배하게 된다. 가정이 자녀양육에 관해 생물학적, 문화적, 심리적 자극을 줄 수 없을 때 결손가정이 될 수 있으며, 생물학적 결손은 가족구성원 중 어느 부분이 결여되어 있는 것이다. 문화적 결손은 자녀의 성장과 학습에 자극을 줄 수 없는 환경을 말한다. 심리적 결손은 양육에 관한 부모의 통제와 보호기능이 결여된 것을 의미한다(한준상, 2006).

가정문제와 관련된 가족현상으로는 핵가족, 한부모가정, 빈곤가정, 맞벌이가정, 미혼모가정, 재혼가정, 조손가족 등을 들 수 있으며, 가정과 관련된 문제로는 부모와의 갈등, 결손가정으로 인한 문제, 우울, 스트레스, 가출 등이 포함된다. 이와 같이 문제가 일어날 수 있는 가능성이 있는 가정에 이들의 문제를 보완하고 해결할 수 있는 예방적인 프로그램을 개발하고 전개해서 건전한 가정환경이 될 수 있도록 노력해야 한다(이명신, 2008).

2) 학교문제와 청소년

학교는 청소년의 지적 성장과 신체적 발육을 위한 교육의 장으로서 청소년의 잠재능력을 계발하고 지도하여 사회발전에 기여할 수 있는 건전한 인간양성을 위한 기능을 지니고 있다. 특히 청소년시기에 학교의 기능은 청소년의 개성에 따라 능력을 배양해 주며 가정과 사회에 잘 적응할 수 있도록 도와주는 데 있다. 한준상(2006)은 학교와 관련해서는 현재의 입시 위주의 학교교육 문제를 지적하고 이로 인해 등교거부, 학교중퇴, 집단폭력 등의 문제를 가져올 수 있다고 하였다.

학교생활은 학생인 청소년에게 소중한 시기로서 밝은 분위기 속에 각자의 가치관의 의지력 등을 형성하는 교육과정이어야 한다. 그럼에도 불구하고 현재 학교사회는 입시와 경쟁 위주의 학습을 강요하는 등 청소년에게 정신적인 상처를 주거나 원만한 활동에 장애요인이 되고 있어, 반사회적이고 반항적인 비행집단화의 문제를 야기하고 있다. 그러므로 학교주변의 환경적인 악화는 물론 경쟁 위주의 학습강요 등은 청소년문제와 연관하여 해결해야 할 학교문제로 볼 수 있다(박용순, 2007).

3) 사회문제와 청소년

청소년들은 아동기와는 달리 부모와 형제를 중심으로 한 가족환경에서 벗어나 또래관계와 더 밀착된 관계를 지니며, 또한 각종 멀티미디어 매체발달에 따른 감각적인 자극에 많은 영향을 받게 된다. 전통사회가 붕괴되고 산업화, 도시화, 정보화 등의 과정 중에 많은 청소년들이 갈등을 겪는 경우가 많다. 사회와 관련해서는 매스미디어의 영향으로 폭력, 흡연, 음주, 마약 등의 증가와 함께 불필요한 소비성향의 증가, 성의 문란, 사회문제나 참여에 대한 수동성 등의 문제를 낳고 있다고 본다(한준상, 1996).

청소년을 유혹하는 유흥음식점, 향락업소, 노래방, 도박장 등이 늘어나고 있고, 흡연, 약물남용, 성일탈, 정치적 무관심이나 도덕적 해이 등의 문제가 대두되고 있다. 이러한 현상은 결국 청소년이 현실의 부적응으로 반항하거나 비행화될 수 있는 영향을 미치기 때문에, 청소년들이 비행으로 빠지지 않고 건전한 심신발달과 올바른 가치관을 형성하도록 건전한 사회환경이 조성되어야 한다.

3 청소년문제의 개념과 범주

1) 청소년문제의 개념

'청소년문제'라는 용어는 청소년이 갖고 있는 문제들(problems)을 의미하는 것이지만, 문제청소년을 상정하거나 청소년일탈, 청소년비행 등과 유사한 개념으로 사용하고 있는 경향이다. 그러나 여기서 말하는 청소년문제는 보다 포괄적인 의미를 갖는 것으로 보아 "사회문제로서의 청소년문제"라는 인식을 전제한다. 사회문제는 "판단하고 경험할 수 있는 사회의 한 측면"이라는 '객관적으로 실재하는 상황(objective condition)'과 그러한 상황에 대해 영향력 있는 집단이 가지고 있는 '주관적 관심(subjective concern)'이라는 두 가지 요소를 갖는다. 따라서 "사회에 존재하는 청소년들에 관련된 어떤 현상에 대해 영향력 있는 집단이 관심을 갖게 되는 경우"를 청소년문제로 규정할 수 있을 것이다(Sullivan, 2006).

사실, 청소년문제에 대한 개념적 논란은 청소년문제에서 '문제'를 어떻게 규정할 것인가와 관련된다. 문제의 사전적 의미는 함께 연구 논의하여 해결해야 할 사항을 뜻한다. 이때의 문제는 보통 부정적인 의미로 사용된다. 개인이나 사회에 위협이 되는 것으로 함께 해결해야 할 사항을 말하는 것이다(이해주 외, 2008). 또한, '문제'는 '바람직하지 못한 상태'로 기술하기도 하고 '무엇이 충족되지 못한 상태'로 기술되기도 한다(Heiner, 2009). 우선 문제를 '바람직하지 못한 상태'로 규정할 경우, '문제'로 인해 사회의 구성원들은 그들이 속한 사회로부터 느낄 수 있는 질서감, 가치관 등이 위협받게 되고 사회는 문제에 대응하고 개선하기 위해 개입한다. 청소년문제 중에서 가출이나 절도, 반사회적으로 표현된 공격성 같은 것들은 사회의 질서감이나 가치관 등을 위협하는 요소들이며, 이 경우 사회는 다양한 방법으로 개입한다.

문제가 '무엇이 충족되지 못한 상태'를 의미하는 경우는 청소년문제 중에서 '공부를 잘하고 싶은데 안 된다', '친구를 사귀고 싶은데 사귈 수 없다' 등을 예로 들 수 있다. 이러한 문제는 '공부를 잘하는 상태' 또는 '친구를 쉽게 사귈 수 있는 성격이나 조건'과 같은 이상적인 상태에 비추어볼 때 '부족한 상태'를 의미하며, 문제를 느끼는 사람들에게 무엇이 또는 어떤 요소가 '필요'한지에 대해서 전자의 경우보다 다소 명시적으로 표현된다.

또한, 청소년문제를 개념화하는 일은 청소년의 '바람직하지 못한 상태'나 '충족되지 못한 상태'의 원인이 어디에서 귀인하는 것인지를 결정하는 것과도 관련이 있다. 의학에서는 문제의 원인을 신체부분의 결핍된 조건 등과 같이 비교적 구체적인 것에서 찾을 수 있지만 인간의 마음과 행동을 다루는 사회과학의 학문영역에서는 문제의 원인을 설명하는 방법이 학문체계에 따라 달라지고 같은 학문체계 내에서도 학자와 이론에 따라서 다르게 규정한다.

다른 한편, 청소년문제의 개념은 또한 문제를 규정하는 사람이 누구인가에 따라서 달리 규정된다. 청소년들이 생각하는 문제, 부모나 교사 혹은 전문가들이 생각하는 문제가 다를 수 있다. 많은 경우 부모나 청소년지도자의 입장에서 본 청소년문제가 청소년들 자신의 입장에서는 전혀 문제가 아닌 경우가 있다. 문제해결 노력에도 불구하고 청소년들의 입장에서는 오히려 자신들을 제대로 이해하고 있지 못하다는 느낌을 주는 경우도 있으며 같은 부모나 지도자집단에서도 무엇을 문제로 보는지와 청소년에 대한 이해 수준 등에 따라 다르게 나타나기도 한다. 일반적으로 청소년문제라고 하는 경우 우리는 성인적 관점에서 문제라고 하는 것이 전제되어 있음을 유의해야 한다. 성인입장에서는 청소년은 신체적·정신적으로 아직 미숙하여 생활에 책임을 질 수 없으며 따라서 법에 저촉되는 문제가 생기기 전에 통제하고 예방하려고 한다. 이 경우 기득권을 가지고 있는 성인집단이 규정하는 청소년문제는 그 대상이 되는 집단의 성격을 왜곡할 가능성이 있음을 인식할 필요가 있다.

그러나 청소년문제를 포괄적으로 이해하는 경우, 일반적으로 혼용되고 있는 청소년비행(juvenile delinquency), 지위비행(status delinquency), 문제행동(problem behavior) 등의 용어와는 다른 측면에서 접근할 필요가 있다. 일반적으로 '청소년비행'이란 청소년이 그가 속한 사회의 통제집단이 만들어 놓은 규범을 위반하는 행동을 뜻하며 범죄보다 더 포괄적인 의미를 갖는다. 그러나 청소년비행은 사회학적 의미에서 보면 성인이 하였을 경우에는 문제가 되지 않지만 청소년이라는 지위 때문에 문제가 되는 '지위비행'적 속성을 지닌다고 한다(이해주 외, 2008). 또한, '문제행동'이란 사회적으로 문제가 되는 행동, 즉 바람직하지 않다고 행각되는 행동을 의미한다. 그 중 법이나 규범에 위배되는 행위를 '범죄, 일탈행위'라고 하며 그 밖에 일정한 가치기준에서 벗어난 행동을 '이상행동'이라고 한다. 또한 환경에 적응하지 못하는 행동을 '부적응행동'이라고 한다(이해주 외, 2008).

한편, 문제행동과 유사한 용어로 '반사회적 행동'과 '비사회적 행동'을 둘 수 있는데, 법률이나 사회관접 등 사회규범에 위배되는 행동으로서 사회의 안전과 발전에 저해되는 행동을 '반사회적 행동'으로 볼 수 있으며, 타인에게 해를 입히지는 않더라도 행위자가 사회적 적응을 잘 못하거나 그러한 노력을 제대로 하지 않음으로써 자신의 건강과 자신의 성격, 정서발달을 저해할 수 있는 행동은 '비사회적 행동'이라고 할 수 있다(김진화 외, 2002). 이와 같이, 기존의 유사개념들은 청소년에 의한 일탈행동, 사회적 부적응행동 또는 청소년이기 때문에 사회적 제재를 받는 지위비행, 비사회적 행동을 중심으로 보고 있으며, 청소년이 피해자로서 보다 큰 의미의 사회문제의 대상으로서의 조건과 상황들이 간과되고 있기 때문이다(천정웅 외, 2000).

2) 청소년문제의 범주

이 점에서 청소년문제와 관련하여 다양한 개념적 논의가 있을 수 있음을 알 수 있다. 우선, 청소년문제라는 말은 청소년이 내면적으로 갖고 있는 고민이나 가치의식 같은 '청소년의 내적문제'를 의미하기도 하고 청소년비행, 범죄 등 청소년일탈과 문제행동으로 논의되는 '청소년에 의한 일탈행동'이 있을 수 있다. 그러나 청소년 실업문제 등과 같이 청소년이 내재적으로 가지고 있거나 청소년에 의해 초래된 문제가 아니지만 '청소년에 관한 복지적 현안문제'의 차원이 있음을 알 수 있다(천정웅 외, 2000). 즉, 청소년문제는 청소년비행뿐만 아니라 청소년들의 일상생활과 활동, 고민, 가치관 등의 여러 측면에서 사회구성원들의 관심을 초래하는 모든 현상들을 포함하는 것으로 볼 수 있다. 이 장에서는 청소년문제의 범주를 크게 청소년의 내적문제, 청소년에 의한 일탈행동, 그리고 청소년에 관한 복지적 차원의 현안문제 등으로 구분하여 알아본다.

첫째, '청소년의 내적문제'라는 개념은 '청소년에 의한 일탈행동'이 본인 이외의 다른 사람에게 피해를 준다는 점에서 구분될 수 있다. 청소년의 신체적·정신적 고민과 우울, 자살, 섭식장애 등과 같은 문제가 여기에 포함된다. 범죄, 폭행과 같은 반사회적 행동은 문제를 "행동화"하는 점에서 외형적인 것(externalizing)이지만 정신적 장애와 같은 문제는 내향적인 것(internalizing)으로 간주된다.

최근의 동향을 보면, 청소년의 내적문제와 관련하여 청소년의 무력감과 우울증, 소외감 등 정신적 문제, 청소년의 음주, 영양, 체격, 체력, 식습관 등 건강관련 문제가 특히 많이 제기되었다. 특히 청소년 자살문제는 최근의 경제상황과 학업성적, 가정문제 등과 관련하여 지속적으로 사회문제로 대두되고 있다. 우울은 청소년기의 매우 공통된 현상이며 신체상의 왜곡이 수반되는 섭식과 비만문제는 우울과 동시적으로 발생하는 것이 일반적이다. 자살은 우울과 관련한 비극적인 상황이기도 하다.

그러나 청소년의 내적문제에 속하는 것이라고 해도 모두가 사회적으로 관심을 받는 청소년문제는 아닐 수 있다. 청소년문제에 대한 포괄적 정의와 사회문제로서의 청소년문제의 차이점에 대한 이해가 필요하다. 모든 청소년문제가 사회문제화될 수 있는 가능성은 항상 있지만 청소년들 자신들의 고민 또는 문제라고 생각하는 것이 다 사회문제는 아닌 것은 분명하다. 서론에서 살펴본 바와 같이 '사회문제'가 된다는 것은 객관적인 행위나 사실의 존재가 있어야 함은 물론 대다수의 구성원들이 그 문제에 대해 우려하는 집단적 관심과 공동의 노력으로 변화시키기를 원해야 하기 때문이다.

둘째, '청소년에 의한 일탈행동'의 유형이 있다. 일탈(deviance, deviant behavior)은 모든 규칙 및 규범 위반행위를 의미하여 형법을 위반한 행위인 범죄(crime)를 포함하는 것으로 이해된다. 이 점에서 일탈행위는 범죄, 사회적 일탈 및 사회적 다양성이라는 일련의 연속선상에 순서대로 위치지울 수 있는 범주를 가지고 있음을 알 수 있다.

청소년에 의한 일탈행동과 관련하여 살인과 폭력 등의 '범죄행위'로부터 가출과 성매매 및 폭주행위에 이르는 중간 수준의 '사회적 일탈'이 지속적으로 나타나고 있다. 최근 학생범죄의 유형별 분포에서도 폭력범이 가장 많게 나타나고 있으며 학교폭력의 경우도 매년 증가하고 있다. 집단따돌림현상도 점차 다양한 양상을 보이고 있을 뿐만 아니라 발생빈도도 높다. 청소년의 가출은 공식적 집계보다 훨씬 많은 것으로 추정되며 가출 후의 경로와 관련한 불법고용 및 자발적 향락산업 유입 등이 문제가 되고 있다.

특히 청소년에 의한 컴퓨터게임 몰두현상, 음란물 접촉, 해킹과 바이러스 유포 등 청소년에 의한 컴퓨터 관련 일탈행동과 범죄가 크게 사회문제화되면서 청소년 관련 현안이 되고 있다. 사이버문화 또는 사이버 일탈로 말할 수 있는 이러한 컴퓨터와 관련한 청소년문제는 다른 어느 세대보다도 컴퓨터활용 정도나 능력면에서 앞서고 있는 청소년의 특성을 고려할 때 지속적으로 중요한 청소년문제가 될 것이다.

셋째, 청소년의 내적 문제도 아니면서 청소년에 의한 일탈행동에도 포함되지 않는 사안(matters)들이 있다. 청소년실업과 같이 사회구조적으로 청소년이 피해자가 되는 경우, 학대문제에서 보는 바와 같은 청소년인권 침해사례, 청소년이 피해자가 된 성폭력사건 등에서 보는 바와 같이 청소년에 대한 사회적·정책적 관심을 크게 제기한 청소년문제(youth problem)가 아닌 현안문제(current issues)들이 발생하고 있다.

그러나 청소년문제에 대한 개념이 이렇게 다양하게 논의될 수 있음에도 불구하고 일반적인 경우 청소년문제는 문제행동, 청소년비행 또는 일탈행동이란 말과 같은 뜻으로 쓰거나 비슷한 개념으로 이해되고 있음을 부인할 수 없다. 청소년문제는 여러 형태의 문제행동으로 드러난다. 여기서 문제행동은 사회적으로 나쁜 영향을 주거나 사회적 관계를 불편하게 하는 일탈행동, 범죄행위들을 모두 지칭하는 개념이다. 유사한 개념으로 이상행동, 탈선행동, 부적응행동 등을 들 수 있다.

또한, 청소년문제는 행위자의 연령과 성별, 사회와 문화권의 관습과 가치 및 시대변화 등에 따라 구체적인 내용을 달리할 수 있다. 지난 세대에 중요했던 문제가 오늘날은 더 이상 큰 문제가 아닐 수 있고 십년 전에 문제로 규정되지 않은 것이 지금 중요한 문제로 부각되기도 한다. 교복을 입고 통일된 머리모양을 하고 학교에 다니던 시대에 비해 지금은 옷차림, 머리모양 등으로 부모와 갈등을 겪는 청소년이 많아진 것도 이러한 예로 들 수 있다. 그러므로 어떤 행위를 문제행위로 규정할 것인가는 사회적 가치나 상황에 따라 달라질 수 있는 것이다.

4 주요 청소년문제의 이해

1) 청소년의 내적문제

(1) 정신장애

정신장애의 원인은 크게 개인 내적 원인, 기질적 원인, 심리적 원인, 사회적 원인으로 나눌 수 있는데, 대체로 단 한 가지 원인으로만 일어나는 경우는 드물다. 그 중에 가장 중요하고 핵심적인 원인이 있겠지만 대개 여러 요인들이 합쳐지거나 누적되었을 때 발병하게 된다(최정윤・박경・서혜희, 2006). 청소년기는 심리적 격동기로서 다양한 정신장애를 일으킬 가능성이 높으며 정신분열증, 불안장애, 공포증, 우울증, 자살, 약물남용 등이 주로 발병한다. 지나친 입시경쟁으로 인한 시험불안은 고3증후군이라고 불리기는 하지만 거의 대부분의 청소년이 경험하고 있는 심리적 증상이다.

특히, 청소년의 우울증은 성인의 경우와 달리 우울한 기분보다는 과민한 기분을 나타내는 경우가 많고 과잉행동이나 등교거부와 같은 행동문제와 두통, 복통과 같은 신체증상이 주로 나타나는 경우가 빈번하다. 우울한 청소년은 대인관계능력이 부족하거나 스스로 낮다고 지각하고, 또래에 대해 부정적 견해를 가지며, 사회적 문제해결능력이 낮다. 또한 사회적 단서에 대한 정보처리과정에서 인지적 왜곡을 보이는 특징이 있다. 청소년의 보호자인 부모는 청소년의 심리적 문제나 증상보다는 학업이 가장 중요한 일이라 생각하는 경우가 많다. 청소년 부모의 협력은 청소년을 지원하기위해 매우 중요하기 때문에 부모 및 가족을 위한 프로그램을 개발하여 실시해야 한다.

이를 위한 개입전략으로는 개별상담을 통해 청소년의 이야기를 충분히 경청하고 공감해 주어야 하며 서로 간 신뢰가 형성됨에 따라 청소년의 억눌러 놓은 감정을 표현하고 발산할 수 있는 기회를 제공하는 것을 생각할 수 있다. 증상이 완화되고 에너지가 회복되면, 부적응적 인지를 적응적 인지로 변화시키는 인지적 접근과 문제해결기법 및 사회기술훈련 등 행동적 접근을 사용하는 것이 효과적이다. 또한 스트레스 예방 및 관리방법, 약물교육 및 치료프로그램 등을 개발하여 실시하고 정신과전문병원과 연계하여 약물치료를 병행할 수 있도록 하여야 할 것이다.

(2) 자살

일반적으로 자살이란 한 개인이 죽기 위해 행하는 자발적인 행동이라고 할 수 있다. 자살행동은 한 번쯤 일시적으로 갖는 '죽고 싶다'는 생각과 같은 보편적인 현상에서부터 죽기 위해 구체적인 계획을 세우는 것까지 포함하는 자살생각과 자살행동을 통해 타인의 관심을 끌거나 위협을 하기 위한 것에서부터 죽으려고 하였으나 다른 사람의 개입으로 실패한 경우를 말하는 자살시도로 구분할 수 있다. 또한 완전한 자살은 자살행동과 결과가 죽음으로 나타나며 자신이 죽으려는 의도를 가지고 있는 것이다.

청소년들의 자살원인은 가정불화, 신체결함, 신병비관, 경제적 어려움, 결손가정, 부모의 과잉보호, 학업문제, 이성문제, 정신장애, 약물사용, 모방 등 다양하며, 외부자극 변화에 민감하여 충동적으로 자살을 하는 경우가 많다. 또한 사소한 일에도 쉽게 충격을 받아 자살로 이어지는 경우가 있으며, 오랫동안 생각을 한 결과라기보다는 감정적이다. 모방자살과 자신의 심적 고통을 외부에 알리고자 하는 호소형 자살, 가정의 불화를 자신의 탓으로 생각하는 죄책감으로 인한 자살, 성적 및 학교생활과 관련된 문제로 인한 자살, 친구와의 동일시로 인한 집단자살이 많은 특징을 보인다.

자살예방에 있어서는 위기개입이 중요하다는 점에서, 청소년 자살에 대한 관심을 가지고 지속적이며 체계적인 연구에 참여하여야 하며, 사회적 차원에서 도움을 필요로 하는 청소년들에게 도움을 줄 수 있는 위기개입체계를 구축할 필요가 있다. 또한 자살을 시도한 청소년들과 가족을 중심으로 자살예방에 대한 교육과 상담을 실시하고, 자살충동의 자극을 줄일 수 있는 환경을 조성하도록 상담교사 또는 정신과 전문가의 협조를 구한다.

(3) 섭식장애

급격한 신체구조 변화로 청소년들은 자신의 신체에 대해 부정적인 이미지를 형성하고 지나치게 외모에 몰두하면서 섭식장애로 인한 신경성 식욕부진증 또는 신경성 폭식증이 생길 수 있다. 신경성 식욕부진증은 최소한의 정상수준보다 낮은 체중을 유지하고, 체중증가나 비만에 대한 극심한 두려움을 가지고 있으며, 체중과 체형에 대한 경험과 의미, 지각이 크게 왜곡되어 있다. 자신의 체형과 체중에 따라 자존심이 심하게 좌우되어 체중증가는 용납될 수 없는 자기조절의 실패로 인식된다. 신경성 폭식증은 폭식 후 체중증가를 막기 위해 부적절한 보상방법을 시도하는 것이다.

Bruch는 섭식장애가 일차적으로는 체중이나 음식에 대한 집착이 주문제가 된다고 볼 수 있지만, 이보다 더 중요한 문제는 자기개념의 장애라고 본다. 이들은 자신을 무력하고 쓸모없는 사람이라고 지각하며, 자율성을 상실하여 자신의 신체적인 기능을 스스로 통제할 수 없다고 느낀다. 자신의 무가치하고 무능력함을 완벽주의적 행동으로 방어하려 들며, 음식을 조절함으로써 불안과 심리적인 문제를 변형시키려 한다(최정윤·박경·서혜희, 2006).

이러한 섭식장애가 나타나는 청소년들에게는 영양교육과 상담을 통한 접근이 이루어져야 한다. 예를 들면, 비현실적인 체중 목표 포기시키기, 하루 3번만 먹는 습관 들이기, 하제와 구토제의 사용금지 등의 영양교육과 체형과 체중의 중요성에 대한 역기능적 신념과 태도의 변화를 시도하고 단식이나 폭식, 보상행동을 하지 않게 하며 그들이 가지고 있는 왜곡된 태도를 수정하는 인지행동적 상담을 실시하는 것을 고려할 수 있다. 폭식과 구토 등을 적극적으로 막는 행동전략과 역기능적 신념과 태도에 도전하는 인지전략, 변화된 행동을 유지하도록 돕는 재발방지전략의 3가지 측면에서 접근하는 것이다. 그리고 일반적으로 가족 내에서 섭식장애가 유지되고 발전되는 요인이 있으므로 가족상담의 일차적인 목표는 부적응적인 가족상호간 욕구의 역기능적인 관계를 변형시키고 가족들 상호간의 태도와 역동에 초점을 맞추어 개입해야 한다.

2) 청소년의 일탈행위

(1) 약물중독

약물중독은 약물의 과다한 사용을 의미하는 전문용어로서 인간의 약물사용 행위에 관련된 개념으로 약물사용, 약물남용, 약물오용, 약물의존, 내성 등이 있다(조성연 외, 2012; 홍봉선・남미애, 2022). 약물중독은 약물사용에 대한 강박적 집착, 스스로의 의지에 의한 자기조절 불능, 해로운 결과가 있을 것을 알면서도 강박적으로 사용하는 상태를 말하며 매우 심한 심리적・신체적 의존상태이다. 약물사용이란 의사의 처방 유무에 상관없이 질병치료 효과가 있고 위험성이 적은 약물을 사용하는 것이다. 약물 본래의 효과 이외에 다른 효과는 개인이나 사회에 별다른 위험이나 해악을 주지 않는 경우의 약물사용을 말한다. 또한 약물남용은 의학적 상식, 법규, 사회적 관습으로부터 벗어나 쾌락이나 사용자의 기분을 전환할 목적이라든가 주변의 상황이나 자신에 대한 인식을 바꾸기 위해 또는 새로운 경험을 얻고 사회적·개인적·성적으로 어떠한 능력을 발휘하기 위해 의료의 목적과는 관계없이 약물이나 어떤 화학물질을 한 번 이상 사용하는 것이다. 약물오용이란 처방된 약을 제대로 사용하지 않는 경우를 뜻하며 사용하는 약물의 용량이나 상황면에서 그 개인에게 위험을 줄 수 있다. 한편 약물의존은 마약류 및 약물을 지속적·주기적으로 사용한 결과 정신적·신체적으로 변화를 일으켜 사용자가 마약류 및 약물을 중단하거나 조절하는 것이 어렵게 된 상태를 뜻하는 것이며 내성은 약물을 사용했을 때 효과가 점차 감소하거나 동일한 효과를 얻기 위하여 약물의 용량을 점점 증가시켜야 하는 경우를 의미한다.

(2) 학업중단

학업중단이란 정규학교를 다니다가 비행, 질병, 가사, 기타의 이유로 학교를 졸업하기 전에 학업을 중단하는 것을 말하는데, 중퇴 혹은 중도탈락으로 쓰이기도 한다. 학업중단의 원인으로는 가족형태의 변화와 가족기능의 상실, 부모의 자녀에 대한 지나친 관심 또는 무관심, 학벌주의 사회구조 및 입시위주의 교육환경으로 인한 심적 부담감, 유해환경의 범람과 접근의 용이성 등이 있다. 학업중단 청소년들은 문제아 또는 실패자라는 사회적 낙인으로 소외감과 좌절감을 경험하고 비행 및 범죄로 연결되는 경향이 높다.

또한 이들은 취업문제에 직면하게 되는데, 학업을 중단한 상태에서 경제상의 이유로 직업이 필요로 하지만 낮은 학력과 사회적 낙인으로 선택할 수 있는 업종은 매우 제한적이고 열악한 여건일 수밖에 없다. 이러한 학업중단 청소년들을 위해 사회복지사는 이들이 지원받을 수 있는 노동부에서 주관하는 기능사 양성훈련을 위한 전국의 직업전문학교, 직업분야 특성화 고등학교와 대안교육분야 특성화 학교, 청소년쉼터, 청소년상담복지센터 등에 대한 정보를 제공하고 대상기관과 연계하여 지원할 수 있다.

(3) 가출

청소년 가출의 개념은 명확히 일치된 것은 없고 가출기간, 가출의 목적, 부모의 허락 여부 등에 따라 학자들마다 조금씩 다르게 정의되고 있으나 일반적으로 가출은 부모의 허락 여부, 연령, 기간 등의 요소를 고려하여 정의하며, 기본적으로 부모의 동의나 허락 없이 집에서 벗어나는 행위로서 보호자가 소재를 알지 못하는 경우여야 한다(조성연, 2012). 즉 가출은 부모나 보호자의 허락을 받지 않고 24시간 이상 집밖에서 지내는 것, 또는 10세에서 17세의 청소년이 부모 또는 보호자의 승인 없이 적어도 하룻밤 내내 집에 없는 현상 등으로 정의되었다(홍봉선·남미애, 2022).

청소년들의 가출 원인은 부모와의 불화, 가정문제, 학교생활의 어려움, 학업스트레스 등이 있지만 청소년을 가정 밖으로 유혹하는 사회환경적 요인과 개인적 성향 또는 또래집단의 영향으로 가출이 행해지는 경우도 있다. 가출청소년의 대다수는 구조적·기능적 결손가정 출신으로 복귀할 가정이 없다. 가출청소년 대부분의 경우 학교에서도 이탈되는데, 학업흥미상실, 무단결석 등으로 학교생활을 자진포기하거나 학교로부터 퇴학처분을 받아 사회생활의 장애요인이 되며 성인이 된 후에도 빈곤의 악순환을 초래하는 등 사회로의 복귀에 어려움이 많다. 또한 이들은 가출 후 여러 곳을 배회하다가 가출이 장기화될 경우 유흥업소에 유입되어 각종 문제에 연루되는 경우도 있다. 이로 인해 임신·낙태·출산의 경험 및 성병의 문제를 갖게 되기도 하고, 정서적·심리적 불안으로 정신적 치료를 요하는 경우나 지나친 음주와 흡연, 약물남용 등으로 약물치료가 필요한 경우도 발생한다.

이와 같이 전통적인 관점에서는 가출의 원인을 단순히 청소년 개인의 행동문제에만 주목함으로써 가출을 야기하는 환경적 요인을 파악하지 못한 한계가 있다고 평가되는데 청소년 가출은 가족, 개인, 또래, 사회와 같은 다양한 개인·환경적 요인들의 복합적인 결과물이다(고순청, 2016). 실제적으로 부모나 가족환경 문제와 관련되는 경우가 많고 가출 후 귀가를 원하지만 돌아갈 가정이 없거나 돌아갈 상황이 아닌 청소년들이 증가하고 있다. 이에 따라 청소년 가출에 대한 정의는 비자발적 원인에 의한 가출과 집으로 돌아갈 수 없는 상태에 있는 청소년을 모두 포괄하며, 가출 요인으로 작동하는 청소년의 다양한 욕구에 대한 이해를 폭넓게 제공하는 방향으로 발전했다고 볼 수 있다(김지혜 외, 2006).

(4) 인터넷 중독

10대의 청소년 인터넷 사용 비율이 20~30대의 사용 비율보다 높고 사이버공간에서의 사회집단 속에서 자신의 존재를 의미 있게 인식하는 이들 청소년들은 오프라인 공간을 마치 사이버공간으로 착각하여 일반 범죄로까지 이르는 문제들이 발생하고 있다. 현실 공간에서 해결하지 못한 괴리감들을 사이버공간에서 해결하려 함으로써 사이버공간에 대한 신뢰가 높으며 원만한 대인관계가 불가능해진다.

인터넷 중독은 ① 인터넷 사용자가 인터넷의 사용행위가 삶에서 가장 중요한 위치를 차지하고 있고 오로지 인터넷만을 생각하고 계속 사용하기 위해 노력한다. ② 인터넷을 사용하지 않을 경우 다음의 인터넷을 사용하기까지의 시간 동안의 무능력상태가 동반되며 인터넷을 사용하는 시간만큼은 만족감과 행복감을 갖게 된다. 인터넷을 사회생활과 개인, 집단과의 문제해결을 위한 주체로 이용한다. ③ 인터넷을 이용할 때 나타나는 일종의 쾌감 지속시간을 연장하기 위하여 사용시간을 점차 확대한다. ④ 만약 인터넷 사용을 중지하거나 그 행위를 줄일 경우 불쾌감, 불안감, 우울감, 불면 등의 정신의학적 증상이 나타난다. ⑤ 인터넷을 사용하는 다른 사용자와의 관계만을 지속할 경우 사회화가 늦어지거나 왜곡될 수 있다. ⑥ 인터넷 사용자가 사용조절을 한 후에도 언제든지 중독증을 보일 수 있는 여건이 발생할 경우 같은 형태로 재발이 가능하다(김현수, 2012).

(5) 스마트폰 중독

청소년에게 휴대폰은 항상 몸에 부착되어 다양한 정보습득과 신속한 의사소통을 가능하게 하므로 컴퓨터를 통한 인터넷 사용보다 더 매력적이고 자극적일 수 있다. 청소년들은 휴대폰을 활용하여 자신만의 네트워크를 구성하고 또래들과의 유대를 강화하며, 무선인터넷 접속으로 다양한 정보와 게임, 동영상을 즐기고 있다. 휴대폰은 또래와의 소통을 위한 메신저이며 자신의 욕구와 취향을 표현하는 수단이기도 하다. 이러한 다양한 기능과 스마트폰의 급증으로 인해 일부 청소년들은 휴대폰에 과다하게 집착하며 몰입하는 현상을 보이고 있다(정규석 외, 2013).

스마트폰 중독은 스마트폰을 과다하게 사용하여 금단과 내성을 지니고 있으며, 이로 인해 일상생활 장애가 유발되고 가상세계를 지향하는 상태를 말한다. 여기에서 금단은 스마트폰이 없으면 공부 또는 일에 집중하기가 어렵고 불안과 초조함을 느끼는 현상을 의미하며, 내성은 스마트폰을 점점 더 많은 시간 동안 사용하게 되어 나중에는 만족감이 없는 상태를 뜻한다. 또한, 일상생활장애는 학교성적이나 업무능률이 떨어지고 주변인들로부터 지적을 많이 받는 등 가정, 학교, 직장 등에서 문제를 일으키는 상태로 볼 수 있으며, 가상세계지향성이란 다른 사람과의 관계를 현실에서 직접 만나서 맺기보다는 스마트폰을 활용한 관계맺기가 더욱 편한 상태를 의미한다.

스마트폰 중독유형으로는 자신에게 정말 필요한 것이라기보다 정보수집 자체에 집착하여 강박적으로 웹사이트나 자료를 검색하는 정보검색중독, 모바일 메신저를 통한 인간관계에 몰두해 실제 인간관계를 등한시하는 모바일 메신저 중독, SNS 중독, 모바일 앱을 끊임없이 내려받는 앱중독(앱피로증후군), 스마트기기를 통한 게임을 과다사용하는 모바일게임 중독, 음란채팅·음란물 공유·아동·야설 등의 콘텐츠를 강박적으로 드나드는 모바일 성인용 콘텐츠 중독 등이 있다.

성인들과 비교하여 청소년들의 스마트폰 중독 성향이 상대적으로 높은 수준이다. 과도한 스마트폰 사용은 수면장애를 유발하고, 디지털 격리 증후군, 거북목증후군 및 손목터널증후군, 팝콘브레인 등을 경험할 수 있기 때문에 성장이 진행 중인 청소년들에게 더욱 위험하다. 디지털격리증후군(Digital isolated syndrome)이란 스마트폰으로 소통할 때는 편하지만 직접 만나면 어색한 상태로 다른 사람과 함께 있으면서도 스마트폰만 하고 놀고 있는 모습를 말한다. 또한, 거북목증후군 및 손목터널증후군은 스마트폰을 장시간 사용하여 목 뒤가 찌릿찌릿해지면서 목뼈가 취고 손(엄지손가락과 손바닥)과 손목이 저리고 통증이 심해지는 현상이며, 팝콘브레인(Popcorn Brain)은 현실에 무감각해지고 주의력이 크게 떨어져 팝콘처럼 강한 자극에만 반응을 하는 뇌를 말하는 것으로 잦은 게임 및 동영상 시청으로 강한 정보에는 익숙하고 현실세계의 느리고 약한 자극에는 뇌가 반응을 하지 않는다. 따라서, 청소년들 스스로 스마트폰 과다사용으로 인해 발생하는 문제점들을 경험하고 있음을 파악하게 하고, 자신의 스마트폰 이용행태를 중심으로 한 생활일지를 작성하게 하며, 정서적 원인을 찾는 등 인지행동치료 방법을 활용하여 스마트폰 이용 생활규칙을 지도하고, 필요한 경우 전문가의 상담을 받을 수 있도록 지원한다.

3) 청소년 피해자 이슈

(1) 청소년 한부모

청소년기는 성적 성숙이 이루어지는 시기이지만 성에 대한 지식의 부재, 성장과정에서 해결되지 못한 정서적 갈등, 성에 접촉할 수 있는 기회의 증가 등으로 청소년 한부모의 문제가 야기되는데, 이들에 대한 접근방법으로는 정책적 지원에 대한 정보제공과 교육적 접근이 필요하다. 먼저, 청소년 한부모가 정책적 지원을 받을 수 있도록 정보를 제공할 필요가 있다. 모 또는 부의 연령이 만 24세 이하인 가족이면서 기준 중위소득 60% 이하인 청소년 한부모가구에 2017년 기준, 아동양육비(월 17만 원), 검정고시 학습비(연 154만 원 이내), 고교생 교육비(실비), 자립촉진수당(월 10만 원)을 지급하고 있다. 또한 주거지원, 법률지원, 교육지원 등은 다른 한부모가족과 동일하게 지원받을 수 있으며 임신·출산 진료비는 청소년의 경우 120만원까지 지원받을 수 있다. 그리고 형식적인 성교육이 아닌, 실제적인 성교육을 실시를 통해 청소년 한부모 발생을 예방하기 위한 구체적인 노력을 하여야 한다.

(2) 성폭력

성폭력은 강간, 윤간, 성추행, 언어적 희롱, 음란전화, 성기노출, 아내강단 등 상대방의 의사에 반(反)하여 가하는 성적 행위로 모든 신체적·언어적·정신적 폭력을 포괄하는 광범위한 개념이다. 청소년성폭력이란 만 13세 이상 19세 이하의 청소년에게 발생하는 것으로 어린이나 성인의 피해에 비해 윤간이나 강도강간 등 특수강간의 비율이 높으며, 친족 내의 피해, 선배나 동급생, 교사나 강사 등에 의한 피해의 비율이 높게 나타난다. 또한 남성피해자도 상당수 있는데, 이는 청소년들이 학교폭력, 집단폭행, 강도, 흉기사용 등의 주요 표적이 되고 있기 때문이다. 어린이성폭력은 폭력사용, 동의, 저항 여부와 무관하게 범죄로 취급되어 엄한 처벌을 받지만 청소년의 경우 때때로 동의된 성관계로 오인받기도 하고, 피해자에 대한 비난여론이 형성되기도 한다. 이는 현재의 청소년들이 성에 대해 개방적이고 자발적이며, 어느 정도의 판단능력과 방어능력이 있다는 이중적 통념이 있기 때문이다.

이러한 청소년성폭력에 대한 접근으로는 교육적, 법률적, 사회적 접근이 가능하다. 교육적 접근으로는 학교를 중심으로 폭력예방관련 프로그램을 개발하여 실시하거나, 폭력예방교육, 성교육, 이성교제교육 등 실제적 교육과 학부모 대상 성교육을 실시한다. 법률적 접근으로는 아동·청소년의 성보호에 관한 법률에 근거하여 지원하고, 사회적 접근으로 성문화환경의 개선방안이 모색되어야 하고 건전한 놀이문화를 형성해 나가려는 분위기 형성을 위해 노력해야 한다.

Chapter 05

청소년복지와 발전적 접근

1 청소년복지의 정의

청소년문제가 사회문제로 대두됨에 따라 청소년을 대상으로 한 청소년복지에 대한 관심이 증대되었다. 청소년의 주요 대상은 과거에는 요보호청소년과 문제청소년 위주였으나, 오늘날에는 모든 청소년으로 확대되고 있으며, 청소년복지는 모든 청소년의 삶의 질 향상을 궁극적 목적으로 삼고 있다. 청소년복지는 청소년기의 특성이 아동기나 성인기에 나타나는 특성과 다르며, 청소년의 문제가 가족의 문제를 넘어 사회적 문제와 연결되어 있다는 점에서 그 의미가 더욱 중요하다. 가족의 문제를 넘어 사회문제와도 연결되어 있는 청소년문제를 예방·해결하기 위해서는 청소년의 욕구와 문제를 올바르게 이해하고 그에 따른 대책을 마련해야 하기 때문이다.

청소년복지의 개념은 청소년에 대한 개념 정의와 그 발달적 특징에 대한 이해, 청소년을 보는 관점, 국가의 전반적인 복지 수준, 그리고 청소년정책의 방향과 관련하여 다양하게 논의될 수 있다. 청소년복지는 아동복지의 연장선으로 출발한 시기와 아동・청소년복지라고 혼합적으로 사용하기도 하는 때도 있었지만(장인협・오정수, 2006; 표갑수, 2000), 오늘날은 아동복지와 구별되는 독립된 사회복지의 한 분야이며 청소년학의 핵심적 영역으로 자리잡고 있다(천정웅, 2022; 김성이 외, 2010). 이에 따라 청소년복지에 대한 개념은 단순히 청소년의 문제에 대한 개입적 측면을 넘어서 광범위한 범위를 포괄하여 규정되고 있는 추세이다. 즉, 청소년복지는 청소년문제를 예방하거나 감소시키는 것 이외에도 이들이 자원 활용을 통해 사회적 기능을 촉진, 회복, 유지, 향상시키는 것으로 정의된다(천정웅, 2022).

또한 청소년복지는 청소년의 기본욕구 충족과 함께 능력 및 가능성을 개발하기 위한 청소년복지정책, 서비스, 자원 및 프로그램을 계획・개발・수행하는 것을 포함하며, 기본적인 욕구 충족을 넘어 주체적인 삶을 위해서 청소년의 발달과 기능이 최적으로 촉진되고 발휘될 수 있도록 보장하는 의미를 가지며 모든 청소년들의 복지를 추구하는 것으로 이해되고 있다. 따라서 청소년복지는 대상 집단이 요보호청소년과 같이 특정집단에만 국한되는 것이 아니라, 일반 청소년 및 청소년의 생활에 가장 직접적인 영향을 미치는 가족까지 포함하고 있으며, 청소년에 대한 직・간접적으로 제공되는 모든 서비스뿐만 아니라, 정책과 제도를 포함하는 광범위한 개념이다.

2 청소년복지의 특성과 주요 내용

1) 청소년복지의 특성

청소년복지는 청소년기라는 독특성을 지닌 청소년을 대상으로 수행하는 서비스 분야이기 때문에 다른 복지 분야와는 구별되는 특성들을 보인다. 첫째, 청소년문제의 발생과 청소년복지의 필요성을 가족과 사회의 변동 자체에서 찾고 있다. 즉, 가족해체는 청소년문제의 중요한 요인으로 지적되고, 기혼여성의 취업은 청소년의 정서적 성숙에 영향을 주는 것으로 인식되고 있기 때문에 청소년복지와 관련된 사회복지정책과 밀접한 관계 속에서 통합적으로 이루어져야 한다.

둘째, 청소년은 완성된 존재가 아니라 성장발달과정 중에 있는 존재이기 때문에 청소년복지에서의 접근은 긍정적이고 신속하며 지속적으로 이루어져야 한다. 따라서 그들이 가지고 있는 부족한 점, 어려운 점을 보완해 주는 것과 동시에 청소년들이 가지고 있는 강점을 찾아내어 역량을 강화하고 극대화시킬 수 있어야 한다.

셋째, 청소년복지는 독립된 발달단계로서 청소년기를 고려한 과학적이고 체계적이며 전문적인 개입을 필요로 한다. 시기적으로 가족으로부터 독립하여 이성과 동성의 친구를 선택하고 진로를 결정하는 등 다양한 발달과업을 수행하는 발달과정에 있으므로, 그들을 둘러싸고 있는 주변 환경을 세밀히 확인하여 성공적인 과정으로 넘어갈 수 있도록 도움을 제공한다.

넷째, 청소년들은 청소년복지의 대상인 동시에 주체라는 점을 인식해야 한다. 청소년들은 사회구성원으로서 특별한 관심이 필요한 존재이며 이들에게 기본적인 인권보장과 사회적 권리와 책임을 갖도록 할 필요성이 강조되고 있다. 특히, 최근에는 청소년의 권리가 강조되면서 청소년과 관련된 정책의 의사결정에 청소년의 참여(participation)와 시민적 관여(civic engagement)가 증대되고 있다(천정웅, 2009). 청소년들이 자원봉사활동을 통해서 지역사회 문제를 해결하도록 장려되고, 미래의 주인으로서 뿐만 아니라 현시대를 함께 살고 있는 한 시민으로서의 위치가 강조되고 있다.

다섯째, 청소년복지를 위한 정부와 민간의 협력이 강조되고 있는 특성이 있다. 청소년은 보는 관점에 따라 문제집단, 혹은 사회적으로 불리한 집단으로 여겨지기도 하지만, 점차 다양한 성격의 집단으로 인식되면서 이들을 위해서는 소득, 보건, 교육, 여가 서비스 등을 단일한 방식으로 제공하기보다는 국가와 지방자치단체, 그리고 민간이 다양하게 접근하는 것이 바람직하다고 본다.

2) 청소년복지의 주요 내용

청소년복지는 모든 청소년의 삶의 질을 향상시키고 안녕을 추구하기 위해 국가와 사회 전체가 수행하는 전문적 접근임을 알 수 있다. 청소년기의 특성과 청소년계층이라는 집단에 초점을 맞춤으로써 차별화되는 영역을 가지게 되는 것이다. 그러나 실제로는 청소년복지의 영역이나 분야에 대해서는 일정한 합의가 존재하고 있다고 보기 어려우며, 독립된 학문분야로 발전되고 있는 청소년학의 정체성에 대한 논의와 청소년정책에 대한 범위 등과 관련하여 그 경계를 수립하고 정체성을 확립하는 과정에 있다고 볼 수 있다.

우선, 청소년기본법에서는 청소년복지 영역이 청소년정책의 포괄적인 범위 안에 포함되어 논의되고 있다. 실천영역에서는 제한적 의미로 사용되고 있지만, 그 실제를 보면 모든 청소년 행위의 궁극적인 달성 목적이 되어야 한다는 목적적, 당위적 개념으로 볼 때 모든 청소년정책의 결과로서 기능을 한다고 본다(김경신 외, 2007).

다른 한편, 학문적으로는 그 목적과 접근 범위라는 측면에서 청소년당사자의 요건, 환경적·제도적 행위의 모든 것을 포함하는 매우 포괄적인 개념으로 이해될 수 있다. 이런 점에서 청소년복지가 어떠한 범주와 영역을 가질 것인지는 이러한 제반 여건을 고려하여 논의될 필요가 있을 것이다. 여기서는 관련 법률과 정책에서 제시되고 있는 청소년복지의 주요 내용을 알아보고, 다양하게 제시되고 있는 논의들을 알아보기로 한다.

첫째, 청소년기본법에서 규정된 청소년복지를 지원하기 위한 법률인 청소년복지지원법에서는 청소년복지의 분야를 인권보장정책, 청소년의 자치권 확대, 청소년우대, 건강보장, 특별지원 청소년, 청소년가출, 그리고 청소년 선도 등으로 규정하고 있다. 보다 구체적으로는 청소년참여를 강조하고, 청소년증, 체력검사와 건강진단, 청소년쉼터, 비행 및 학교부적응 등에 대해 규정하고 있으며, 조화로운 성장과 정상적인 생활에 필요한 기초적인 여건이 미비하여 사회적·경제적 지원이 필요한 청소년을 특별지원청소년으로 정의하고 있다.

둘째, 청소년복지의 주요 수단으로 청소년복지서비스, 교육기회 확대, 근로조건 개선, 청소년활동사업이나 청소년행정 등이 포함되는 것으로 보는 견해가 있다(조흥식, 1999). 과거에는 청소년복지의 주요 대상이 요보호청소년과 문제청소년이었으나 최근에는 전체 청소년으로 확대되고 있음을 지적한다.

셋째, 청소년복지의 서비스 영역을 가족의 양육을 보완하는 청소년복지, 청소년문제를 예방하고 치료하는 청소년복지, 그리고 사회문제의 예방과 피해자를 돕는 청소년복지 등의 3가지 범주로 구분하는 견해가 있다(이용교, 2006). 현대사회에서 청소년복지가 요청되는 요인이 이들 3가지와 관련되는 것으로 이해한 것이다. 하나는 양육비의 증가와 부모의 결손 등으로 청소년이 성장하기에 가족의 양육환경이 적절하지 못한 경우이고, 다른 하나는 청소년이 고민을 가지거나 문제행동을 하는 경우이며, 그리고 연령차별과 유해환경과 같이 사회환경에 문제가 있는 경우 등으로 보고 그에 따른 청소년복지의 실현이 필요하다고 인식한다.

넷째, 청소년복지의 대상을 중심으로 영역을 구분하는 견해가 있다(김경준 외, 2005). 일반청소년, 빈곤가정 및 결손가정청소년 등 양육과 보호가 필요한 청소년, 장애청소년, 가출 및 비행청소년 등 사회적·법적 보호가 필요한 청소년, 학교부적응 및 학교밖 청소년, 근로 및 농어촌청소년, 미혼모청소년, 외국인 노동자 자녀, 에이즈감염 청소년, 탈북청소년 등 특별보호청소년으로 나누어 이해하는 것이다. 일반청소년의 경우, 청소년복지의 주요 내용은 인권 및 건강보장, 활동지원 및 환경개선을 통한 문제예방 감소 등을 강조하고 있다, 최근에는 이주청소년, 새터민 등과 관련한 내용도 소개된다(이혜원·이봉주·김혜래·오승환·정익중 외, 2008).

다섯째, 청소년문제를 중심으로 청소년복지를 논의하는 견해가 있다(조선화 외, 2005; 홍봉선·남미애, 2022). 가출청소년, 학교중퇴, 장애청소년, 미혼모 청소년, 비행청소년, 학교폭력, 인터넷 중독, 집단따돌림, 청소년 성문제, 약물남용청소년 등을 청소년복지의 주요 각론으로 논의한다. 빈곤, 학대, ADHD(주의력결핍과잉행동장애), 최근에는 인터넷 중독, 우울, 학업중단, 성소수자, 다문화와 관련한 주제도 논의되고 있다(구은미·박성혜·이영미·이혜경, 2009).

여섯째, 청소년과 관련한 사회환경, 생활양식 또는 활동분야와의 관련을 중심으로 이해하는 견해가 있다(이용교, 2006; 홍봉선·남미애, 2010; 조선화 외, 2005). 청소년가정환경, 청소년의 학교환경, 청소년의 여가, 청소년의 일과 복지, 청소년의 문화와 복지 등을 주제로 논의하고 있음을 알 수 있다.

일곱째, 청소년과 관련한 서비스 및 활동분야를 중심으로 청소년복지의 영역을 제시하는 견해가 있다(김경신 외, 2007; 노혁, 2010; 천정웅·이용교·김혜원, 2009). 청소년상담서비스, 수련활동, 자원봉사활동, 방과후 활동, 역량개발과 청소년활동, 진로 및 직업능력 개발, 학업 및 생애지도, 청소년시설보호 서비스 등이 포함된다.

여덟째, 청소년복지와 관련된 주요 주제정책이나 이슈(issue)를 중심으로 청소년복지를 이해하는 견해가 있다(천정웅·이용교, 2007; 이용교·천정웅, 2009). 청소년복지정책의 비전, 청소년 성매매 정책분석, 학교 연계 아동청소년 통합적 접근, 청소년들의 공동체 의식 함양, 청소년의 디지털 소비격차, 청소년우대정책, 이주 아동청소년의 사회적 보호, 청소년쉼터 직원의 전문성 등이 예시될 수 있다.

전체적으로 보면 공통적으로 강조하는 분야가 있기도 하지만, 상이한 내용에 대해서도 다루고 있으며, 이러한 여덟 가지 영역을 청소년복지의 주요 내용으로 함께 포함시키고 있는 것이 일반적인 경향이다.

3 청소년복지의 일반적 접근법

청소년복지를 이해하기 위해서는 청소년복지에 대한 기본적인 시각전환이 필요하다. 청소년복지를 청소년의 욕구와 사회환경 간의 상호작용에서 적응하지 못할 때에 일어나는 문제로 볼 것인가(잔여적 개념), 정상적이고 일반적인 경우에도 도움을 필요로 할 때가 있다고 이해할 것인가(제도적 개념), 아니면 이상의 두 가지 개념에서 전제하고 있는 문제와 무관하게 모든 청소년의 삶의 질을 향상시키고 인간발달을 완성하는 것을 청소년복지의 목적으로 볼 것인가(발전적 개념) 하는 것에 대한 검토가 요구되는 것이다. 이를 위해 먼저 청소년복지가 사회복지와 밀접한 관련을 갖는 분야라는 점에서 사회복지에서의 3대 관점에 대해 알아보고 그에 따른 청소년복지의 3가지 관점에 대해 고찰한다. 이러한 상호관련된 여러 가지 관점과 접근법에 대한 종합적인 이해는 향후, 청소년복지의 성격과 영역 또는 분야를 어떻게 이해하고 규정해야할 것인가에 대한 분석틀로서의 의미를 갖게 된다.

1) 사회복지의 세 가지 접근법

사회복지의 접근은 기본적으로 잔여적 접근(residual approach)과 제도적 접근(institutional approach)으로 이해되면서 최근 들어 점차 세 번째 접근으로 발전적 접근(developmental approach)이 강조되고 있는 경향을 보이고 있다(Homan, 2007; 천정웅, 2021). 첫째, 잔여적 접근은 가족과 시장경제가 사람들의 욕구에 대한 적절한 자원으로 사회복지는 틈새에 놓인 개인들을 위해 보충적인 서비스 안전망을 제공한다. 즉, 사회적 기능을 수행하지 못하는 계층에게 프로그램과 서비스를 시혜적으로 제공하는 것을 말한다. 이런 잔여적 개념에서의 청소년복지서비스는 일반 정상적 가정의 청소년들에게 필요하지 않다는 전제에서 출발한다. 그래서 특정집단에게 시혜적으로 제공되는 정책

서비스들은 제한적이고 일관성이 없고 부정적으로 나타나게 된다. 또한 이미 피해를 받고 있는 청소년들에게 개별단위로 지원함으로써 가족으로부터 해체되고 지역사회로부터 소외되는 과정으로 이어진다.

둘째, 제도적 접근은 복지노력을 사회문제에 대한 반응으로 보고, 이러한 문제들은 일반적으로 대부분의 사람들에게 영향을 미치고 있다는 것이다. 또한 이러한 접근에서는 서비스를 문제의 등급과 관계없이 클라이언트의 권리라고 본다. 제도적 프로그램은 일정하게 접근과 이용이 가능하고, 그것은 욕구에 대한 일차적인 자원으로 보이기 때문에 참여로 인한 낙인(stigma)이 거의 없다. 다시 말해 제도적 개념은 관점은 정상적이고 일반적인 가족들도 현대의 복잡한 사회 속에서는 공동의 인간적 욕구를 가지고 있으며 수시로 도움을 필요로 한다고 보는 개념이다. 이 개념에서는 청소년과 가족들은 보호적, 치료적 서비스는 물론 예방적 서비스를 받게 된다. 특히 이런 서비스를 받을 때 낙인이 찍히지도 않으며 가족구성원으로부터 해체되는 일도 없게 된다. 제도적 개념은 또한 많은 보충적 서비스를 필요로 한다. 즉, 한 가족이 현재 생활을 영위하는 데 필요한 사회적 지지 서비스가 필요하다. 다양한 가족보호사업, 가족관리사업, 지역사회연계사업, 야외활동 등으로 청소년들은 가족 및 지역사회의 관계를 맺게 하는 사업이 필요한 것이다. 이와 같이 제도적 개념의 청소년복지는 일부 청소년만을 보호하는 것이 아니라, 모든 청소년을 보호하는 사회적 유용성이 높은 개념이다(김성이 외, 2010).

셋째, 사회복지의 주요 관점으로 최근 강조되고 있는 발전적 접근은 지역사회로 하여금 보다 나은 삶을 만들어 가는 사회복지제도의 설정을 가능하게 해 주는 의미가 있다. 이 접근법을 사용하여, 서비스 전달은 문제중심적 정향에서 벗어날 수 있다. 이에 따르면, "사회가 반드시 문제를 해결하기 위해서 뿐만 아니라 삶을 더 향상되게 하고 인간발달을 충족하기 위해서 사회복지제도를 만들 수 있다는 것이다(Dolgoff, Feldstein, & Skolnik, 1997: 139). 발전적 개념은 제도적 개념을 넘어 인간발달 또는 사회발전에 초점을 맞춘다. 제도적 접근도 사회문제를 전제로 하고, 그러한 문제를 예방하거나 교정하기 위해 사회복지제도를 마련해야 한다고 본다. 그러나 발전적 접근은 바로 이러한 문제를 전제하지 않고 인간의 잠재력 발달과 삶의 질 향상을 목적으로 접근하는 점에서 근본적으로 차이가 있는 것이다. 예를 들면 지방정부의 공원관리 및 레크리에이션 부서가 다양한 프로그램들을 제공하고 있는데, 문제를 고치거나, 결점을 극복하기 위한 것이라기보다는 단지 사람들의 잠재력을 확장하고 삶의 질을 더 높이도록 하기 위한 것이 목적이라면 그러한 서비스 제공은 발전적 접근의 관점을 갖는다. 발전적 접근은 또한 앞서 언급한 공원관리 및 레크리에이션 부서의 사례와 같이, 개인에 초점을 가질 수도 있고 가족의 강점을 구축하는 것과 같이 집단에 초점을 맞출 수도 있으며 주거나 일자리 마련을 위해 일하는 것과 같이 지역사회 수준의 접근을 가질 수도 있다(Homan, 2007).

2) 청소년복지의 3대 접근법

이상에서 알아본 사회복지의 잔여적, 제도적, 발전적 관점들은 청소년복지를 보는 관점과의 관련성에서도 중요한 의미를 갖는다. 청소년복지를 보는 접근은 청소년을 어떻게 보는가에 따라 크게 문제중심적(problem-focused) 접근과 예방적(preventive) 접근, 그리고 청소년개발(youth development) 접근으로 구분되며, 이러한 3대 접근법은 사회복지의 세 가지 접근법에 각기 대응적으로 연결되기 때문이다.

(1) 문제중심과 치료적 접근

문제중심적 관점은 청소년을 사회적 지위나 역할의 관점에서 보기 보다는 하나의 인간발달적 시기로서 보는 관점이다. 예방적 접근법은 문제중심적 견해들이 비판되면서 강조되기 시작한 것으로 문제가 생기고 난 뒤에 해결하려고 애쓰기보다는 문제가 처음 생기는 것을 예방하는 것이 보다 비용효과적이고 또 효율적일 수 있다는 이해에서 비롯된 것이다(Small & Memmo, 2004). 청소년개발 관점은 예방적 관점에서 나아가 문제가 발생하거나 위기상황이 생기지 않도록 예방하는 것뿐만 아니라, 더 나아가 긍정적 발달과 청소년의 건강과 안녕(well being)에 기여하는 조건들을 적극적으로 주장하는 데 있다(Cheon, 2008).

청소년의 문제에 집중하고 위험과 위기를 강조하는 것은 병리학과 관련 증상에 기초한 결핍과 위험에 대한 생각에서 비롯하기 쉽다(Benson, 2003). 이러한 결핍관점하에서, 연구자와 실천가는 가족폭력, 빈곤, 가족해체 등의 환경적 위험, 약물남용, 청소년임신, 대인폭력 등의 건강행위에 관한 명명, 계산 및 감소에 집중하게 된다. Weick 등(1989)은 문제중심접근은 반드시 영향을 받는 당사자를 결함 또는 무능으로 보게 되면서, 전문가들이 문제의 본질은 정의하고, 문제의 핵심에 있는 결점을 극복하는 방향으로 치료가 이루어진다는 문제점을 지적하였다(천정웅, 2007).

청소년에 대한 문제중심적 접근은 전통적으로 청소년실천현장에서의 치료적 접근을 초래하게 된다. 치료적 접근을 적용하는 청소년 실천가들은 기본적으로 청소년을 문제로 여기게 되는 정향을 갖기 쉽다. 즉, 청소년은 혼란 속의 문제로 보이며, 성인의 개입이 필요한 것으로 여겨진다. 20세기에 이 접근법은 "청소년에 대한 나태"의 시각으로 보여졌으며, 청소년을 시간과 에너지의 남용으로 여기는 경향이 있었다. 이는 청소년의 시간이 의미 있는 활동으로 가득하다면, 파괴적인 행동을 하지 않을 것이라는 사고로 연결된다. 따라서 청소년 프로그램은 바람직하지 않은 행동을 "치료"하는 것으로 보여졌다. 이러한 결과는 종종 청소년의 비행에서 나타났으며 사회문제에 노출된 청소년은 "위험"한 것으로 보여졌고, 이런 의미에서 청소년은 사회 그리고/혹은 경제적 혼란의 희생자로 여겨졌다.

de Oliviera와 Edginton의 연구는 "청소년은 치료받아야 하며, 그들의 행동은 치료의 대상이다. 개입에 대한 근거는 치료적 모델이며, 개입의 형태는 주로 상담, 치료, 수정이다"라고 제시한 바 있다. 그들의 후속 연구에서 개입전략은 청소년을 타인으로부터 분리하는 것이라고 말하고 있다. 많은 개입전략의 가정은 "그른 것은 옳은 것을 오염시킬 수 있고, 그렇기 때문에 격리시키고 치료시켜야 하며, 감독이 불가능하게 내버려둬서는 안 된다"는 것이다(De Oliviera & Edgington, 1999: 261).

한편 문제중심적 접근과 관련한 치료적 방법의 또 다른 관점은 건전한 청소년 활동을 위한 환경을 창조하는 것과도 관련되는 점을 기억할 필요가 있다. 이러한 사고는 청소년의 시간이 활동으로 가득하다면 문제가 발생할 수 없다는 견해를 기반으로 한다. 이와 유사한 개념은 환경 속에서의 재미있는 놀이는 청소년을 행복하게 해준다는 것에서도 찾을 수 있다. 이는 재미있고 건전한 활동을 제공함으로써 청소년을 행복하게 할 수 있다면, 청소년문제는 해결될 것이며 문제로부터도 벗어날 것으로 여기게 된다는 점에서 청소년단체활동의 태동과 확산의 역사적 과정에서 볼 수 있는 다양한 활동 프로그램의 전개와 청소년활동의 진흥과 무관하지 않은 접근으로 볼 수 있을 것이다.

(2) 예방적 접근과 위험·보호요인

예방적 접근은 이미 1900년대 초기부터 존재하였으나, 현대적 의미의 접근은 대체로 30여 년 전 청소년과 가족의 삶의 질과 관련되어 발전되었다(Small & Memmo, 2004). 예방적 접근은 대중보건과 질병예방의 역학(Bloom, 1996; leavell & Clark, 1953), 정신분열과 정신질환을 다루는 정신보건분야(Caplan, 1964; Cocchetti & Garmezy, 1993)에서 중심적으로 논의되었다. 예방적 접근은 일차적 예방(primary prevention), 이차적 예방(secondary prevention), 삼차적 예방(tertiary prevention)으로 구분된다. 일차적인 것은 새로운 문제나 병의 출현율(incidence)을 줄이는 것을 말하고, 이차적 예방은 이미 발생한 문제나 병에 대한 조기발견과 개입을 통해 유병률(prevalence)을 낮추는 것을 목적으로 한 예방법이다. 삼차적인 것은 현존의 문제나 병으로 인한 장애 및 복합적인 문제를 예방하는 것을 목적으로 한다.

청소년분야와 관련하여 보면, 일차적 예방에서는 정상적이고 건강한 심신의 발달을 위해 조기에 투입되고, 장기적으로 지속되며, 평생교육적인 성격을 지닌 예방활동이다. 여기에서는 일반적인 일탈행동의 예방적 차원이 강하다. 내적 대처기술과 외적 요인 또는 모두를 변화시키거나 강화함으로써 문제의 발생률을 줄이는 것이다. 아동들은 그들의 문제상황에 있어서 자율적이고 사회적 책임성 있게 행동할 수 있는 교육이 있어야 한다. 일차적 예방법의 예로는 아동학대 예방을 위한 부모교육, 성병 및 에이즈 감염, 10대 임신을 예방하기 위한 성교육, 학교 중퇴를 예방하기 위한 중퇴예방 프로그램 등이 있다.

이차적 예방의 목적은 이미 존재하고 있는 또한 현저한 상태의 일탈행위자, 소위 위험한 사람 또는 위험집단을 치료하는 것이다. 문제가 있는 사람의 조기발견을 통해 문제의 영향을 최소화하고 이전 기능을 조속히 회복하도록 하는데 중검을 둔다. 이차적 예방법의 예로는 친구의 갑작스런 죽음을 경험한 청소년들을 위한 자조집단의 구성과 활성화, 음주 및 약물남용 청소년들을 위한 통원치료시설, 가정폭력을 목격하는 청소년을 위한 상담서비스 등이 있다.

넓은 의미에서의 삼차적 예방은 심리, 사회적인 측면의 도움이 제공되는 영역이다. 이는 문제의 해결 이후에 잔존하는 문제를 줄이는 것으로 이 차원의 예방목적은 과거 일탈청소년이 자기신뢰감의 강화와 가족에로의 복귀를 통하여 개인이나 가족구성원들이 다시금 정상적 일상생활을 영위할 수 있도록 도움을 주는 것이다. 삼차적 예방의 예로는 약물남용 프로그램을 통해 치료받은 청소년이 매주 자주집단에 참여하여 재발을 방지하는 노력을 하는 것을 들 수 있다.

예방적 접근은 위험요인을 줄이거나 제거하고 보호요인을 촉진하거나 증가시키는데 있다. 또한 예방적 접근은 대상집단이 미래의 문제행동을 가져오는 도전이나 스트레스에 적응할 수 있는 능력, 기술, 역량을 향상하도록 한다(Durlak, 1997). 위험과 보호요인은 개인과 가족, 또래, 학교 및 지역사회 등 다양한 환경하에 존재함을 전제한다. 위험요인은 종종 동시적으로 일어나며, 중독적이거나 기하급수적 위험으로 출현하곤 한다(Masten, Morris, Pallegrini, & Tellegen, 1990; Rutter, 1979). 청소년들의 위험이 축적될 때, 문제행동의 가능성은 근원적으로 높아지게 된다. 예방적 접근은 청소년문제행동을 열거하며 개념화하는 언어, 직관적이며, 논리적 작업을 제공한다. 청소년문제에 관한 무수히 많은 위험과 보호요인을 제시하였다(Hawkins, Catalano, Miller, 1992; U.S. Department of Health and Human Services, 1997).

그러나 예방적 접근은 청소년의 문제행동을 강조하며(Benson, 1997; Pittman & Cahill, 1991), 청소년들의 올바른 것보다는 옳지 않는 것에 집중하도록 사람의 관심을 끄는 결핍-지향적인 경향이라는 한계점을 갖는다. 이것은 청소년들을 낙인지우며, 참여 및 학습동기를 손상시키고, 프로그램에 참여하지 않도록 하기에 문제적이다. 예방적 접근의 또 다른 중요한 한계는 일반 청소년개발의 촉진에 대한 관심이 부족하다는 것이다. 긍정적 특성을 강조하는 예방프로그램은 특정한 문제행동의 예방에 전략이 맞춰져 있다. 예방의 단점은 다양한 위험과 보호요인의 상대적 중요성에 대한 제한적인 관심을 갖는다는 점이다. 예방프로그램은 위험과 보호요인을 균형적으로 영향을 미치는 것으로 간주한다. 일반적으로, 개인에게 과정이나 영향에 근접할수록 결과는 더욱 강력하다(Bronfenbrenner, 1979). 또한 위험이나 보호 메커니즘은 모든 사람에게 동일하게 적용되지 않는다. 위험 메커니즘은 유약한 개인에게 적용되며, 보호적 과정의 메커니즘은 다른 사람에 비해 특정 개인에게 보다 효과적이다(O'Connor, & Rutter, 1996).

(3) 청소년개발과 친사회적 · 통합적 접근

청소년개발의 접근은 청소년과 관련한 능력을 강조하는 용어인 발달자산, 적극적 청소년개발, 도덕적 발달과 명성적 목표, 시민참여, 삶의 질, 번영 등과 매우 유사한 특성을 갖는다. 이러한 용어들은 모든 청소년은 성공적인 건강한 개발을 위한 잠재력과 모든 청소년이 적극적 개발을 위한 능력을 가지고 있음을 의미하는 내용을 담고 있는 공통점이 있다.

우선, 긍정적 청소년개발은 표적이 되는 특정대상만이 아니라 모든 청소년을 대상으로 하며, 대중보건, 청소년범죄보다 포괄적으로 적용된다. 청소년에 대해 잘못된 것에 동의나 합의하기보다는 옳은 것을 확인하고 인정하게 된다. 사회적 문제의 존재유무에 대한 동의여부는 필요하지만 정치적으로 복잡하게 이루어진다. 그런 반면에 청소년개발에 대해 광범위하며, 능력에 기반한 긍정적 집중은 정치적이며 제도적으로 다른 집단, 프로그램과 조직단위에 매력적인 개념화를 제공하게 된다. 자산기반적 프레임은 청소년실천가와 지역사회 리더들에게 특히 유용하다. 청소년개발프로그램과 정책의 기획과 사고에 대한 프레임을 이해하기 쉽고 공통된 용어로 제공한다(이채식, 2008).

이런 인식은 전통적 청소년실천현장에서의 친사회적 접근과 통합적 접근으로 나타난다. 친사회적 접근법은 청소년은 본질적으로 선하며, 청소년 실천가들과 청소년기관은 그들의 긍정적인 발달을 돕기 위해 존재한다는 가정에서 시작한다. 친사회적 접근의 초점은 사회문제에 대항하는 그들의 자산을 구축하는 것이다. 즉, 만일 오늘날 청소년이 혼전성관계, 폭력적 행동, 약물, 음주, 또는 범죄성향을 보이는 행동을 한다면, 바람직한 행동의 결과를 결정할 수 있도록 적절한 가치로 "안내하고 인도하는 것"은 청소년 실천가의 역할인 것이다. 이러한 의미에서, 청소년 실천가들은 20세기에 소위 인격형성이라 불리는 도덕적 교육을 목적으로 하는 청소년실천업무(youth work)에 참여했다. 인격 형성 프로그램은 청소년들을 위한 긍정적인 대안을 제공하는 것에 초점을 두고 있다. Oliviera와 Edginton(1992: 262)에 따르면, 이러한 가정은 청소년을 복잡한 사회에서 자연스럽게 어른의 역할을 준비하도록 준비시키며 유능한 개인으로 준비시키며 이는 청소년기에서 성인기로의 여정에 능숙함을 가질 수 있도록 돕는다는 철학적 접근에 기반한다.

청소년개발 접근은 전통적 청소년실천현장에서의 또 다른 접근으로 볼 수 있는 통합적 접근과도 연결된다. 이 접근방법은 청소년이 지역사회 삶에 기여할 수 있는 자원으로 보는 가정에 입각하고 있다. 청소년은 지역사회의 소중한 자산으로 간주되어야 한다는 것이다. 이러한 경우 다른 지역사회 구성원들과 함께 그들의 의견, 흥미, 가치가 전체로써 지역사회 안에 추구되고 통합되어야 한다고 보고 청소년의 다양한 관점들이 지역사회 구성원들로부터 격려받고, 환영받으며, 존중되어야 한다고 강조한다. 통합적 접근에서는 청소년을 지역사회 생활, 문제 그리고 성인들의 부분적인 간섭과 통합의 욕구 속에서 성장하는 중요한 기여자로 보게 되며 지역사회 생활에서 청소년의 완전한 참여를 장려한다.

4 청소년개발의 세 가지 접근법

긍정적 청소년개발의 문헌은 청소년기를 기회의 시기로 본다. 그리고 모든 청소년이 긍정적 발달을 위한 능력을 가지고 있다는 견해를 갖는다. 어떻게 청소년들이 발달할 수 있으며 발달되어야 하는가를 이해하기 위한 몇 가지 분석틀이 제안되었다. 비록 이러한 분석틀의 요소는 다양하지만 대부분 일련의 영역에 걸쳐 이러한 성과를 얻는데 필요한 환경적 조건뿐만 아니라 표적이 되는 발달적 성과에 대해 말하고 있다. 지난 30여 년간 발표된 문헌은 유사한 테마를 연구했던 연구자들 사이에 공동협력이 증대되었음을 나타내주고 있다. 그 결과 환경적 지지와 발달적 성과 사이에 관하여 보다 종합적인 분석틀과 보다 깊은 분석들이 대두되기 시작하고 있다. 여기에서는 이러한 상황에서 발전된 청소년개발 접근의 분석틀을 세 가지로 구분하여 보다 구체적으로 제시하기로 한다.

1) 발달자산 접근법

서치연구소(Search Institute) 연구원들은 청소년들이 성공적으로 성장(thrive)하는 데 필요한 발달자산에 근거한 하나의 분석틀을 제시했다. 그들은 발달자산이란 용어를 긍정적 청소년발달에 기여하는 경험, 질 및 관계성을 말하는 것으로 사용한다(Search Institute, 2005). 모두 40개의 자산이 분석틀에 포함되어 있다. 자산은 2개의 20개로 된 집단으로 범주화된다. 그 각각은 각기 4개의 영역으로 또 나누어진다. 각 범주와 영역은 〈표 5-1〉과 같다.

〈표 5-1〉 **발달자산의 구성체계**

영역		개별지표
외적 자산	지지	가정의 지지, 가족 간의 긍정적 의사소통, 다른 성인들과의 관계, 우호적인 이웃, 우호적인 학교환경, 학교생활에 대한 부모참여
	권한부여	청소년을 존중하는 지역사회, 청소년에 대한 역할부여, 청소년의 지역사회에 대한 봉사, 안전감
	행동기준 설정	분명한 가정규범, 명확한 학교규범, 이웃 청소년에 대한 감독, 성인들의 청소년에 대한 역할모델수행, 긍정적 또래친구의 영향, 높은 기대
	건설적 시간사용	창의적 활동참여, 청소년프로그램의 참가, 종교단체의 활동참여, 가족과 함께하는 시간
내적 자산	배움에 대한 열의	성취동기, 학교생활에 대한 적극적 참여, 과제수행, 학교와의 결속력, 즐거움을 위한 자발적 독서
	긍정적 가치	타인을 돕는 일에 가치부여, 사회정의 실현에 대한 가치부여, 자신의 신념에 대한 충실성, 정직성, 책임감, 위험행동의 억제
	사회적 능력	계획수립/의사결정능력, 대인관계능력, 타 문화의 수용능력, 위험상황에 대한 저항기술, 평화적인 갈등해결능력
	긍정적 자아정체감	자신의 운명에 대한 통제감, 자아존중감, 목적의식, 자신의 미래에 대한 낙관적인 관점

출처: Scale & Leffert (1999).

서치연구소는 1989년부터 오늘날까지 미국 청소년들로부터 데이터를 수집했다. 그리고 발달자산 분석틀이 많은 청소년단체에 의해 사용되고 있다(Search Institute, 2005). 데이터는 현존하는 수많은 자산들과 청소년들이 건강하고 긍정적으로 개발하는 정도 사이에 강하고 일관된 관계성을 나타내고 있다.

청소년의 건강, 발달 및 복리를 특징화하는 데 사용되는 데이터 소스와 지표들의 강점과 한계성에 대한 활발한 평가가 "전국연구협의회 및 의학연구소(National Research Council and Institute of Medicine: NRCIM)"의 "청소년을 위한 지역사회단위 프로그램 위원회(Committe on Community-Level Programs for Youth)"에 의해 2000년대 초에 수행되었다. 동 위원회의 연구보고서는 청소년의 건강한 발달과 복리를 증진시키고 성공적인 성인기로의 전이를 촉진하는 일련의 개인적 사회적 자산을 규명하였다. 이러한 자산은 신체, 지적, 심리적·정서적, 사회적 발달이란 4개의 넓은 발달영역으로 구분된다. 연구자들은 개인들이 성공적으로 성장하는 데에는 반드시 모든 범주의 자산들이 필요한 것은 아니지만 각기 다른 영역에서의 다양한 조합의 자산들이 서로를 상쇄(offset)할 수 있다고 본다. 그러나 보다 많은 자산을 갖는 것은 적게 갖는 것보다 더 낫고, 모든 4가지 영역에서 강한 자산을 가지고 있는 개인들의 삶이 더 나아진다는 것이다(NRCIM, 2002).

서치연구소와 전국연구협의회 및 의학연구소(NRCIM) 분석틀은 공통된 것을 많이 가지고 있다. 서치연구소의 "외적 자산" 범주는 긍정적 청소년발달을 지지하는 데 요구되는 상황에 대해 강조하는 내용을 포함하고 있으며, 전국연구협의회 및 의학연구소(NRCIM)는 긍정적 청소년발달에 알려진 8가지의 환경적 특징을 규명한다. 두 가지 연구 모두 지역사회 단위에서의 청소년에 대한 지지의 필요성을 강조한다. 전국연구협의회 및 의학연구소(NRCIM,

2002: 10)의 보고서에서는 "그들을 위한 발달적 기회가 풍부한 지역사회에서 시간을 보내는 청소년들은 보다 적은 위험부담을 경험하며 높은 비율의 긍정적 발달에 관한 증거를 나타내 보인다."고 밝히고 있다.

2002년 중반 기준, 전 미국에서 7백 개의 지역사회들이 서치연구소의 자산구축분석틀을 지역사회 자산구축 이니시어티브를 시작하기 위해 사용했다(Benson, 2002). 이러한 국가적 운동은 서치연구소에서 "건강 지역사회-건강 청소년 이니시어티브(National Healthy Community-Healthy Youth Initiative)"를 통해 조직화되고 지지되었다. 수많은 연구원들, Scales, Benson, Roehlkepartain, Hintz, Sullivan 및 Manners(2001)를 포함하여, Granger(2002) 및 Mannes, Roehlkepartain, and Benson(2005)은 서치연구소(Search Institute)와 전국연구협의회 및 의학연구소(NRCIM)의 자산중심 접근법들을 긍정적 청소년발달과 연결된 상황에 관한 연구를 수행하는 기반으로서 활용했다.

2) 6가지 Cs 접근법

두 번째 분석틀은 원래 4Cs로 알려진 것으로 점차 학자, 실행가 및 정책결정가들 가운데 영향력이 증가하고 있는 것이다(Little, 1993). 당초 4Cs는 자신감(confidence), 역량(competence), 연결(connection) 및 성품(character)의 영역에서 바람직한 발달 성과에 관한 범주를 말한다. Eccles와 Gootman(2002), Roth와 Brooks-Gunn(2003), 그리고 Lerner(2004)는 이러한 4Cs과 함께 잠재적으로 다섯 번째 C인 돌봄(caring) 또는 연민(compassion)을 긍정적 청소년발달 촉진을 위한 지역중심 프로그램의 목적과 성과를 이해하는 데 중요한 영역으로 보고 각종 연구와 실천으로부터의 증거를 검토했다. 그리고 그러한 결과는 그들의 공통적 접근이 의미가 있었으며, 이러한 발달 성과의 획득가능성(attainability)과 바람직함(desirability)을 지지하는 광범위한 경험적 증거를 통해 많이 수용되는 결과를 초래하였다.

긍정적 청소년발달의 5개 C에 대한 개념 정의는 Roth와 Brooks-Gunn(2003) 및 Lerner(2004) 등이 제시한 것이며, Lerner et al.(2005: 23)에 요약되어 있다. 최근에는 기여(contribution)라는 여섯 번째 Cs가 제시되었다(Pittman, 2000; Lerner, 2004). 기여는 "참여(participation)"와 "영향(influence)"으로 구성되어 있다(Pittman, Irby, Tolman, Yohalem, & Ferber, 2003: 11) 그리고 봉사학습(service learning), 시민적 관여(civic engagement) 및 청소년조직화(youth organizing)의 분야에서의 연구로부터 증거가 나오고 있다. 기여(contribution)의 범주는 청소년리더십에 관한 문헌에서 널리 고찰되고 있다.

(1) 역량(Competence)

사회적, 학문적, 인지적 및 직업적인 것을 포함하는 영역 특화적인 분야에서의 삶들의 행동에 관한 긍정적 견해를 의미한다.

- 시민성 · 사회적 능력: 집단 · 조직의 다른 사람과 협동하여 일하는 능력, 타인과 원만한 관계 및 친구 보살피기를 지속하는 능력
- 문화적 능력: 다양한 배경, 이해 및 전통을 가진 개인이나 집단에서의 차이를 긍정적으로 반응하고 존경하는 능력 · 동기
- 신체 건강: 자신과 타인의 현재와 미래의 신체적 건강을 위해 최고의 방법으로 행동하기

- 정서적 건강: 긍정적-불리한 상황에 적응하여 적극적으로 대처하는 능력, 자신의 감정 및 주위환경에 대한 성찰적 능력, 여가와 놀이에 참여하기
- 지적능력: 학교에 다른 장소에서 학습하기, 고등학교fmf 졸업하기 위한 기본적 지식의 획득, 비판적 사고, 창의적 기술, 문제해결기술 및 표현기술의 능력, 자기주도적 학습의 실천
- 취업능력: 목적에 도달하기 위한 필요한 단계, 경력 및 선택을 포함해서 취업을 위해 필요한 기능적-조직적 기술의 획득

(2) 자신감(Confidence)

전반적인 긍정적 자기가치 및 자기효용성(self-efficacy)에 관한 내적 지각; 영역 특화적인 신념에 반대하는 것으로서의 자기존중(self-regard)에 관한 지구적 의식(global sense)을 포함한다.

- 미래 및 전문가적 감각: 삶에 있어 진보의 인지능력, 미래의 계속적 진보에 대한 기대
- 자기효능감: 기여할 수 있는 존재이자 다른 사람의 기여를 인정하는 능력

(3) 성품(Character)

사회적 문화적 규칙에 대한 존중, 올바른 행위에 대한 기준의 소유, 옳고 그름(morality)에 대한 의식과 고결성(integrity)과 관련된다.

- 책임감 · 자율성: 자신의 실천 및 의무에 대한 책임감, 일상생활의 독립성과 조절능력

• 자기인지 및 정신적 충만감
• 자신의 성격이나 개인에 대한 인지

(4) 연결(Connection)

개인과 동료, 가족, 학교 및 지역사회 등 당사자들이 그 관계성에 기여하는 것 사이에서의 양방향적 교환에 반영된 사람과 기관의 긍정적 유대를 의미한다.

• 멤버십과 소속감: 지역사회 구성원으로 참여, 다른 사람과 지속적인 관계형성
• 안전과 구성(structure): 부상과 피해로부터 보호하기 위한 적합한 음식 섭취, 휴식처 및 안전제공

(5) 돌봄(Caring/Compassion)

다른 사람에 대한 동정(sympathy)과 공감(empathy)에 대한 지각(sense) 등과 관련된다.

(6) 기여(Contribution)

긍정적 청소년발달 문헌은 발달적 성과(6번째 Cs)에 관해 초점을 맞출 뿐만 아니라, 청소년들이 이러한 성과를 달성하도록 하는 상황에 초점을 둔다. Pittman과 Ferber(2003) 등은 긍정적 청소년발달을 위해 필요한 "서비스, 지지 및 기회"에 관한 연구적 증거를 요약하였다.

• 서비스(Service): 기본적 돌봄(care)과 서비스, 안정된 장소

- 지지(Supports): 건강한 관계성, 역할 모델, 자원 및 네트워크, 높은 기대와 분명한 가이던스
- 기회(Opportunities): 질 높은 지침(instruction), 훈련(training) 및 비형식 학습(informal learning), 도전적 역할과 책임(challenging roles and responsibilities)

청소년들이 가족, 학교 및 이웃 등을 포함하는 범주와 관련된 상황에서 이러한 기회에 접근해야 한다는 견해는 많은 문헌에서 제시되고 있다. 그것은 또한 청소년발달을 지지하는 상황이 대체로 결여되어 있으며, 주로 청소년단체들이 이러한 발달적 기회를 제공하는데 중심적 역할을 한다는 것을 분명히 하고 있다.

3) 사회정의 청소년발전 접근법

세 번째의 긍정적 청소년개발모델은 청소년발달에 대한 사회적 정의 지향의 접근법의 원칙, 실제 및 성과에 초점을 맞춘다. 이 접근법은 그것이 청소년을 자신들의 삶에 영향을 끼치는 사회정치적 요인들에 관하여 비판적 의식을 개발하도록 한다는 점에서 다른 청소년발달 접근법과는 다르다. Ginwright와 James(2002)에 의하면, “비판적 의식의 발달은 전통적 청소년발달 분석틀에서 열거하는, 신체적, 심리적 안전, 정서적 도덕적 지지 및 지지적 성인 관계성 등과 같은 일련의 원칙을 포함”한다(p. 41).

그러나 저자들은 전통적 긍정적 청소년개발 접근법과는 대조적으로, 사회정의 청소년발달은 청소년들이 직면하는 사회적 상황에 관해 보다 분명하게

강조하며, 청소년을 자산으로서만 보는 것이 아니라, 변화의 주체(agents)로 보고, 행동주의(activism), 시민적 관여(civic engagement) 및 비판적이며 의식적인 시민을 육성한다(Ginwright & James, 2002: 40).

전통적 긍정적 개발 프로그래밍이 "정의 세계"라는 전제에 입각하고 있는 반면, 사회정의 청소년개발은 그 시작점으로서 부정의를 인정한다. 그리고 청소년들에게 자신들의 개인적 집합적 발달 기회를 침해하는 부정의한 조건(unjust conditions)을 인식하고 도전하기 위해 힘의 부여를 추구한다(Watts, Williams, & Jagers, 2003). 사회정의 청소년발달 분석틀은 주로 도시의 유색청소년을 포함하는 연구(Watts, Williams, & Jagers, 2003; Ginwright & James, 2002), "주류 청소년개발 문헌에서 대체로 무시되어 온" 사람들(Ginwrimes, 2002: 28)을 포함하는 연구로부터 나온 증거에 입각하여 구축되었다. 이 접근법은 빈곤, 인종주의 및 성차별주의(sexism) 등과 같은 사회문제의 원인들에 초점을 맞춘다는 점에서 구별되며, 긍정적 청소년개발의 주요 개념들과 관련된 성과들은 중요하지만, 불충분하다는 신념에 입각하고 있다. 전통적으로 긍정적 청소년개발에 관련된 성과에 더하여, 사회정의 접근법은 사회정치적 개발과 분석, 사회적 및 지역사회문제해결, 의사결정, 치료(억압으로부터) 및 역량개발, 지역사회 복리 및 정의로운 제도적 실천(just institutional practices) 등의 사회정치적 역량들을 강조한다(Ginwright & James, 2002: 41).

사회정치적 역량의 발달을 증진하는 실천들로 밝혀진 것에는 다음과 같은 것이 있다. 즉, 정치교육과 전략화, 권력관계의 방향, 정체성 발달, 사회적 불평등을 종식시키기 위해 일하기, 체계적 변화를 초래하기 위한 집합적 행동에의 참가, 지역사회 조직화, 조직문화에서 청소년문화를 널리 알리기 등이 포함된다(Ginwright & James, 2002: 34-35). 전통적 그리고 사회정의 청소년개발 분석틀의 원칙, 실천 및 성과들이 공통점이 거의 없는 것 같아 보이기도 하지만, 사회정의 청소년개발 프로그램을 포함하는 최근의 연구는 참가자들이 "그들의 일은 개인발달과 지역사회발달을 시간과 자원에 대해 경쟁하기보다는 각기 별개적인 것으로 보는 통합된 접근법을 통해 강화되었다"라는 점을 나타내주고 있다(Zimmerman, Chow, & James, 2005: 1). Hosan(2004: 67)은 유사한 결론에 이르렀는데, 사회정의 청소년개발 프로그램은 이슈 중심의 조직화를 지도력 개발, 서비스 학습, 문화적 가치향상(enrichment), 학술적 및 개인적 지지 구성요소 등과 통합하는 사회적 변화에 대한 하나의 전체적 접근법으로 특징화된다는 점을 보고하고 있다.

청소년개발 분석틀은 청소년을 "발달되는 자원"으로서 보는 공통된 견해를 갖는다(Lerner et al., 2005). 이러한 견해는 청소년의 긍정적 잠재성에 관한 증거의 대두로 인해 공통적인 연구성과를 제시하고 있다. 청소년리더십 개발에 대한 하나의 토대로서 역할을 하는 것은 이러한 청소년에 대한 긍정적 잠재성에 대한 신념이다.

Chapter 06

청소년활동과 역량개발

1 청소년활동의 개념과 특성

청소년활동은 우리나라 청소년업무의 형성과 발전의 역사를 통해서 가장 핵심적인 영역의 하나로 자리매김해 왔다. 청소년분야의 정체성을 확인하기 위해서는 "청소년분야가 왜 생겨났는가?"라는 물음과 함께, 학교를 중심으로 한 교육분야와는 다른 청소년업무의 성격을 이해해야 하는데, "청소년활동"은 하나의 중심내용이 되고 있는 것이다. 청소년활동은 또한 청소년의 역량개발을 위한 정책적· 실천적 노력을 포함하는 것으로 논의되면서 청소년업무 발전의 초기역사에서 나타나는 수련활동 중심의 내용에서 정책적으로는 문화활동과 교류활동까지 포함하는 것으로 확장되어 왔으며 참여와 권익증진을 위한 활동과 진로개발활동에 이르기까지 다양하게 전개되고 있음을 확인할 수 있다.

1) 청소년활동의 개념

청소년활동은 청소년을 대상으로 하는 활동으로서 활동의 목표나 과제는 인간의 발달단계에 따른 과업과 관련되어야 한다는 발상에 기초한 개념이다. 청소년과 관련한 "활동"을 광의적으로 보면 청소년들의 삶 자체로 볼 수도 있고, 협의적으로 보면, 야외에서 이루어지는 신체중심의 프로그램참가활동으로 생각할 수 있다. 그러나 청소년분야의 정책화와 관련하여 청소년활동을 이해하면 광의적이기보다는 협의적으로 이해되고 있음을 알 수 있다(천정웅·이용교·김혜원, 2009). 먼저, 청소년활동의 개념은 한국의 청소년업무가 본격적으로 국가정책화되기 시작한 시기인 1991년 한국청소년기본계획이 수립되면서 모든 계획의 중심에 수련활동을 상정하여 '청소년수련활동'이라는 법적 개념을 사용하기 시작하였고 "심신을 단련하고 자질을 배양하며 배움을 실천하는 체험활동으로써 청소년의 전인적 성장을 위하여 지식교육과 함께 필수적인 활동"으로 정의하였다.

이후 2004년에는 1991년 제정된 「청소년기본법」의 개정과 「청소년활동진흥법」의 제정으로 다양한 활동을 포함하는 상위 개념인 '청소년활동 개념'이 등장하게 되었으며, "청소년의 균형 있는 성장을 위하여 필요한 활동과 이러한 활동을 소재로 하는 수련활동·교류활동·문화활동 등 다양한 형태의 활동"으로 청소년활동의 개념을 정의하였다(청소년기본법 제3조 제3항). 청소년활동의 개념 안에 '수련활동', '교류활동', '문화활동'이 포함되었음을 알 수 있는데 이 개념들의 구체적인 의미를 「청소년활동진흥법」에 구체적으로 제시하였다.

청소년활동의 법적 개념과 함께 여러 연구자들의 정의를 살펴보면, "실생활에서 청소년의 자발적 참여에 의해 이루어지는 제반 체험중심의 활동"(김정명, 1991), "청소년들이 주어진 환경 속에서 개인적 또는 사회적 가치나 목표를 실현하기 위하여 행하는 모든 정신적 · 육체적 행위 일반"(한승희, 1995), "청소년기에 필요한 발달과업을 수행하기 위한 제반활동"(구태익, 2000), "청소년의 긍정적인 성장과 발달을 목적으로 하는 교육적 활동이며 청소년의 자발적 참여의지에 의해 발현되는 자율적 활동"(김진호 · 권일남 · 이광호 · 최창욱, 2009), "청소년들의 발달과업 및 성인으로서의 성공적인 삶을 위해 필요한 역량을 발전시키는 행동 또는 상호작용"(김윤나 · 박옥식, 2009) 등으로 언급하였다.

또한 "청소년기의 발달과업을 수행하기 위해 자발적으로 참여하는 체험활동"(김현철 · 최창욱 · 민경석, 2010), "청소년들이 주어진 환경 속에서 개인적 또는 사회적 가치나 목표를 실현하기 위해 행하는 모든 정신적, 신체적 행위 일반을 지칭하는 것"(천정웅 · 오해섭 · 김정주 · 김민, 2017) 등 다양한 정의들이 있다. 여러 정의들을 통해 공통적으로 드러나는 청소년활동이 강조하는 바를 정리하면 발달과업의 수행, 자발적 참여, 체험활동 등 세 가지로 축약된다. 즉, 청소년활동은 정신적 · 육체적 변화를 겪고 있는 청소년들이 하는 활동으로 자발적인 참여가 무엇보다 중요한 활동이며, 궁극적으로 청소년들의 정신적, 신체적 바른 성장을 위한 활동으로서 단순한 활동이 아닌 학습과 교육, 훈련의 의미를 지니는 것이라 할 수 있다.

2) 청소년활동의 특성

청소년활동은 생물학적, 인지적, 사회적 변화와 더불어 성숙을 이루는 청소년기 발달과업 중 하나인 자아정체감을 확립하는 것에서부터 다른 사람들과 원만한 관계를 유지하는 등의 사회성에 이르기까지 청소년의 긍정적인 발달을 도울 뿐 아니라 성장과정에서 유해한 요인들을 감소시킴으로 인해 청소년들의 성장에 중요한 보호요인으로 작용하고 있다. 구체적인 청소년활동의 특성들을 다음 몇 가지로 볼 수 있다.

① 자발적인 학습에의 흥미나 관심은 항상 활동의 에너지가 되며 임의적인 참가를 할 때 청소년의 즐거움이나 흥미를 추구하는 관심을 정확히 선택하는 것이 무엇보다도 절실히 요구된다.
② 청소년활동은 학교에서의 정규교육과정과는 달리 참가자의 직접경험이 중시되며(learning by doing), 이것이 청소년들의 자생적인 힘이 되어 주체성의 발달을 가져온다.
③ 청소년활동은 모험심, 탐구심, 교우관계, 자연접촉, 근로체험 등의 직접경험을 통해 학습이나 사고보다 내면화하고 태도나 행동을 형성하는 데 도움을 준다.
④ 청소년활동은 청소년들의 연대와 협조, 협력과 신뢰, 책임과 의무감의 감각을 형성하게 하는 데에 기여한다.

그 밖에도 청소년활동의 특성은 활동 유형에 따라 다양하게 제시될 수 있으며 일반적인 의미에서는 청소년을 중심으로 이루어지는 활동, 목적을 지향하는 활동, 청소년의 자발적인 참여의지에 의해 발현되는 자율적 활동, 체험적인 활동, 도전적인 활동으로도 정리할 수 있다.

청소년활동은 청소년의 균형적인 성장을 위해 심신단련, 자질배양, 취미개발, 정서함양, 사회봉사 등의 체험을 통해 덕과 체를 함양하기 위한 활동으로 다음과 같은 특성을 갖는다(천정웅 · 오해섭 · 김정주 · 김민, 2015).

① 목적성을 가지고 있고 자유로운 선택에 의해 이루어진다.

② 자율성을 가지고 있으며 개인이 혼자서 행하는 것이 아닌 타인과의 유대관계를 통해서 경험하고 배운다.

③ 조직적이고, 스스로 선택한 새로운 일들을 직접 실천한다.

④ 체험적 특성을 띠고 있으며 어려운 문제를 피하지 않고 직접 부딪쳐서 해결할 수 있도록 진취적인 사고를 배양한다.

⑤ 모험적 활동을 포함한다.

2 청소년활동의 주요 영역

1) 단체활동

청소년단체란 청소년이 공동체 활동에서의 상호작용을 통해 개인역량을 함양하는 동시에 미래의 건전한 사회구성원으로 성장하는 데 필요한 태도와 능력을 배양시키는 비영리 사회단체이다. 「청소년기본법」에서는 청소년단체를 "청소년육성을 주된 목적으로 설립된 법인이나 대통령령으로 정하는 단체를 말한다."라고 규정하고 있으며, 청소년단체의 역할에 대해서는 '학교교육과 서로 보완할 수 있는 청소년활동을 통한 청소년의 기량과 품성 함양', '청소년복지 증진을 통한 청소년의 삶의 질 향상', '유해환경으로부터 청소년을 보호하기 위한 청소년보호 업무수행'으로 규정하고 있다(청소년기본법, 2019). 단체활동의 기능은 ① 청소년의 인성・품성 함양과 신체적・지적・정서적・사회적 발달 도모, ② 올바른 국가관 확립 및 바람직한 민주시민으로의 성장지원, ③ 창의적 사고능력 및 잠재능력 계발 유도, ④ 청소년기의 인성교육 부재로 인한 각종 사회문제(폭력, 자살, 가출, 중독, 음주・흡연 등)의 예방과 치유 등이다.

청소년단체는 그 단체마다 고유의 설립목적에 따라 여러 유형이 있으며 국가 및 지방자치단체는 청소년단체의 조직과 활동에 필요한 행정적인 지원과 운영・활동 경비의 일부를 보조할 수 있도록 하고 있다. 또한 개인・법인・단체는 청소년단체의 시설 및 운영을 지원하기 위하여 금전 등 그 밖의 재산을 출연할 수 있도록 하였다.

단체별로 설립취지가 상이하지만 청소년단체들이 가진 공통적이고 기본적인 운영 원리는 청소년의 자질 함양과 인성발달을 도모한다는 점이다. 청소년단체가 행하는 주된 활동은 청소년들에게 심신수련의 기회를 제공함으로써 올바른 국가관과 윤리관을 심어주고, 창의성・사회성 등을 개발하여 민주시민으로서의 자질과 인성을 함양시키며, 지・덕・체의 균형적 발달을 추구함으로써 청소년을 전인적인 인간으로 기르고자 한다. 집단적 활동으로서, 개인차의 고려라는 측면과 사회성의 개발이라는 측면을 조화시킬 수 있기 때문에 참여자의 자율성과 자발성이 강조되면서도 집단 전체의 목적을 달성하는 데 필요한 협동성, 자주성, 책임감, 소속감, 봉사정신 등 민주시민으로서의 자질을 획득할 수 있는 것은 청소년단체활동이 가진 장점이라고 할 수 있다(조달현, 2018).

2) 동아리활동

청소년 동아리활동은 학교에서 서로 동일한 취미와 특기, 적성, 관심사와 가치관을 가진 청소년들이 모여 자신의 소질과 적성을 개발하고 발전시킴으로써 자아실현의 기초를 형성하고 사회성과 협동심을 기르며 다양한 자기표현 능력을 신장시키기 위해 학교나 지역사회 시설 및 기관을 활용하여 운영하는 활동이다(신은경・윤경・김진강, 2016). 청소년 동아리활동은 자치활동으로서의 특성과 또래집단으로서의 특성, 여가활동으로서의 특성 및 지역사회 연계 수단으로서의 특성을 가지고 있다(김정주・김용태・성기원, 2003).

첫째, 동아리활동은 자발적인 참여에 의해 청소년들 스스로가 자신의 조직을 구성하여 활동을 전개함으로써 민주시민으로 성장하기 위해 필요한 자질을 키우고 청소년의 권리를 옹호하며 건강한 삶을 체득하는 활동이라는 점에서 자치활동의 특성을 갖는다.

둘째, 비슷한 연령대의 매우 친한 친구들이 소집단을 이루어 새로운 대인관계를 형성하거나 새로운 지위와 역할을 담당하게 되며 청소년 세계의 공통적인 경험과 가치관, 사고체계를 형성하는데 영향을 주기도 하고, 사회적 기술과 전력을 배우고 습득할 수 있는 기회가 되는 또래집단으로서의 특성을 갖는다.

셋째, 비슷한 관심이나 취미를 가지고 있는 또래나 선배, 후배들과 동아리를 구성하고 참여함으로써 여가시간을 활용할 수 있으며 사회참여의 기회와 자신의 잠재력 개발의 기회로 활용될 수 있다는 점에서 여가활동으로서의 특성을 갖는다.

넷째, 동아리활동 과정에서 봉사활동 참여나 지역사회문제해결을 위한 참여활동 등을 통하여 청소년들은 지역사회 구성원으로서 참여할 기회를 가지며, 이를 통해서 민주시민으로서 역량을 개발할 수 있다는 점에서 지역사회 연계 수단으로서의 특성을 가진다. 이러한 특성들로 인해 동아리활동은 청소년의 여가생활의 수단으로서 뿐만 아니라 청소년발달과 직접적인 관련이 있으며 더 나아가 사회참여의 수단으로 활용될 수 있다.

최근의 동아리활동의 양상을 살펴보면 다음과 같은 동향을 알 수 있다.

첫째, 자의로 구성된 소규모 동아리 모임이 증가하고 있다. 이와 같은 소규모 동아리 모임은 청소년들의 이타적이고 배타적인 또래집단으로서 보다 더 자유롭고, 강제성이 없으며 최소의 책임감과 소속감을 갖고 활동을 하는 자의로 구성된 사모임의 특징을 갖는다.

둘째, 동아리활동의 장이 사이버공간으로 확장된다는 점이다. 멀티미디어의 발전과 다양한 통신망의 구축 및 컴퓨터와 스마트폰으로 연결된 인터넷을 통한 정보화 사회로 인해 사이버공간은 관심 분야에 대한 토론장 및 정보교환의 장으로 활용되어 청소년들의 자유로운 동아리활동 공간이 되었다.

셋째, 동아리활동에 대한 선호도가 변화되고 있다는 점이다. 문학동아리나 독서동아리 등과 같은 전통적인 학습 동아리활동은 감소하는 반면 댄스, 공연, 음악 등의 동아리활동이 청소년들의 관심과 선호를 받고 있다(전희일 외, 2018).

3) 봉사활동

자원봉사활동이란 "청소년들이 사회문제의 예방 및 해결 또는 국가의 공익사업을 수행하고 있는 공식조직에 자발적으로 참여하여, 영리적인 보상을 받지 않고서도 인간존중의 정신과 민주주의 원칙에 근거하여 낯선 타인을 상대로 필요한 서비스 구현을 통해 자아실현을 성취하고자 하는 지속적이고 계획적인 활동"을 말한다. 청소년 자원봉사는 개인, 가족, 동아리·단체 등의 유형으로 활동에 참여하며, 일손돕기·환경미화·취약계층 활동보조 등의 노력봉사, 학습지도・멘토링・공부방 운영지원 등의 교육봉사, 지역행사 운영・보조, 캠페인 활동 등의 문화봉사, 청소년들의 다양한 재능을 활용한 재능봉사 활동 등 다양한 종류의 활동이 이루어지고 있다(여성가족부, 2022).

청소년 봉사활동은 일반적인 봉사활동의 정의와 함께 일종의 체험학습의 성격을 띠며, 인성개발을 바탕으로 하는 교수학습의 과정에서 통합되는 교육행위의 개념도 포함한다(한국청소년개발원, 1994). 즉, 봉사활동은 조직화된 봉사과정을 통해서 무엇인가를 배우고, 자신을 개발시키는 경험학습의 교육과정으로써 청소년 스스로가 학교에서 학습한 지식, 가치관, 기술을 바탕으로 지역사회에 대한 책임감을 가지고 개인 또는 집단으로 행하는 학습활동이다. 청소년들은 봉사활동을 통해 이타성, 사회적 책임감, 협동심, 정직성 등의 인성을 개발할 수 있다(김보현, 2011).

적절한 봉사활동은 다음과 같은 특징을 가지고 있어야 한다(김병진, 2018). 첫째, 교육적 목적으로 지도되는 체험활동이다. 청소년들이 하는 봉사활동은 완전히 자발적인 활동이라기보다는 교육의 목적을 가진 활동이라는 점이다. 학교나 청소년 자원봉사센터를 통해 지도되고 평가되는 학생 자원봉사활동은 개개인의 완전한 자유의지에 따른 자발적인 활동이라기보다는 교육적으로 지도되고, 안내되고, 조정되며 평가되는 활동이다.

둘째, 학교계획에 의한 봉사활동과 개인 계획에 의한 봉사활동으로 나누어진다. 청소년 자원봉사활동은 학교계획에 의한 봉사활동과 학교장의 승인을 받은 개인의 계획에 따라 이루어질 수 있다. 청소년들이 참여하는 봉사활동은 청소년의 성장을 돕고, 사회에 이바지할 수 있어야 하며, 교육적으로 의미 있는 활동이어야 한다.

셋째, 발달단계를 고려한 적절한 활동 안내가 이루어져야 한다. 청소년들은 각 나이에 따라서 신체적・지적・사회적・도덕적 측면 등에서 현저하게 다른 발달 상태를 나타낸다. 따라서 학교급별에 따라 봉사활동 지도의 초점과 활동영역, 내용 등이 달라져야 한다.

4) 참여활동

청소년참여는 다양한 형태로 이루어질 수 있지만, 제도적으로는 청소년참여기구를 비롯해 학급회의, 학생회 등 주로 자치활동을 중심으로 전개되었다. 이 가운데 청소년참여기구는 청소년특별회의, 청소년참여위원회, 청소년운영위원회를 통칭하는 개념이다. 구체적으로, 청소년특별회의는 「청소년기본법」에 근거하여 설치·운영되는 것으로, 청소년 관련 정책의 설정·추진·점검 과정에 청소년분야 전문가와 청소년이 함께 참여하는 청소년특별회의를 개최하도록 규정하고 있다(「청소년기본법」 제12조). 청소년참여위원회는 중앙부처와 지방자치단체에서 청소년정책이나 활동에 대한 정책 자문 및 건의, 의견수렴을 위해 운영하는 청소년으로 구성된 자치기구를 뜻하며(「청소년기본법」 제5조의2), 청소년운영위원회는 청소년단체나 시설에서 청소년이 사업 및 프로그램 운영에 관한 의사결정 과정에 참여할 수 있도록 보장하는 자치기구를 말한다(「청소년활동진흥법」 제4조). 이와 같은 청소년참여기구는 청소년이 직접 청소년 관련 정책 추진과정 및 시설의 운영에 참여할 기회를 보장받는다는 점에서 의미가 있다.

청소년참여의 주요 영역을 크게 또래중심 참여, 지역중심 참여, 정책과정 참여, 단체자율 참여, 사이버 참여 등 5가지로 구분할 수 있다(천정웅, 2012). 또래중심의 참여는 흥미와 관념을 개발하고 친밀한 또래와의 관계를 형성하는 자신들의 능력을 시험하고 부모에 대한 심리적 의존심을 버리도록 도와준다. 또래상담, 자율법정활동 등의 경우가 이에 해당한다. 지역중심의 참여는 지역사회가 구체적이고 원천적인 생활의 거점이며, 청소년들의 관습과 태도, 가치의식을 길러주는 실천적 현장이라는 두 가지 측면에서 의미가 있다. 정책과정의 참여는 청소년들이 자신들의 생활에 영향을 주는 지역사회와 국가의 청소년 관련 정책이나 행정과정에 관심을 갖고 그에 대해 의견을 제안하고 건의함으로써 정책결정과정에 개입하고 영향을 미치고자 하는 활동이다. 단체자율참여는 청소년단체나 청소년시설 등을 통한 조직적·집단적 수련활동과 체험적 생활을 전제한 것이다. 사이버참여는 사이버공간이 정보화사회의 중요한 의사소통 수단으로 대두되고 있고 청소년들이 그 주역으로 부각되고 있는 현실을 바탕으로 하여 청소년들이 사이버공간을 통하여 참여하는 것을 말한다.

5) 국제교류활동

청소년 국제교류는 협의적으로 '청소년집단이 외국과 직접적인 접촉을 통하여 조직적으로 이루어지는 활동'으로 정의할 수 있으며(강경표, 2003), 광의적으로는 '청소년의 직접 접촉 없이도 청소년의 지적, 신체적, 정신적인 면에 있어서의 바람직한 변화를 목적으로 일정기간 동안 청소년 개인, 청소년 대표 또는 동아리, 단체 등의 청소년집단에 의하여 이루어지는 외국과의 인적, 물적, 문화적, 사상적인 교류활동'을 포괄하는 것으로 그 범위가 점차 확장되고 있다(김주희·곽성현, 2015).

청소년 국제교류활동의 목적은 '지구촌 사회의 문화적 이해를 통한 평화적·공동체적 삶을 창조하고 지구촌 문제의 공동해결을 위하여 공동체나 지역사회 공동체 등과 함께 하는 삶에 대한 의식과 행위를 배우고 익혀 지구촌 및 지역사회 공동체를 형성·발전시키는 것'이다(한국청소년개발원, 2004). 국내의 학생 국제교류는 실시 주체에 따라 크게 학교를 비롯한 공교육기관의 국제교류 프로그램 및 세계시민교육과 아동관련 사회교육기관의 국제교류 프로그램 및 세계시민교육 등으로 구분할 수 있다.

청소년 국제교류의 효과는 다음과 같다(김지윤, 2019). 첫째, 상호 우익의 증진이다. 국제교류의 참여자는 프로그램의 참여를 통하여 문화와 자원 등을 교류하여 다른 참여자와 언어와 문화, 자원 등을 공유하면서 타 문화를 이해하고, 이전에는 알지 못하였던 새로운 지식을 형성한다. 또한 교류를 통하여 다른 참여자와 상호 관계를 형성함으로써 우애를 증진할 수 있다.

둘째, 개인 및 집단의 역량강화이다. 국제교류 참가자의 세계시민성 지표의 개인 역량으로는 판단력과 문제해결능력 등의 리더십 형성, 외국어 능력의 향상 및 표현에 대한 자신감, 참여자 간의 네트워크 및 관리 능력, 창의력과 도전정신의 증진 등이 포함된다. 집단적인 차원에서의 역량은 주로 배려와 대인관계 능력 등의 소통관련 능력과 국가 차원에서의 공헌과 사회통합 등의 역량으로 생각하여 볼 수 있다.

셋째, 세계시민성의 함양이다. 세계시민의식이란 세계시민으로서 책임감을 가지고 전 세계와 연결된 연대감을 갖는 세계관이다(Hett, 1993). 세계시민의식의 함양은 청소년 국제교류의 궁극적 목표로서 교류에 참여하는 청소년들이 다양한 활동에 참여하면서 생존과 경쟁 같은 경쟁주의적 사고에서 벗어나 더욱 넓은 시야를 가지고 세계를 바라볼 수 있도록 한다.

3 청소년활동과 청소년역량개발

1) 역량의 개념과 구성요소

(1) 역량의 정의

역량(Competency, Competence)은 사전적인 의미로 어떤 일을 해낼 수 있는 힘 또는 그 힘의 정도를 뜻한다. 그리고 역량과 비슷한 의미로 사용되고 있는 단어로는 능력(ability)과 기술(skill)이 있는데, 능력이란 일을 감당해 내는 힘을 뜻하며, 기술이란 만들거나 짓거나 하는 재주 또는 솜씨, 어떤 일을 효과적으로 할 수 있는 방법이나 능력 등을 뜻한다. 이와 같이 역량은 능력과 비슷한 뜻으로 해석될 수 있으며, 기술은 세부적인 어떤 것을 해내는 것으로 능력의 하위개념으로 볼 수 있다.

역량에 대한 정의는 무척 다양하고 광범위하기 때문에 어느 하나의 개념으로 정의하기란 어렵다. 역량의 개념은 “개인이 수행하는 직무에서 실제로 성과가 나타나도록 사람이 보유하고 있는 능력을 바탕으로 결과를 남기기 위해 취한 행동을 지칭”하거나 기업이나 작업장과 같은 조직 차원에서 직무수행과 관련하여 평균적인 수행자들과 구분해 주는 우수한 업무수행자들의 개인적 특성이나 자질을 지칭하는 것으로 1970년대 초에 등장하였다(이현재, 2013). White(1959)는 역량을 구체적인 상황에서 수행할 수 있는 것으로서, 타고나는 것이 아닌 길러지고 학습될 수 있는 특성으로 보았다(이명희, 2009). 심리학자 McClelland(1973)는 역량을 현장에서의 우수한 직무성과를 예측하게 하는 개인의 특성으로서, 실제 수행상황에서 성공적인 수행을 가능하게 하고, 평범한 수행자와 구분되는 우수한 수행자의 특성으로 정리하였다.

Boyatzis(1982)는 역량을 직무수행에 효과적이고 탁월한 성과를 얻을 수 있는 사원의 내재적인 특질이라고 정의하면서 역량 연구를 경영학 분야로 확장시켰으며 Spencer와 Spencer(1993)는 McClelland(1994)의 기본 개념을 보다 구체화시켜 역량을 직무나 특정 상황에서 준거가 되는 효과적이고 탁월한 수행성과에 직접 관련된 개인의 동기, 특질, 자아의식, 지식, 기능 등의 안정적이고 지속적인 특성이라고 정의하였다. 또한 Parry(1996)는 개인이 수행하는 직무의 주요한 부분들에 영향을 주고 직무 성과와 관련이 높고, 조직에서 널리 받아들여지는 성과기준에 대비하여 측정될 수 있으며 교육훈련과 개발을 통하여 개선될 수 있는 지식과 기술, 태도의 집합체라고 정의하였다.

이렇듯 역량에 대해서는 학자마다 다양하게 규정을 하고 있기 때문에 명확한 개념을 규정하기는 쉽지 않음을 알 수 있다. 그러나 이렇게 정리된 정의들 중에서 빠지지 않고 공통적으로 사용된 단어가 '능력'이라고 볼 수 있으며 능력은 '역량'이라는 것과 아주 밀접한 관계라고 연관지어 볼 수 있다(권일남, 2009). 이런 점에서 청소년활동과 관련한 측면에서 보면, 역량은 "자신이 소속된 환경 속에서 직무 혹은 업무와 관련하여 성공적인 결과를 이뤄내기 위해 개인의 동기, 특질, 지식, 기술, 태도 등이 비교적 장기간 지속적으로 나타나는 능력"으로 정의할 수 있다.

(2) 역량의 구성요소와 구조

역량은 지식, 기술, 태도의 구성요소로 분류하는 것이 일반적인데, 이러한 구성요소가 중요한 의미를 지니는 이유는 현재 상황이 아닌 미래 상황에서의 업무와 성격과 수행활동의 유형이 분명해지기 때문이다. 또한 어떠한 지식을 확보하고 어떤 기술을 지녀야 하며, 어떠한 태도로 추진해야 하는가가 매우 구체화되기 때문이다(장미, 2011). Spencer와 Spencer는 개발 가능성의 정도에 따라 동기, 특질, 자기개념, 지식, 기술의 다섯 가지 구성요소로 구분하였다.

첫째, 동기(motives)는 개인이 일관되게 마음에 품고 있거나 원하는 어떤 것으로 행동의 원인이 된다. 즉 동기는 목표를 향해 행동을 '촉발시키고, 방향을 지시하며, 선택하도록' 한다.

둘째, 특질(traits)은 신체적인 특성, 상황 또는 정보에 대한 일관적 반응을 의미한다. 감정적인 자기통제와 주도성은 다소 복잡한 형태의 "일반적 반응"이라고 할 수 있다.

셋째, 자아상을 포함하는 자기개념은 태도, 가치관, 자기상을 의미한다. 가치관은 주어진 상황에서 단기적으로 나타내는 반응적 행동에 영향을 주는 요소이다.

넷째, 지식은 특정분야에 대해 가지고 있는 정보를 의미한다.

다섯째, 기술은 특정한 신체적 또는 정신적 과제를 수행할 수 있는 능력이다. Spencer와 Spencer(1998)는 개인의 동기나 특질, 자기개념 등을 내적 측면으로 포함시켜 '직무에서 발휘되는 개인의 내적 특성'이라고 하였다(장미, 2011).

역량의 구성요소들은 [그림 6-1]과 같이 빙산모델로 제시되어 역량구조를 쉽게 파악할 수 있다. 빙산 위로 드러난 부분인 지식과 기술은 비교적 파악하기가 쉽다. 따라서 교육과 훈련으로 능력을 향상시킬 수 있지만 수면 아래에 자리 잡고 있는 동기와 특질, 자기개념은 평가하고 개발하기 쉽지 않다. 태도나 가치관은 다소 시간이 걸리고 어렵긴 하지만 훈련이나 심리치료 등을 통해 변화될 수 있을 것으로 보고 있다. 즉 선천적인 것일수록 개인의 내면에 깊숙이 내재되어 있어 발견과 개발이 어렵고, 표면에 드러난 것일수록 개발이 쉬운 경향을 지닌다고 할 수 있다. 따라서 역량은 내적인 특성과 경험이나 교육으로 인해 습득된 능력도 포함된다.

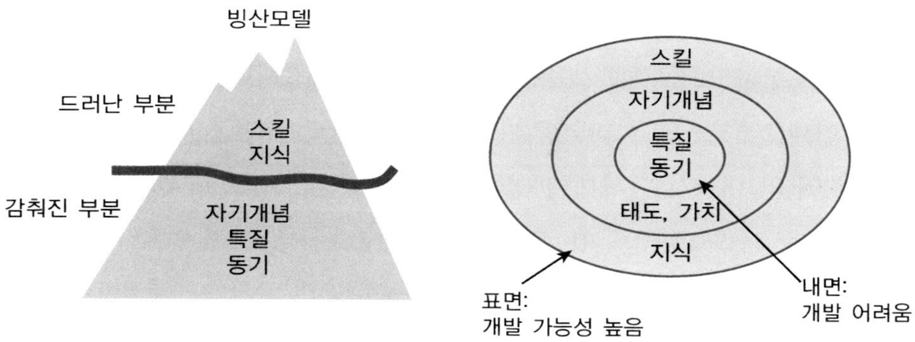

[그림 6-1] McClelland의 역량구조의 내면과 표면

출처: 장미(2011); Spencer & Spencer(1993).

2) 청소년발전 목표로서의 역량

(1) 청소년의 역량

학교라는 교육제도의 틀을 넘어선 일반 청소년에게 필요한 역량에 대한 논의는 최근에 들어 본격적으로 진행되었다고 볼 수 있다. 초기의 연구들은 청소년의 '역량'이라는 개념보다는 주로 청소년의 '개발' 또는 '발달'이라는 개념에 초점을 맞추었다. 이후 청소년과 관련된 다양한 영역에서 '역량'이라는 개념을 도입한 연구들이 속속 등장하면서, 같은 맥락에서 2008년 이후 청소년정책에서도 청소년의 역량에 대한 관심이 높아졌다. 청소년기의 핵심역량은 제5차 청소년육성정책기본계획(2013-2017)에서 기본계획 5대 영역 15개 중점과제로 청소년의 역량증진 활동 활성화를 위한 역량개발 인프라와 다양한 체험활동을 확대하고, 글로벌·다문화 역량을 키우는 한편 청소년의 인성 및 민주시민 교육을 강화한다는 주요 정책과제가 있었으며, 2023년 시행되는 최근의 제7차 청소년정책기본계획(2023-2027)에서는 5개의 대과제 중 첫 번째 정책과제로 "플랫폼 기반 청소년활동 활성화"를 제시하고 그 중과제로 4가지를 포함하고 있는데, 그 중 첫 번째로 "청소년 디지털 역량 활동 강화"와 두 번째로 "청소년 미래역량 제고"를 제시하고 있다.

핵심역량의 대표적인 사례는 OECD DeSeCo(Definition and Selection Key Competencies) 프로젝트로 이 연구는 생애 전반을 포괄하는 개념으로 생애핵심역량을 제안하고 있다. DeSeCo 프로젝트는 12개 국가(오스트리아, 벨기에, 덴마크, 핀란드, 프랑스, 독일, 네덜란드, 뉴질랜드, 노르웨이, 스위스, 미국 등)의 참여 속에 1997년부터 2003년까지 7년간에 걸쳐 추진되었으며 이 결과물로 생애핵심역량에 대한 개념적이고 이론적인 기초를 마련한 바 있다. 핵심역량이란 많은 가능한 역량 가운데 삶에 걸쳐서 반드시 필요한 몇 가지의 역량을 추출하기 위해서 도입된 용어이다. OECD의 DeSeCo 프로젝트는 바로 이러한 '핵심역량'을 규명하는데 초점을 둔 것이었다(소경희, 2007).

역량에 조직의 목표와의 연결을 강조하면서 성과 또는 결과에 가장 큰 영향을 미치는 요인이 '핵심'의 개념과 또 다른 면에서 직업생활에 일반인의 성공적인 삶으로의 영역으로 확대되면서 '생애'의 개념 접목이 이루어지면서 OECD에서는 생애핵심역량을 제안했다. 이는 첫째, 개인적, 사회적 수준에 높은 가치와 성광에 기여할 수 있는 능력, 둘째, 다양한 상황에서 중요하고 복잡한 요구나 과제를 해결하는 데 필요한 도구적인 역량, 셋째, 모든 개인에게 중요한 역량이라는 세 가지의 기준에 기초하여, DeSeCo 프로젝트에서는 생애핵심역량을 도구를 상호적으로 사용하기, 이질적인 집단과 상호작용하기, 자율적으로 행동하기 등의 세 가지 범주로 구분하고 있다.

생애핵심역량의 영역체계의 또 다른 분류는 미국의 EFF(The National

Institute for Literacy's Equipped for The Future)프로젝트인데, 이는 가족·시민·근로자로서의 역할을 수행하기 위한 13가지의 공통 활동과 16가지 일반기술을 제안하였는데, 특히 16가지 역량 요인에 대해서 의사소통기술, 의사결정기술, 대인관계기술, 평생학습기술 등 4개의 포괄적인 틀로 제시하고 있다. 그 외 뉴질랜드, 캐나다의 퀘벡주, 호주 빅토리아주도 교육과정 개혁안에 역량체계를 반영하였고, 벨기에는 다양한 상황과 맥락에서 융통성을 발휘하여 목적을 달성할 수 있으면 많은 문제와 과업을 해결할 수 있는 다기능적(multi-funtion) 역량을 핵심역량으로 정의하였다. 덴마크의 NCA(National Competence Account)는 DeSeCo의 연구를 기초하여 지식사회에서 자국민의 역량 성취 정도를 파악할 목적으로 척도를 제시하였고, 스위스의 청소년·성인조사도 역량을 측정하였다. 또한 캐나다는 HRDC에서 직업기초능력을 읽기, 문서활용, 쓰기, 수리, 구어적의사소통, 사고, 대인관계, 컴퓨터 활용, 지속적 학습능력으로 제시하였다(전명숙, 2012).

3) 청소년들이 획득해야 하는 역량목표

(1) 피트먼의 역량목표

청소년지원 조직들이 중요하다고 여긴 청소년개발 분야에 대한 검토에 기초하여 청소년개발 목표 또는 역량의 5가지 기본 분야가 개발되었다. Edginton(1994: 85)은 Pittman(1991)의 연구를 인용하여 다섯 가지의 기본적인 청소년 능력은, 성공적인 어른이 되기 위해서, 청소년을 돕는데 중요한 역할을 한다고 밝혀내고 정의 내렸다.

- 건강/신체적 역량: 청소년은 현재의 건강상태를 잘 유지하고 적절한 지

식, 태도 그리고 미래의 건강을 지키기 위한 행동(운동, 좋은 식습관, 영양)을 가질 필요가 있다.

- 개인/사회적 역량: 청소년이 습득해야 할 중요한 것으로 개인고찰기술(개인적 감정 이해 능력, 자기 수양 능력), 대인관계기술(타인과 함께 작업하는 능력, 의사소통, 협동, 공감하기, 협상을 통한 우정과 관계를 발전시키는 능력), 대처기술(적응능력, 책임을 떠맡는 능력), 그리고 판단기술(계획하기, 결정하기, 문제해결하기) 등이 있다.
- 인지/창의적 역량: 청소년은 폭 넓은 기초 지식, 창의적 표현의 영역을 인식/참여하는 능력, 훌륭한 구어, 문어 기술, 문제해결과 분석 기술, 학습과 성취에 흥미를 가지고 배우는 능력을 개발하는 것이 필요하다.
- 직업성 역량: 청소년은 직업(그리고 취미)에 대한 자각과 넓은 이해, 그리고 그것들에 대한 선택을 하는 능력을 발달시키는 것이 중요하다. 여기에는 직업에 대한 적합한 준비와 그 가치와 기능에 대한 이해가 포함된다.
- 시민성 역량(윤리와 준비): 청소년은 그들의 국가와 공동체의 역사와 가치를 이해하고, 국가와 공동체에 이바지하기를 바라는 것이 필요하다.

청소년이 이런 영역들을 숙달하여 나감에 따라, 그들의 성취감과 자부심도 향상된다. 청소년이 자신들에 대하여 좋은 기분을 느끼기 위해서는 무언가에 능숙해질 필요가 있다.

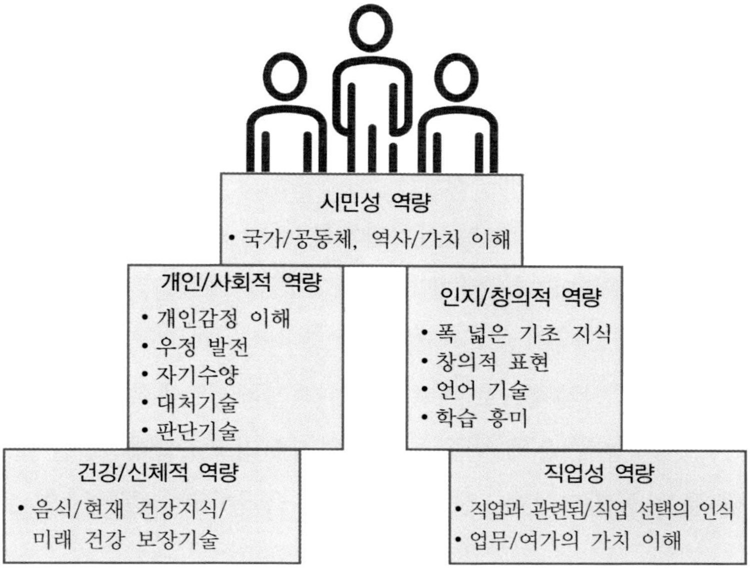

[그림 6-2] **청소년이 숙달해야 할 5가지 역량**

(2) 카네기보고서의 역량목표

1989년 카네기보고서(Carnegie Commission)는 Pittman의 모델과 유사한 청소년 역량개발을 보고하고 있다. 이 보고서에서는 건강한 청소년기 개발의 5가지 목표를 인지적, 사회적, 신체적, 감정적, 윤리적 개발로 제시하였다.

① 인지적 발달: 지식을 늘려나가고, 도덕적 사고와 추리기술을 발달시키고, 학업적 성취를 통해 능력을 가질 수 있음을 경험한다.

- 지식 확장하기
- 중요한 사고와 추론기술 발달시키기
- 학습 성취도를 통한 역량 느끼기

② 사회적 발달: 의사소통기술과 협상기술을 증대시키고, 또래와 어른 사이에서 의미 있는 대인관계를 가질 수 있는 능력을 증대시키고, 성인의 권리와 책임을 탐구한다.

- 의사소통과 협상기술 배우기
- 동료와 어른들과 의미 있는 상호관계를 위한 능력 배양하기
- 성인의 권리와 책임 탐구하기

③ 신체적 발달: 신체적으로 성숙해지기 시작해서, 사춘기 때 오는 변화를 이해하고, 신체활동을 통해 이동기술을 향상시키고, 신체건강을 유지할 수 있는 평생 운동을 발달하며, 신체적 위험을 극복하고 다룰 수 있는 능력을 배운다.

- 신체적으로 성숙해지고 사춘기에 일어나는 변화들을 이해하기 시작하기
- 신체적 활동을 통한 운동기술 배우기
- 평생의 신체적 건강을 촉진시키는 습관 배양하기
- 적당한 신체적 위험을 받아들이고 헤쳐 나가는 것을 배우기

④ 감정적 발달: 개인의 독자성을 개발하고 개인의 자주성과 통제에 대한 관리능력을 개발하며 적응, 의사결정, 스트레스 관리 기술을 발달시킨다.

- 개인의 자아의식 개발하기
- 개인의 자율성과 통제력 개발하기
- 대처, 의사결정 그리고 스트레스 해소 기술 개발하기

⑤ 윤리적 발달: 개인의 가치를 개발하고, 더 큰 사회의 대인 관계에서 책임감을 배양하는 것을 배우고, 의미 있는 방법으로 자신이 믿고 있는 가치와

신념을 적용한다.

- 개인적 가치 개발하기
- 보다 큰 사회에 관하여 책임감과 의무감 개발하기
- 가치와 믿음을 의미 있는 방법으로 적용하기

(3) 해밀턴의 역량목표

Hamilton, Hamilton과 Pittman(2004: 6)은 청소년발달을 이끌어 나가는 다섯 가지의 중대한 요소를 성격, 대인관계, 자신감, 헌신(돌보기/연민), 능력이라고 적었다. 능력이라는 것은 "어떠한 환경을 이해하고, 거기에 맞추어 행동하기 위한 좀 더 능률적인 지식과 기술이다. 능력은 외부환경이 호의적일 때 사람들이 원하는 것을 성취하거나, 환경에 적응하여 가능한 한 많은 것을 얻을 수 있게 하는 것이다"(Hamilton, Hamilton, & Pittman, 2004: 6).

그들은 긍정적 청소년발달을 용이하게 하는 개인적 자산과 사회적 자산을 다음과 같이 정리했다.

① 신체적 발달: 좋은 건강 습관과 좋은 건강 관리법을 지니는 것이다.
② 지적 발달: 살아가는 데 필요한 기술에 대한 지식, 심사숙고하는 법과 좋은 의사결정 및 다문화 환경에서 어떻게 대처해야 할지에 대한 지식을 포함한다.
③ 심리적·감정적 발달: 건전한 정신건강, 긍정적 자존감, 갈등을 해결할 수 있는 지식, 동기 부여 및 성취, 개인적 효율, 긍정적 사고방식, 영적 인지, 도덕적인 성격, 좋은 시간 관리, 효과적인 적응, 자기 관리 기술들이 있다.

④ 사회적 발달: 타인과의 신뢰관계 구축, 사회적 위치에 대한 이해, 소셜 네트워킹, 좋은 관습에 대한 믿음, 시민 참여의 실행이 있다.

(4) 미국 청소년클럽의 역량목표

청소년의 능력 성장은 가끔 자산의 회복과 비견된다. 그러한 능력과 자산은 프로그램 목표에 대한 기초의 역할을 한다. 청소년단체 중에서 "미국 보이즈 앤 걸즈 청소년클럽(The Boys and Girls Clubs of America)"에서는 청소년들이 프로그램과 서비스에 참여할 때, 얻을 수 있는 결과와 예상을 보여주는 역량목표의 예를 〈표 6-1〉과 같이 제시한 바 있다.

〈표 6-1〉 미국 청소년클럽에서 말하는 '역량'에 대한 설명의 예

학생들이 성공하기 위해 필요한 것 클럽에 있는 젊은이들에 대한 결과, 예상, 목표
• 긍정적인 개성: 청소년은 건전한 자아상, 자아 존중감에 대한 강한 신념, 미래에 대한 희망적인 마음을 가져야 한다. 그들은 환경에 적응하고 목표를 성취하고 자신 있게 그들 인생의 계획에 대한 결정을 내려야 한다. • 능력: 청소년은 성공을 위해 적극적으로 준비하는 지식, 기술, 전략, 태도를 가져야 한다. 청소년은 주어진 일을 지배하며, 그들이 잘 할 수 있는 일에서 두각을 드러내는 데 자신을 가져야 한다. 다음에 제시된 영역의 능력을 개발하여야 한다. • 교육: 청소년은 기본 교육 지침을 잘 따라야 하며, 기술을 사용하는 능력을 갖추어야 한다. 고등학교에서 졸업한 후에도, 그들은 삶에서 꾸준히 배울 기회를 찾아가야 한다. • 고용: 청소년은 인력으로서의 성공적인 기술과 특성을 갖추어야 한다. 새로운 능력을 꾸준히 개발하려는 의지와 함께 가지고 있는 기술의 경쟁력을 잃지 않도록 해야 한다. • 사회: 청소년은 타인과의 좋은 대인관계를 발전시키고 유지할 수 있어야 한다. • 감정: 청소년은 인식하고, 투사해 보고, 그들의 감정을 적합하게 표현하고, 스트레스를 관리하고, 긍정적이거나 부정적인 상황에 대처할 수 있어야 한다. • 문화: 청소년은 그들의 문화를 이해하고, 존중하며, 다른 문화도 응당 그렇게 해야 한다. 그들은 다문화사회에 기여할 수 있어야 하고, 각기 다른 사람들을 용인할 수 있어야 한다. • 커뮤니티와 사회 참여 : 청소년은 그들의 커뮤니티, 가족, 그리고 그룹에의 소속감을 느껴야 하고, 사회에서의 책임을 질 수 있어야 한다. 그들은 공익을 위해서 서로 협동할 수 있어야 한다. • 건강과 웰빙: 청소년은 건강한 삶을 살며, 정기적으로 신체활동에 참여해야 하며, 건강관리

시설과 접촉할 수 있어야 하고, 긍정적인 태도여야 한다. 그들은 개인 안전, 영양에 대해 좋은 선택을 하고, 알코올, 마약과 너무 이른 성적 접촉을 멀리하여야 한다.

The Boys & Girls Club Movement에서는 위에 적혀 있는 능력들을 발달하기 위해 지원을 아끼지 않으며, 즐겁고 유쾌한 활동을 청소년들에게 절대 보장합니다. 이것은 성공적인 클럽 프로그램이며, 그리고 그들의 삶을 성공으로 이끌어갈 수 있는 영향을 주며, 젊은이들과의 좋은 대인관계를 가질 수 있는 적합한 스탭(staff)들과 함께합니다.

출처: Boy's & Girl's Club of America (1998).

그러나 역량에 대한 이러한 접근법에 대해서는 비판도 제시되고 있다. 예를 들면, Edginton과 de Oliveira(1995)는 사회가 특정한 능력의 집합을 주목할 것이 아니라, 청소년으로 하여금 사회변화를 생각하고, 이끌어낼 수 있도록 장려해야 한다고 주장했다. Pittman, Irby, Ferber(2000: 4)는 "비록 역량이 중요하다지만, 그것만으로는 충분하지 않다"라고 말했다. "능력, 인성, 대인관계 없이는 기술이 쓰이지 않거나, 비생산적이고 반사회적으로 사용될 것"이라고 강조하였다. 이런 점에서 Delgado(2002)가 제시한 〈표 6-2〉와 같은 청소년발달의 원칙은 주목할 필요가 있다.

〈표 6-2〉 **청소년발달의 원칙**

- 청소년발달은 개인과 커뮤니티의 잠재성을 증대시키기 위해 고군분투해야 한다. 그 둘은 서로가 서로를 필요로 한다.
- 청소년발달은 청소년들의 뜻깊은 의사결정의 실제 적용을 그들의 프로그램을 넘어서는 수준으로 이루어져야 한다.
- 청소년발달은 인종/민족, 성별, 장애 여부, 성적 취향, 신분격차와 고정관념을 넘어서야 한다.
- 청소년발달은 커뮤니티 기반의 단체(공식 및 비공식)와의 연결고리를 만들어야 한다.
- 청소년발달 활동은 삶의 구성원의 세대교체에 맞물려서, 활동 환경 자체도 변화해야 한다.
- 청소년발달은 즐길 수 있는 기회와 배울 수 있는 기회를 동시에 제공하여야 한다.
- 청소년발달 활동은 청소년들에게 그들의 커뮤니티에 기여할 기회를 주어야 한다.
- 청소년발달은 청소년들이 뜻깊고, 평생 동안 할 수 있는 직업을 선택할 때 필요한 기술과 지식을 전달해 주어야 한다.
- 청소년발달은 가능한 한 모든 활동에 많은 필수적 요소들을 융합시켜야 한다.

출처: Delgado, M. (2002). p.164.

4 청소년역량개발을 위한 활동지도

1) 청소년활동과 청소년역량개발활동

청소년활동은 청소년 역량개발의 가장 중요한 기반과 수단이 되고 있다(천정웅, 2009). 청소년발달시기에 요구되는 중요한 역량을 강화하고 청소년들이 사회변화에 적극적으로 대처할 수 있는 융합인재로 성장하기 위해서는 청소년활동을 보다 활성화해야 한다(한국청소년활동진흥원, 2018). 청소년 역량개발에 따른 활동프로그램은 ① 비학술적 초점을 가진 학구적 주제를 제공하는 것, ② 활동적이고 체험적인 방법을 사용하는 것, ③ 유능성을 증진하는 것 등의 세 가지 기준이 있다(천정웅・이용교・김혜원, 2009 재인용). 특히 역량개발을 위한 청소년활동 프로그램에서는 청소년들이 ① 다른 사람의 복지에 기여하는 지역사회봉사 프로젝트를 적극적으로 계획하는 일, ② 새로운 유능성을 획득하고 그것들과 새로운 역할을 적용하거나 실천할 수 있는 것, ③ 그들의 경험을 학교에 연결하는 것, ④ 성인, 가족 및 비가족 그리고 동료들과 밀접히 협동적으로 일하는 것, ⑤ 적절한 과업과 결과를 가진 '실제' 프로젝트에 참여하는 일 등의 기회를 가질 때 가장 큰 이점을 얻는다(Zeldin, Kimball & Price, 1995).

청소년에게 중요한 생활기술들은 학교에서보다 학교 밖의 프로그램을 통해 좀 더 쉽게 습득될 수 있다(Larson, 2000). 이때 청소년개발은 그 과정의 중요한 부분으로서 가족, 친구, 이웃, 학교, 지역사회 집단 및 여타 지지의 중요성을 인식한다(Villarruel, Perkins, Borden, & Keith, 2003). 또한 박물관, 도서관, 동물원, 수족관 등 일 년에 한 번 정도 방문하는 곳이거나 머물지 않고 그저 지나치는 곳이었던 지역사회 공간들이 청소년역량개발을 위한 새로운 장(new frontier settings)으로 충분히 활용되어야 한다(Delgado, 2002).

최근 들어 지역사회 청소년이용시설과 평생학습 관련기관들이 중심이 되어 다양한 프로그램을 제공하면서, 부모들과 함께 청소년들이 자신이 선호하는 취미, 교양 혹은 전문기능을 습득하기 위한 강좌에 참여하는 비율이 점차 증가하였다. 지역사회기관에서 제공하는 구체적인 프로그램은 주로 수영과 같은 스포츠를 비롯하여, 예능, 외국어, 미술 및 서예, 컴퓨터 등 다양한 분야로 확대되고 있다(오해섭, 2008). 지역사회에서 이루어지는 청소년활동 프로그램은 청소년들이 삶을 위협하는 적지 않은 위험행동에 빠져들 가능성을 줄이는 한편, 그들의 발달과정에서 요구되는 긍정적 측면과 기회를 제공해 주는 한 영역이다(Leffert, Benson, & Scales, 1998).

2) 역량개발의 청소년활동지도

청소년역량개발과 관련한 청소년활동에 대한 논의는 청소년의 역량개발을 위해서는 보다 확장된 청소년활동지도에 대한 이해가 필요하다는 점을 시사하고 있다. 우선, 청소년활동지도라는 핵심요소를 전략적으로 구체화하기 위해 청소년실천가 또는 활동지도자가 전문적으로 수행하는 지도방법에 대한 관심이 필요하다. 여기서 청소년지도방법이란 청소년참여자의 조직화, 다양한 청소년 수련 및 활동 촉진에 필요한 기법, 매체 운용 능력, 프로그램 기획 및 운영 능력 등 일체의 개입 전략을 의미한다.

첫째, 청소년참여자의 조직화란 청소년지도활동을 수행하기 위해 청소년 및 참여자들을 어떠한 형태로 혹은 어느 정도의 규모로 조직화할 것인가를 의미한다. 둘째, 수련 및 활동촉진기법은 청소년지도활동을 촉진하기 위하여 전개되는 수단 혹은 기법으로 토의법, 강의법, 포럼, 역할연기, 연시법, 전시법, 실습 등의 다양한 기법이 있다. 셋째, 매체 운용능력이란 수련 및 활동내용을 청소년참여자들에게 보다 효율적으로 전달하기 위해 사용하는 기구를 다루는 능력을 의미한다. 수련 및 활동매체로는 모형이나 모델의 실물매체를 비롯하여 인쇄매체, 시청각 매체, 악기, 운동기구 등 다양한 기구가 있다. 넷째, 프로그램의 개발과 운영기법은 핵심적인 지도방법으로 청소년지도사는 필수적으로 청소년을 대상으로 각각의 활동을 조직적으로 운영하고 즐겁고 실효성 있는 지도활동을 위해 프로그램을 기획, 설계, 실행, 평가할 수 있는 역량을 갖추어야 한다(오윤선 · 황인숙, 2020).

이런 점에서 청소년역량개발을 위한 청소년활동은 정책업무에서는 물론 실천현장과 지도의 실제에 있어서도 기존과 다른 관점, 즉 적극적 관점이나 발전적 관점에 입각하는 접근으로 청소년활동의 범위와 종류를 다양하고 광범위하게 이해하고 실천현장에서 지도할 필요가 있다. 특히, 청소년 역량개발을 위한 활동은 기존의 접근이 현재의 조건들을 변화시키는 것이 쉽지 않았다고 하면, 역량개발 접근은 뭔가 새로운 것을 창출하는 강점을 증대시킴으로써 그 조건을 개선한다.

이 점에서 청소년역량개발을 위한 적극적 접근이 기존의 접근과 다른 특징은 〈표 6-3〉과 같이 요약할 수 있다. 역량개발을 강화하는 청소년활동은 〈표 6-3〉에서 보는 것과 같이 기존의 접근이 전문지도자가 힘 있는 전문가이고 청소년들은 그들에 좌우되는 존재라는 "힘의 차이"가 있었다고 한다면, 역량개발 접근은 지도자와 청소년 간에 동반자적 관계에 입각한 "힘의 균형"을 갖는 특징이 있다(천정웅 · 오해섭 · 김정주, 김민, 2015). 달리 말하면 이러한 특징들에 입각한 접근이 청소년역량개발에 보다 유용한 의미를 갖는다는 것이다.

〈표 6-3〉 기존의 청소년활동과 '역량개발의 청소년활동지도'의 특성 비교

기존의 접근에 따른 청소년활동	역량개발의 청소년활동지도
문제중심	자산과 역량 중심
일시적 제공	지속적 전개
힘의 불균형을 재강화	힘 관계의 균형 유지
소극성의 증진	역량과 주도성의 증진
전문지도자에 의존	동반자관계에 의존
청소년은 문제를 가짐	가능성에 대한 상호적 소유
청소년은 의존적	상호이해관계가 같은 사람들을 연결
욕구에 부응하기 위해 재능을 사용	재능과 자극을 능력으로 받아들임
없는 것이 무엇인가에 초점	가능한 것이 무엇인가에 초점
주기를 원함	구축하기를 원함
"이것이 우리가 할 수 있는 최선"으로 믿음	"우리가 무엇이 될 수 있는가?"를 물음
현재의 조건의 유지	현재의 조건을 변화
서비스를 받음	새로운 기술을 획득함

출처: Homan, M. S. (2007). p.67.

청소년업무의 발전, 특히 청소년지도방법에 관한 이해가 청소년 이슈와 무관하지 않지만, 오늘의 청소년들은 그들이 가진 잠재성과 역량에도 불구하고 기존의 선입견, 편견 및 고정관념 등으로부터 자유롭지 않다는 점을 기억할 필요가 있다. 더욱이 청소년활동지도는 청소년업무의 정체성을 부여하고 독립적인 정책으로 자리매김하는 핵심적인 영역으로써 그에 대한 개념적 이해나 정책적 접근, 실천적 노력은 청소년분야의 발전수준을 가늠해주는 것으로 볼 수 있다. 이 점에서 우리나라 청소년분야의 발전은 "일부 특정 청소년"에서 "모든 청소년"으로, 청소년문제에 대한 "사후처방"에서 "예방적 접근"으로 전환되어

왔으며, 청소년의 권리와 자율적인 참여의 기반확충과 함께 자기 자신의 "잠재역량개발"을 강조하는 것으로 진전되어 왔음을 기억할 필요가 있다.

청소년지도와 관련한 개념적 의미도 청소년에게 자기결정의 장을 주며, 청소년에게 자기성취감을 느끼게 만들며, 청소년에게 다른 사람과의 유대감을 갖게 만들기 위해 중요한 것으로 이해된다. 또한, 청소년지도방법의 실제에서 요구되는 청소년지도에 관계된 지식, 태도, 그리고 기술에 대해서도 대체로 사회성은 물론, 도덕성, 진로지도, 보건, 여가지도, 지역사회봉사, 국제교류에 관한 것 등 다양하게 논의되고 있다. 특히, 청소년활동은 그 법적 정의에도 불구하고 청소년의 역량개발을 위한 정책적 실천적 노력을 포함하는 것으로 새롭게 이해될 필요가 있다. 청소년의 역량개발(youth development)적 접근은 청소년지도에 대한 이론적이며 실천적인 이해의 기반을 제공할 것이다.

Chapter 07

청소년문화의 현상과 정책

1 청소년문화의 개념과 특성

1) 청소년문화의 개념 정의

청소년문화는 청소년기에 있는 청소년들이 그들 나름의 행동방식과 생활양식을 토대로 형성한 독특한 문화로 청소년 자기들만의 독자적인 생활과 세계를 체험하게 하고 자아정체성을 확립하게 하며 그들 내부에 내재해 있는 사상・감정・잠재능력 등을 자유롭게 표현하게 한다는 점에서 매우 중요한 의미를 가진다(권이종 외, 2010). 청소년문화의 개념은 청소년집단이 공유하는 생활양식, 감정, 사고유형 및 가치관 등으로서 그 시대의 사회 전체가 소유한 문화의 하위체계이며 넓은 의미에서 하나의 하위문화(subculture)라고 할 수 있다.

여기서 하위문화란 사회 내 일부 집단의 사람들이 주류(지배)문화의 영향 속에서 독특한 자기들의 특정한 문화를 따르는 것을 말한다. 예를 들면, 노동문화, 여성문화, 계층문화 등과 같이 청소년문화도 그와 같은 하위문화의 하나로 볼 수 있는 것이다. 그러나 청소년문화는 하위문화에 그치지 않고 상황에 따라서는 주류문화에 대항하게 되는 경우도 있다. 이런 경우에는 청소년문화는 반문화의 성격을 갖게 된다. 반문화의 규범과 가치관은 주류문화 또는 지배문화의 그것과 상충하게 되는데 이와 같이 반문화로 변하게 되는 이유는 주로 주류문화와 기성사회의 성격에서 찾을 수 있다. 즉, 주류문화의 정당성과 적합성, 기존의 사회 및 정치구조와 이념의 정당성 등이 모두 잘못된 방향으로 기울어질 때 반문화로서의 청소년문화가 생길 가능성이 많다는 것이다(장일순, 2007).

청소년문화는 대체로 다음과 같은 몇 가지 기준으로 설명할 수 있다. 즉, 비교적 높은 내적 친밀도에 의해 이루어지는 상호작용, 구성원의 비교적 높은 연령 동질성, 상호작용에 있어서 구성원들 간의 지속적인 정체성을 불어넣는 경험의 공유, 그리고 외모, 언어사용, 신체적 표현 등을 포함하는 특별한 기질 및 습성 등으로 요약된다. 따라서 청소년문화는 전체 사회 속에서 주로 청소년들에 의해 지배적으로 이끌어지는 상호작용체계, 특히 상징체계, 규범, 가치관, 목표 및 행동양식에 있어서 그 사회의 다른 연령집단의 상호작용체계와는 다른 체계를 의미하는 것으로 볼 수 있다(장일순, 2007).

한편, 청소년문화라는 용어는 사실 현실적인 층위에서 존재하는 것이라기보다는 이데올로기 지형에서 담론화되는 정치적인 의미를 가지고 있다고 보아 청소년문화 개념에 대해 새로운 방식의 이해가 필요하다는 주장이 있다(한국청소년개발원, 2008). 현실 속에서 청소년문화는 역사적으로 늘 언제나 존재해 왔지만, 그 의미는 각기 다른 방식으로 담론화되었다는 것이다. 청소년이란 담론은 역사적인 상황에 따라서 소년, 모던걸, 학생, 미성년, 신세대 등 다양하게 불리기도 했으며, 청소년문화가 보편적으로 사용된 1990년대에는 청년문화, 혹은 대학문화라고 하는 세대문화를 대체하는 개념으로 사용되는 측면이 많았다는 점에서 그 개념은 대단히 불안정하고 이데올로기적 정세 안에 위치된다고 보았다.

2) 청소년문화의 특성

청소년문화는 각기 특성을 지니고 있으며, 문화적 시대, 구성원, 환경에 따라 발전되거나 퇴보되기도 한다. 우리나라 청소년문화의 특성도 한 마디로 표현할 수 없으나 청소년세대가 소비문화의 일정 부분을 점유하고 있지만, 새로운 형태의 주변문화를 생산해내기도 한다. 아울러 오늘의 청소년문화는 기성세대의 문화적 특성과 청소년의 창조적 특성이 혼합된 과도기적 문화라고 할 수 있다(권이종 외, 2010). 최윤진(1998)은 청소년들의 가치관, 의식, 생활양식 속에서 여러 가지 대표적인 특성들을 개인주의적 성향, 현실주의적 성향, 자기표현주의, 그리고 영상세대로서의 특성을 가지고 있다고 제시한 바 있다.

첫째, 개인주의적 성향이다. 인생관이나 직업관에서 집합주의나 사회중심의 가치관이 약화되면서 개인중심적 가치가 점점 증가하고 있다. 인생의 목표를 집단이나 사회에 기여하는 것에서 찾기보다는 자신의 인생을 즐겁고 보람있게 사는 것에 두는 청소년들이 점점 증가하고 있다. 직업생활에서도 생계유지의 수단이라기 개인의 발전과 자아실현의 장소로 간주하여 그에 맞는 직업을 선택하기도 한다. 특히 학교사회에서도 개인주의 성향을 많이 찾아볼 수 있는데, 일본과 OECD 여러 나라, 그리고 우리나라 학생들도 학교에 가는 것을 매우 싫어하는 경향이 증가하고 있다. 이러한 점을 개인주의적 성향이라고 한다.

둘째, 현실주의적 성향이다. 사회적 지위상승이나 목적달성을 중요시하거나 미래지향적인 가치관, 생활양식을 추구하는 것보다는 현실중심의 가치로 변화하고 있다. 예를 들면, 기성세대가 강조하고 있는 근검절약, 인내, 성실 등의 과거적인 가치는 퇴색해가고, 현재의 삶과 즐거움을 추구하는 성향이 강해지고 있다. 이러한 특징은 청소년들의 직업관, 여가관, 인생관 등 모든 분야에서 나타나고 있다. 예를 들면, 보수가 높아도 3D 직종을 기피하는 현상이라든가 직업선택 면에서 자율적 권한의 부여와 여가조건 등이 점차 많이 고려되고 있다. 특히 주 5일제 근무와 수업 등으로 다양한 취미활동과 특히 동아리활동에 대한 관심이 많아지고 있다.

셋째, 자기표현주의이다. 과거의 절대적 빈곤사회에서 결핍가치 지향은 어느 정도 충족된 오늘날에는 차별 동기에 의한 가치 성향, 개별적 취향,개성에 따른 욕구 충족의 다양화 등 모든 면에서 개별화의 특성을 나타내고 있다. 예를 들면, 직업선택에서 남녀 구분이 점점 적어지고 파격적인 의상 착용, 메이크업, 헤어스타일 등의 개성 있는 연출 등을 통해서 자기표현이나 욕구를 과감하게 표현하고 있다.

넷째, 영상세대로서의 특성을 갖는다. 인터넷과 TV 등 영상매체의 홍수 속에서 자라고 있는 근대 청소년들은 과거에 비해서 매우 창의적이고 감수성이 풍부한 특징을 가지고 자라고 있다. 길게 생각하거나 어려운 환경을 싫어하고 재밌고 즉각적인 반응을 추구한다. 이러한 점을 나타내고 있는 것이 10대들의 은어와 축약형 언어들, 패스트푸드 등을 선호하는 청소년들의 음식취향, 음료수 취향, 이성교재의 양성 등이다. 특히 최근에는 컴퓨터 통신문화의 발달로 가상공간에서 이루어지는 새로운 생활양식이 하루가 다르게 변해가고 있다. 이들의 보편적 특성은 인내심이 부족하다든지 공동체 의식 등이

기성세대에 비하여 결여되어 있다는 점이다. 그러나 다른 한편으로는 풍부한 감수성과 창의성, 다양한 개성추구와 융통성 있고 탄력적인 사고방식 등은 앞으로 점점 다원화되는 새로운 사회에 없어서는 안 되는 소중한 인재들이다.

2 청소년문화를 보는 관점

청소년문화를 이해하는 것에도 다양한 시각이 존재한다. 먼저, 청소년문화를 바라보는 관점은 다음과 같이 다섯 가지로 구분할 수 있다(김신일, 1992). 첫째, 청소년문화를 미숙한 문화로 바라보는 관점이다. 이는 성인의 시각에서 청소년문화를 해석한 결과로서 청소년문화를 경시하는 입장이다. 청소년들이 만들어 내는 삶의 양식은 보다 성숙되어야 하는 것이며, 사회적으로 책임을 감당할 기회가 주어지지 않았기 때문에 준비단계의 문화로 바라보는 입장이다.

둘째, 청소년문화를 일탈적 문화로 보는 관점이다. 청소년들이란 규범에 벗어나 일탈, 비행 등의 문제를 지향한다고 생각하고 청소년문화를 부정적 시각으로 보는 입장이다. 이러한 관점에서는 청소년이란 항상 부모나 교사 또는 성인들의 감독이 필요하다고 믿는다.

셋째, 청소년문화를 하위문화로 보는 관점이다. 이러한 관점에서는 청소년문화도 각 연령집단마다 만들어 내는 하위문화의 한 유형으로 간주한다.

넷째, 청소년문화를 저항문화로 바라보는 관점이다. 이는 청소년들의 삶을 그들 나름대로 독립적으로 엮어내는 독특한 삶의 양식으로 바라보는 것으로,

청소년들은 기성세대의 문화를 거부하고 그들이 추구하는 방식으로 자신들만의 독특한 문화를 만들어 낸다는 것이다.

다섯째, 청소년문화를 성인문화와 대등한 또 하나의 영역을 형성하는 새로운 문화로 바라보는 관점이다. 이 관점에서는 청소년들이 민감한 감수성을 가지고 있기 때문에 그들 나름의 독립적 영역의 문화를 만들어 내고 있다고 보며 청소년들의 행동과 옷차림, 말투 등은 지극히 자연스럽고 정상적인 것이며 그들만의 문화라는 것이다.

또한, 김미윤(2006)은 청소년문화에 대한 시각을 다음과 같은 세 가지로 제시한 바 있다. 첫째, 문제적인 시간은 청소년문화가 기성세대의 문화와 다르고 조화되지 않는 것을 사회적으로 일탈적이며 문제적인 소지가 있다고 바라보는 시각이다.

둘째, 저항적인 시각은 청소년문화가 기성세대 문화와 대립되어 그 공통성과 단일성이 강조되고 기성세대 문화와는 다른 차이점이 부각된다. 청소년문화를 주류문화에 대한 '하위문화(subculture)'로 보는 것이 이러한 시각을 배경으로 한다.

셋째, 독자적인 시각으로 청소년문화를 사회적인 문제로 보거나 기존의 문화에 대한 저항으로 보는 것이 아니라 그 자체로 새롭고 독자적인 것으로 인정하는 시각이다. 특정집단에 대한 저항문화로서의 하위문화보다는 '독자성과 생성을 강조하는 의미의 소수문화(minority culture)'라는 개념과 관련된다.

그러나 위에서 언급한 바와 같이 일반적으로 청소년문화를 보는 시각은 문화의 보편적 개념 중 하위문화의 개념으로 이해한다. 이은혁과 김민자(2003)은 하위문화 스타일에 관한 연구에서 하위문화의 조건을 다음과 같이 명시하였다.

첫째, 사회세계로서의 하위문화는 하나의 사회적 세계나 공유된 시각을 가진 집단을 말한다.

둘째, 명시적인 삶의 스타일로서 하위문화 집단구성원들의 공유된 스타일이 있고 그들 통해 사회화하는 것을 의미하며 나아가 공통의 스타일을 통해 하나로 결속되고 그 집단만의 정체성을 향유한다.

셋째, 행동체계로서의 하위문화는 타 문화와 자신들 간의 경계를 설정하려고 하는 응집력 있는 체계를 말한다.

넷째, 하위문화는 비주류집단으로서 자신의 집단이 주류가 아니기 때문에 항상 주목과 감시의 대상이 되고 있음을 안다. 이와 같이 청소년문화를 하위문화로 보는 시각에서는 어른들의 시각에 비친 모습으로 미숙문화, 비행문화, 저항문화 또는 반문화의 개념으로 이해한다(김신일, 1992).

그러나 이와 같은 오늘날의 문화는 사회 전반에 걸친 유행을 지배하고 있다고 해도 과언이 아닐 정도로 영향력을 행사하고 있으며 문화를 주도하는 세력으로 청소년의 영향력이 날로 더해지고 있다. 기성세대들과 구별되는 청소년은 외래문화 개방에 대한 흡수 정도가 높으며 신문화 유입의 가장 큰 창구인 매스 커뮤니케이션에 가장 근접해 있는 집단으로 새로운 문화에 민감하여 문화와 패션의 선구자로서의 역할을 하고 있다. 따라서 청소년들은 그들만의 신문화(new culture)를 만들어 내고 있으며 신문화는 기성세대들에 의해 "청소년문화(youth culture)"로 불린다. 이에 대해 최윤진(1998)은 위의 미숙문화, 비행문화, 대항문화적 성격을 모두 부분적으로 함축하면서 한 걸음 더 나아가 통합적이며 공통적 면모로서의 새로운 라이프스타일과 이미지 및 문화적 의미의 창출을 통해 새로운 청소년문화가 조성되고 있다고 언급한 바 있다.

청소년문화는 청소년집단이 공유하는 특징적인 생활양식으로 그들의 가치관과 신념에서부터 심미적 취향과 패션 그리고 행동양식을 포함하는 것이라

볼 수 있다. 이에 따라, 청소년문화는 새로운 문화라는 성격으로 새롭게 규정되고 있다. 새로운 문화는 세대가 바뀜에 따라 한 사회의 문화도 바뀌어 가는데 이러한 문화 변동의 선구적 역할을 하는 것이 바로 청소년문화라는 관점이다. 새로운 기기나 매체를 다루는데 기성세대에 비해 더 유연하고, 새로운 스타일의 유행문화를 이끌어 내기도 한다는 것이다. 지금의 청소년세대의 문화가 기존의 문화와는 새로운 문화로 자리매김되는 것은 오늘날의 사회가 기존과는 전혀 다른 빠르고 폭넓게 변화를 경험하고 있는 것과 무관하지 않다. 특히, 오늘날의 사회변화는 과학과 기술의 발달에 기초한 정보사회로의 전이과정에서 두드러지게 나타나는데 디지털문화, 테크노문화 등이 바로 그러하다. 여기에서는 기존의 사회규범과는 전혀 다른 문화적 산물들이 새롭게 창출되고 표현되며 또 사회적으로 확산된다.

이와 같이 현대에는 청소년문화를 보는 시각이 사이버문화, 소비문화, 대중문화 등의 사회문화적 변화를 최첨단에서 흡수하여 주도하는 문화로 인식하고 있다. 그리고 수많은 집단들의 문화가 공존하고 있는 다문화시대로서 다양화되고 개별화된 청소년들의 삶을 반영하고 있다. 또한, 청소년은 현대사회에서 나타나는 문화의 소비자이면서 생산자로서 이질적이며 다양한 문화를 형성하고 있다. 구체적인 문화활동을 중심으로 가치, 신념, 관습, 라이프스타일 등의 집단 고유의 특성을 지니며 청소년들은 차별되고 실별 가능한 문화활동을 통해 문화를 표현하고 실천하며 그들 나름의 스타일을 지니며 정체성을 반영한다. 청소년들이 주도하는 문화는 그들의 삶에 있어서 새로운 경험을 제공하며 또한 새로운 대응방식을 만들게 하는 기반이 된다.

3 청소년문화의 요소와 현상적 모습들

1) 청소년문화의 구성요소

청소년문화에 포함되는 요소들은 청소년들이 소유하는 생활양식, 감정, 가치관, 상징, 규범, 행동양식 등 매우 다양한데, 특히 다른 연령집단과 구별되는 청소년들만이 갖는 문화의 구성요소에 대해서는 몇 가지로 이해할 수 있다(장일순, 2007).

첫째, 가치(관) 요소이다. 어느 사회나 어느 집단, 또는 조직이든 간에 그 구성원들이 추구하는 올바른 것과 아름다운 것 그리고 바람직한 것들이 존재하게 되는데 이에 대한 평가기준이나 신념체계가 곧 가치(관)이다. 이러한 가치(관)은 인간의 행동을 지배하는 중요한 기능을 하기 때문에 특히 청소년들이 어떤 가치를 지향하느냐 하는 것은 그 사회의 미래를 예측할 수 있는 중요한 지표가 된다.

둘째, 상징의 요소가 있다. 상징이란 언어, 의상, 신체적 몸짓 및 표현, 색깔, 소리, 액세서리 또는 디자인 등을 통해 표현된다. 상징의 가장 대표적인 언어는 단순한 의사소통 이상의 기능을 함으로써 사회성원들의 생각과 행동에 영향을 주게 되는 관념화 기능을 하게 된다. 사회성원들이 어떤 언어를 사용하느냐에 따라 세계를 인식하는 방법과 이를 해석하는 관점도 달라진다. 상징으로서의 의상은 그 시대, 그 사회의 사회상과 구성원들의 개성을 나타내며 신체적 몸직 및 표현에 있어서는 특히 연령집단에 따라 큰 차이가 있게 된다. 예컨대 젊은 청소년들은 격렬한 춤과 스포츠를 선호하며 장노년층은 그렇지 못한 것을 들 수 있다. 상징으로서의 소리 및 음악은 특히 젊은이들이 선호하는 것으로서 그 시대의 음악장르에 따라 그리고 음악 내용의 텍스트에 따라 사회에 대한 그들의 반응을 알 수 있다. 이 외에도 색깔, 액세서리, 디자인 등 그들이 사용하는 다양한 상징은 청소년문화를 이해하는 데 도움이 된다.

셋째, 행위양식과 상호작용 양식이 있다. 청소년들은 그들만의 운동, 몸짓, 언어 등을 사용함으로써 그들이 특성을 나타낸다. 예를 들면 스피드와 변화 및 스릴을 선호한다든가 일상적인 습관에서 탈피하여 새로운 것, 일탈적인 것을 시도하는 행위 등은 청소년들의 특징적인 것이라 할 수 있다. 그리고 그들의 상호작용에 있어서, 특히 오늘날과 같은 인터넷 사회에서는 그들만의 언어를 사용하고 있으며 그들의 만남 역시 온라인에서 많이 이루어지고 있는 것이 현실이다. 이 외에도 청소년들의 여가활동 및 긴장해소를 위해 그들은 무엇을 하고 있는지에 대한 것을 알아볼 필요가 있다.

넷째, 매스컴과 대중인기문화와 관련한 요소가 있다. 청소년들은 매스컴 및 대중인기문화를 선호함으로써 특별한 장르나 양식의 대중인기문화에 열광한다. 특히 특정한 장르의 음악에 광적으로 열광하며 특정한 가수나 배우, 탤런트, 운동선수를 우상화한다.

다섯째, 규범적 요소이다. 규범이란 사람들이 다른 사람들과의 관계에서 따라야 할 규칙들은 의미한다. 규범에 따라 사람들은 특정한 상황에서 해야 할 것과 또 해서는 안 될 기준을 알게 되며 상대방이 나의 말과 행동에 대해 어떻게 반응할 것인가를 예견할 수 있다. 가치가 추상적인 수준에서 행동의 방향을 설정해 주지만 규범은 행동의 구체적인 지침을 제공해 준다. 청소년 등은 기존의 지배문화를 따르는 것이 일반적이며 청소년들은 대부분 학생의 지위에 있으므로 학교의 규범을 따르게 된다.

여섯째, 인터넷과 영상문화적 요소가 있다. 오늘의 청소년들에게 인터넷 및 영상문화는 그들의 생활 자체라고 할 정도로 사고와 행동에 절대적인 영향을 준다고 볼 수 있다. 예를 들면, 그들의 정보교환, 의사소통, 여가활동, 자기개발 등을 위해 인터넷 및 영상문화는 필수적이다.

2) 청소년문화 현상의 구분

우리나라 청소년문화의 다양한 현상을 문화세대로서 청소년, 청소년과 마니아 문화, 청소년과 일상문화, 그리고 청소년 하위문화와 라이프스타일 등의 네 가지로 구분하여 이해할 수 있다(이동연, 2004).

(1) 문화세대로서 청소년

청소년들은 학교 내에서 문화교육과 자치활동이 부족함에 따라서 학교 밖의 생활에서 보상용 문화소비로 나타나는 경우가 많다. 청소년문화는 개인의 취미생활로 보거나 규제하고 계도할 비행문화의 일부로 간주하는 것과 관련된다. 또한, 영상세대로서 청소년들은 인쇄·문자문화 세대에서 영상·이미지문화 세대로 본격적인 전환의 시점에 있다. 새로운 문화적인 감수성을 만들어 내고, 복합시각문화로 특징화된다. N세대문화가 기존의 신세대문화와 다른 점은 소비 욕구를 신속하게 생산적인 욕구로 바꾼다는 점이다. 문화의 소비자에서 문화의 생산자가 된다. 청소년문화는 새로운 스타일을 유행형식으로 받아들이고 있으며 실제로 청소년을 주고객층으로 한 업계들은 청소년의 구매욕구를 자극하는 스타일지향적 상품전환을 위해 노력하고 있다.

(2) 청소년과 마니아문화

10대들은 자신의 문화적 욕구를 항상 스타들을 통해서 보상받고 타자화하려는 문화정체성을 갖는 등 문화생산자로 활동하고 있다. 청소년세대들에게 '마니아문화'는 소비와 취향의 생산적인 공간을 찾아가는 중요한 교차로가 된다. 마니아는 보통 특정한 분야에 전문가들 못지않은 정보와 광적인 관심을 가진 사람들을 일컫는데, 문화와 기술을 대립적으로 보지 않고, 상호보완적으로 보길 원하는 10대들은 문화의 테크놀로지에 대해서 두려워하지 않는다. 시뮬레이션 게임에 빠지고, SF적 스타일을 선호하고, 테크노문화의 영역에서 많은 마니아 그룹들을 만들었다.

(3) 청소년의 일상문화

청소년 일상문화에는 인터넷공간과의 긴밀한 연관성, 전략적 거점으로서의 팬덤문화, 극단적 개인주의적인 성향 등의 세 가지 현상이 있다. 이러한 세 가지 성향들은 서로 상호보완적인 경우가 많다. 먼저 청소년의 일상에 디지털문화와 인터넷공간은 절대적인 지위를 차지한다. 모바일 테크놀로지와 인터넷 공간이 청소년들에게 새로운 문화공간으로 등장한 사례가 바로 얼짱문화이다. 거리에서, 학교에서, 패스트푸드점에서 손에 쥔 디카나 폰카로 아마추어들이 찍은 자기 사진과, 말짱, 싸움짱, 노래짱 등 특정 분야의 짱을 뽑고, 또 짱이 되기 위해 투쟁의 방식을 취하는 일종의 '짱'문화의 한 형식과 관련된다. 다음으로 팬덤문화는 연예인을 절대적인 대상으로 하기보다는 스포츠 스타, 정치인, 일반인, 특정한 문화적 생산물에 대한 선호가 두드러진다는 점이다. 팬덤의 자생적인 문화실천은 팬덤 내부의 갈등에도 불구하고 팬덤조직들은 인원조직력이나 결속력에 있어 상당한 운동적 잠재력을 가지고 있다. 또한, 개인주의적인 성향은 종일 채팅과 게임을 하고, 문자메시지를 주고받고 새벽 늦게까지 텔레비전을 보는 등 인터넷 폐인현상과 자신의 공간에서 혼자 노는 일들이 많아졌다는 것으로 설명할 수 있다. 청년세대들의 혼자놀기는 외로운 노인의 일상과는 분명 다른 감정을 내포하고 있다. 이는 역설적으로 더 자극적으로 놀고 싶어 하는 편집증과 '소외' 자체를 놀이의 대상으로 치환하는 강박관념이 도사리고 있다.

(4) 청소년 하위문화와 라이프스타일

하위문화적 스타일은 따라서 일반문화 주체들의 스타일과는 다르게 자신들의 정체성을 드러내는, 그래서 타인들의 정체성과 차이를 두려는 의도적이고 공공연한 형태들을 띤다. 하위문화적 스타일은 때때로 상품형식과 이데올로기형식에 의해서 본래의 정치적 의미들이 왜곡되기도 한다. 1960, 1970년대 자본주의의 상품문화를 거부했던 히피적·펑크적 스타일, 그리고 1980년대 말 미국 슬럼가의 힙합적 스타일은 주류 패션업계의 상품전략을 통해 대중들의 일상적인 패션으로 전환되고, 그 스타일이 갖는 사회에 대한 반항형식은 매체의 이데올로기를 통해 온순하고 얌전한 교화의 형식으로 전환되었다. 한편, 하위문화에서의 라이프스타일은 대단히 정치적인 상징행위로 볼 수 있다.

한국에서 저소득층 청소년들의 라이프스타일과 문화적 취향은 일반적으로 동일시할 수 있는 10대들의 라이프스타일로 통일되지는 않는다. 라이프스타일은 같은 10대들 사이에서도 서로 다른 것을 확인할 수 있다. 여기에는 옷과 액세서리, 헤어스타일을 포함한 패션의 유행형식, 일상생활에서 보이는 언어적 행위, 제스처, 표정 등 개인의 육체의 표현형식, 그리고 자신의 라이프스타일에 대한 이데올로기 형식 등의 세 가지 정도를 구분할 수 있다. 특히, 이데올로기적 형식들은 청소년들이 자신들의 라이프스타일을 보는 태도와 연관되는 것으로, 예를 들면 저소득층 청소년들은 대부분 부모세대들의 환경에서 벗어나려는 생각을 하지만, 그것이 어렵다는 것을 알고 있으며, 자신의 전망에 대해 비교적 낙관적인 생각을 갖고 있는 것과 관련된다.

3) 청소년 라이프스타일

최근 청소년들이 주축이 되어 보여준 온라인 혹은 오프라인상의 다양한 활동들과 그 활동과정에 등장하는 몇몇 용어들을 중심으로 청소년들의 취향이나 가치관들을 내포하고 있는 라이프스타일을 다음과 같은 몇 가지로 이해할 수 있다(최윤진, 2010).

(1) 팬덤(fandom)

이는 스타덤이란 용어에 대비되는 의미로 등장한 것이다. '팬'이란 단어와 무리를 뜻하는 '덤(DUM)'의 합성어로 스타를 추종하면서 뭉쳐진 팬들끼리의 문화를 의미한다. 최근에는 fan-fiction의 줄임 말인 팬픽(fanfic)이라고 하여 팬들이 자신이 좋아하는 스타들을 주인공으로 하여 온라인상에서 소설을 써 나가는 활동을 하기도 한다.

(2) 코스프레(cosplay, costume play)

청소년들이 코스프레를 할 때에는 흉내 대상의 외모뿐 아니라 의상, 음악선곡, 몸 동작과 안무 등 캐릭터를 완벽히 재현하기 위한 다양한 활동이 이루어지기도 하며. 이를 통해서 잠시라도 자신이 아닌 다른 사람으로 변하여 봄으로써 추구하는 각자 개성의 표현과 창조, 그리고 대리만족의 기회를 얻으며 쾌감을 느끼는 경우가 많다고 한다.

(3) 아바타(Avata)

청소년들은 사이버상에서 자신을 투사시킬 수 있는 가상체를 특정 캐릭터로 설정해서 그것을 꾸미고 포장하여 키우는 활동을 통해서 자신의 이미지를 개성적으로 표현하고자 한다. 이러한 캐릭터를 양육하기 위한 물품들을 사이버몰에서 구매하게 됨에 따라 캐릭터 산업이 발달하고 청소년들이 공통적으로 캐릭터를 공유하면서 정서적 유대감을 가지는 새로운 집단적 정체성을 경험한다고 본다(황상민, 1999).

(4) 모바일(mobile)

휴대폰은 사용하는 청소년들에게 단순히 통신수단의 의미를 넘어, 때로는 자신의 존재를 타인과 구분하는 '이름'의 역할, '주소'의 역할을 하기도 한다. 또한 휴대전화를 자신과 동일시하여 디자인 선택에 매우 신경 쓸 뿐 아니라 외부(스티커, 손잡이 줄, 케이스 등)와 내부(화면, 벨소리)를 개성 있고 다양하게 장식하기도 한다. 무선 인터넷 기능과 다양한 콘텐츠 개발 등을 통한 모바일 시장 업계의 서비스 개발 경쟁은 더욱 치열해지고 있다.

(5) 포틴스 데이(Fourteenth Day)

이는 해마다 매월 14일을 젊은이들이 기념하는 주제를 설정해서 기념일로 간주하여 다양한 물품교환과 행사가 이루어지게 되면서 등장한 말이다. 이와 관련한 상업적 공략이 청소년들의 소비심리를 자극하고, 인위적인 기념일을 통해서 교우나 이성간에 서로의 관심과 애정을 확인하고자 하는 욕구에 호소하며 청소년의 일상에 실질적인 영향력을 발휘하고 있다. 국적불명의 기념일인 발렌타인데이(2월 14일)나 화이트데이(3월 14일), 와인데이(10월 14일), 허그데이(12월 14일) 등이 있다.

4 청소년문화의 발전과 유형 구분

1) 청소년문화 발전

청소년문화의 변화는 국가의 정치적, 경제적, 사회적 변화의 과정과 맞물려 이루어졌다. 특히, 우리나라에서의 청소년문화의 구분은 크게 네 가지로 이해할 수 있다.

첫째는 1960~1970년대를 중심으로 청소년기가 기성세대와 차이가 있다고 구별하기 시작한 시기이다. 이 당시 우리나라는 국가의 정치·경제적 안정을 위해 국민의 정신적 교육과 국민동원전략에 청소년을 포함시켰다. 하지만 이 시기는 청소년의 특성과 이해를 바탕으로 청소년의 욕구를 고려하기보다는 규제와 통제의 맥락에서 올바른 민족관·국가관을 심어주며 돌출된 청소년기 행동은 반드시 통제되어야 하는 것으로 이해되었다.

둘째는 1981~1988년대를 하나의 특징적 시기로 구분할 수 있다. 국가는 반공 이데올로기에 기반을 두고 국민정신 교육의 강화를 통해 국민을 동원하려고 했고, 청소년을 미래의 주역이라고 명명하였다(최이숙, 2002). 그러나 첫째 시기에 비해 노동자, 학생, 지식인의 국가 통제력에 대한 거센 반발로 인하여 청소년에 대한 국가의 통제와 규제는 '청소년육성'과 '수련활동'이라는 용어를 중심으로 전개되기 시작하였다.

셋째는 1993년 이후 문민정부의 출범과 함께 민주주의 확립, 소비시대 활성화로 여느 시기보다 청소년에 대한 관심과 이해가 풍성하게 일어나기 시작했다. 청소년은 소비문화의 주체이자 영상문화, 대중문화, 디지털문화 등 다양한 코드의 문화적 주체로 부각되었다. 그러나 이와 같은 문화주체자로서의 시각과 함께 비행 및 범죄의 양상도 다양하고 심각하게 나타나 보호대상으로 간주하는 시각이 공존하였다.

넷째, 2000년대를 전후한 시기 이후 4차 산업혁명 시대가 회자되는 오늘날의 청소년문화는 청소년을 단순한 소비 주체만이 아니라 생산적 주체로 보는 관점에서 논의되는 특성을 갖는다. 특히, 인터넷과 스마트폰을 통해 다양한 문화커뮤니티가 활성화되어 10대 청소년 스스로가 인터넷 안에서 방송과 영상제작을 담당하고, 대중문화의 역기능을 개선하며 주체적인 팬덤문화를 형성하려는 움직임을 보이고 있다. 이제 청소년은 불완전하고 미성숙한 훈육의 대상이라는 이전의 인식과는 다른 새로운 이미지들이 강조되면서 적극적인 참여자이자 창의적 문화실천의 주체라고 보는 인식이 확장되고 있다고 볼 수 있다.

2) 청소년문화의 유형 구분

청소년문화에 대한 유형 구분도 청소년문화의 발전역사와 관련하여 다양하게 논의되어 왔으며, 문화창조 주체자의 연령, 주거지역, 계층, 이념, 소속

집단에 따라 다르고 또 학자들의 견해에 따라 매우 다양하게 분류되고 있다.

우선, 2000년대 이전 청소년문화를 분류한 기존의 학자들의 내용을 보면, 남정걸(1994)은 고교생 문화를 대학 진학을 위하여 학업에 몰두하는 학구적 문화, 직업준비를 함으로써 형성되는 직업문화, 대학 진학 위주의 학구적 문화와 취업을 목적으로 하는 직업문화에서 제외된 고교생이 형성하는 소외문화, 욕구가 강한 청소년기에 욕구를 충족시키지 못했거나 학업성취 수준에 미달한 청소년들이 좌절을 경험함으로써 형성하는 비행문화의 네 가지로 분류하였다.

오인탁(1985)은 대학생문화를 노래를 통하여 청소년들의 사랑, 꿈, 낭만과 세계에 대한 비판의식을 표현하는 노래문화, 대학생들의 세계를 반영하고 자기표현의 고유한 상징으로 은어를 사용하는 언어문화, 서클 및 봉사모임에 참여하여 활동하는 것 이외에 학생운동으로 통칭되는 대학생의 의사표현과 참여활동으로 이루어진 참여문화 등으로 구분하였다. 또한 이재창(1985)은 전형적인 청소년문화의 상징처럼 생각되고 있는 팝음악과 그와 결부되어 있는 춤, 티셔츠·펑크머리·통기타 등 청소년 사이에서 유행하는 특이한 유행문화, 미팅·고교클럽·은어 등 다양한 내용의 특이한 생활양식, 그리고 성인들의 기성문화에 대한 불만과 반항심을 반영하는 생활양식 등의 네 가지로 분류한 바 있다. 권이종(1997)은 청소년문화의 유형으로 여가문화, 언어문화, 음악문화, 디스코문화, 스포츠문화, 의상문화, 성문화, 종교문화, 독서문화, 대중매체문화, 정치문화, 그리고 여행문화 등 12가지로 제시하였다.

또한 권이종 등(2010)은 소비문화, 사이버문화, 성문화, 단체문화, 여가문화와 언어문화, 음악문화와 의상문화, 춤문화와 또래문화, 세계화와 한국 청소년문화, 새터민 청소년과 문화를 강조하였으며, 박진규 등(2019)은 학교, 대중매체, 영상매체, 친구집단 형성과 인간관계, 가상현실, 문제행동, 청소년의 언어, 춤과 패션, 성, 스타 문화 등으로 분류한다. 성열준(2011)은 여가문화, 성문화, 의복문화, 음식문화, 인터넷과 게임문화, (휴대폰)모바일문화, 학습(학교)문화, 다문화, 팬클럽문화 등으로 구분하였다. 정하성과 유진이(2012)는 대중문화, 사이버문화, 성문화, 소비문화, 여가문화, 의복문화, 또래문화, 학교문화, 다문화 청소년 등을 중심으로 분류하고 있다. 김윤나(2013)는 학교문화, 여가문화, 또래문화, 모바일(휴대폰)문화, 사이버(인터넷, 게임)문화, 언어・옷・음식문화, 음악・예술・팬클럽・춤문화, 소비문화 및 성문화 등으로 분류하였다(천정웅 외, 2013).

오윤선과 황인숙(2020)은 청소년문화의 주제로 청소년학교문화, 또래문화, 사이버문화, 팬덤문화, 언어문화, 성문화, 소비문화, 여가문화, 음식문화, 화장문화와 패션문화, 대중음악문화, 춤문화, 청소년다문화, 그리고 청소년글로벌문화 등의 14가지를 제시하고 있다. 곽미정 등(2020)은 청소년의 성과 사랑, 인터넷문화, 또래집단, 언어문화, 청소년비행, 여가문화, 축제문화 등을 청소년문화의 주요 내용으로 제시하고 있다. 또한 김연서 등(2021)은 청소년문화와 관련한 주요한 내용으로 청소년의 가치관, 학교문화, 대중문화, 사이버문화, 성문화, 여가(놀이・게임)문화, 소비문화, 언어문화, 또래집단문화, 그리고 청소년과 다문화를 강조하고 있다. 이와 같이 청소년문화의 유형에 대한 구분은 시기적으로 다르게 논의되기도 하지만 최근에는 청소년문화의 유형 구분에서 공통적인 특성이 나타나고 있음을 알 수 있다.

청소년문화 중에서 생활양식의 측면에서만 보아도 청소년은 기성세대와는 크게 다른 점이 많다. 언어 사용이나 즐기는 춤과 음악에서 그러하다. 선호하는 놀이, 입맛의 취향이 다른 것은 물론이다. 양적 차원에서가 아닌 질적 차원에서 이질감과 충격을 갖는다. 우선, 청소년의 언어는 단문이며 언어의 텍스트로의 의미보다는 맥락적인 이미지와 조어를 선호한다. 좋아하는 음악은 리듬만 있는 주절거림으로 들리는 랩 음악을 좋아하고 춤이 없는 음악은 상상할 수가 없다. 청소년들은 유튜브와 웹툰 보기는 일상이 된 지 오래이며, 입맛 취향은 우리나라의 전통 메뉴보다는 서구적인 것에 가깝다.

송선희 등(2018)은 오늘날의 청소년들이 나타내고 있는 문화적 특징은 포스트모더니즘 측면에서 다음과 같이 두 가지 시사점을 갖는다고 본다. 첫째, 요즘 청소년들은 포스트모더니즘적인 문화의 창출자이자 소비자가 되고 있다는 것이다. 즉, 오늘날 청소년문화의 특징은 소비사회화, 영상화화화, 이데올로기의 퇴조와 함께, 고급문화와 대중문화 간의 경계 타파, 자아 결여, 감각적 행복 추구 등으로 요약된다는 점에서 포스트모더니즘의 문화적 특징에 가깝다. 둘째, 포스트모더니즘의 문화 논리 속에서 생활하고 있는 청소년들을 돕기 위해서 기성세대는 이전과는 다른 방식을 적용하여야 한다는 점이다. 이를 위해서는 포스트모더니즘 사고를 이해하고 그 방법을 터득하는 것이 우선되어야 한다. 오늘의 청소년들은 소통의 내용보다는 소통의 수단(언어)에 더 관심을 갖고 있다는 것을 이해하고 청소년의 언어를 알아야 한다. 시각을 우선시하는 경향에 대해서도 이해해야 하고, 정해진 규범과 기준을 준수하는 것에서 벗어나 새로운 기준을 세우는 경향성이 있다는 것도 이해할 필요가 있을 것이다.

5 청소년문화와 정책

1) 청소년문화의 정책적 맥락

청소년문화 정책은 청소년정책적 맥락과 문화예술 또는 문화예술교육의 정책적 맥락 두 가지 차원으로 구분할 수 있다. 먼저, 청소년정책적 맥락에서 청소년문화의 법적 근거는 「청소년기본법」과 「청소년활동 진흥법」을 기반으로 한다. 「청소년기본법」에서는 문화활동을 수련활동, 교류활동과 함께 청소년의 균형 있는 성장을 위해 필요한 활동으로 규정하고 있으며(제3조 제3호), 「청소년활동 진흥법」에서는 청소년문화활동을 청소년이 예술 활동, 스포츠활동, 동아리활동, 봉사활동 등을 통하여 문화적 감성과 더불어 살아가는 능력을 함양하는 체험활동으로 정의한다(제2조 제5호). 「청소년활동 진흥법」 중 문화활동 진흥과 활동기반의 구축에 대한 조항은 청소년문화활동의 진흥(제60조), 청소년문화활동의 기반 구축(제61조), 전통문화의 계승(제62조), 청소년축제의 발굴지원(제63조), 청소년동아리활동의 활성화(제64조), 청소년의 자원봉사활동의 활성화(제65조) 등이다.

「청소년활동 진흥법」 문화활동 진흥과 활동기반 구축 조항

제60조(청소년문화활동의 진흥) ① 국가 및 지방자치단체는 청소년문화활동 프로그램 개발, 문화시설 확충 등 청소년문화활동에 대한 청소년의 참여 기반을 조성하는 시책을 개발·시행하여야 한다. ② 국가 및 지방자치단체는 제1항에 따른 시책을 수립·시행할 때에는 문화예술 관련 단체, 청소년 동아리단체, 봉사활동단체 등이 청소년문화활동 진흥에 적극적이고 자발적으로 참여할 수 있도록 하여야 한다. ③ 국가 및 지방자치단체는 제2항에 따른 자발적 참여에 대해서는 예산의 범위에서 그 경비의 전부 또는 일부를 지원할 수 있다.

제61조(청소년문화활동의 기반 구축) ① 국가 및 지방자치단체는 다양한 영역에서 청소년문화활동이 활성화될 수 있도록 기반을 구축하여야 한다. ② 문화예술 관련 단체 등 각종 지역

사회의 문화기관은 청소년문화활동의 기반 구축을 위하여 적극 협력하여야 한다.
제62조(전통문화의 계승) 국가 및 지방자치단체는 전통문화가 청소년문화활동에 구현될 수 있도록 필요한 시책을 수립・시행하여야 한다.
제63조(청소년축제의 발굴지원) 국가 및 지방자치단체는 청소년축제를 장려하는 시책을 수립하여 시행하여야 한다.
제64조(청소년동아리활동의 활성화) ① 국가 및 지방자치단체는 청소년이 자율적으로 참여하여 조직하고 운영하는 다양한 형태의 동아리활동을 적극 지원하여야 한다. ② 청소년활동시설은 제1항에 따른 동아리활동에 필요한 장소 및 장비 등을 제공하고 지원할 수 있다.
제65조(청소년의 자원봉사활동의 활성화) 국가 및 지방자치단체는 청소년의 자원봉사활동을 활성화할 수 있는 기반을 조성하여야 한다.

다음으로 문화예술 또는 문화예술교육 정책의 맥락에서는 「문화예술진흥법」에 따라 문화예술을 "문학, 미술(응용미술을 포함한다), 음악, 무용, 연극, 영화, 연예(演藝), 국악, 사진, 건축, 어문(語文), 출판 및 만화를 말한다"라고 정의하고 있다(제2조제1항제1호). 「문화예술교육 지원법」 제3조에서는 모든 국민의 문화예술 향유와 창조적 함양을 위한 교육을 지향한다는 원칙 아래 나이, 성별, 장애, 사회적 신분, 경제적 여건, 신체적 조건, 거주지역 등에 관계없이 자신의 관심과 적성에 따라 평생에 걸쳐 문화예술을 체계적으로 학습하고 교육받을 수 있는 기회를 균등하게 보장받는다고 규정하고 있다. 「문화예술진흥법」 규정에 따른 문화시설, 「청소년활동 진흥법」 규정에 따른 청소년활동시설, 「평생교육법」 규정에 따른 평생교육기관 중 문화예술교육을 실시하는 시설 등을 문화예술교육시설로 규정하였다(「문화예술교육 지원법」 제2조 제3호). 이 밖에 「문화헌장」과 경기도교육청이 2011년 시행한 학생 인권조례 등에서도 아동과 청소년의 문화적 권리보장과 문화활동을 향유할 권리 등을 명시하였다.

2) 청소년 관련 문화정책

일반적으로 정책은 권위를 가진 정부기관이 주체가 되고 다원성에 입각해 의도적으로 이루고자 하는 미래의 바람직한 목표로 정책의 내용과 규범적 측면을 강조한다. 정책은 사회문제의 해결이나 공익적인 것을 목표로 삼으며, 주로 공식적인 정치・행정적 과정으로 미래지향적이며 매우 복잡한 동태적인 성격을 가진다. 단순한 선언적 의미를 넘어 실제 정책담당자가 따라야 할 행동지침을 부여해 준다(박성복・이종렬, 1993). 이러한 특성으로 인해 정책 차원에서의 문화는 특정의 전유물이 아닌 공공의 결정대상이 되며 국가는 사회정책의 일환으로 문화정책을 인식하고 관리하며, 조정함으로써 소기의 목적을 효율적으로 달성할 수 있게 된다(김미연, 1994).

문화정책이란 1967년 모나코에서 열린 유네스코회의 보고서에 따르면 한 사회에 있어서, 주어진 시간 내에, 그 사회가 이용할 수 있는 모든 물적, 인적자원의 최적이용을 통해 문화적 욕구를 총체시키는 것을 목표로 하는 의식적이고 의도적인 사용 및 작위나 부작위의 총체를 의미하는 것이다. 또한 문화정책은 문화활동의 근거가 되는 집행원리 및 행정・예산・절차들의 총체로 정의하며 모든 나라에 적용될 수 있는 단일한 문화정책이란 있을 수 없으므로 각 국은 자국의 문화정책을 그 나라의 문화가치와 목적에 맞게 선택하고 결정해야 한다고 권고하였다(UNESCO, 1968). 문화정책에 대한 정의는 이외에도 문학과 예술을 포함하고 국민의 정서적 욕구를 충족시키기 위한 활동을 지원하고 문화전통을 승계하기 위한 행정(정홍익, 1992), 정부 등 공공기관이 예술을 발전시키고 국민들의 예술복지수준을 높이기 위해 예술부문에 개입하는 일련의 행위 및 상호작용(임학순, 1996), 문화발전이라는 목표를 향하여 공권력의 배경하에 문화예술정책을 형성 내지는 결정하며 이를 능률적이고 효과적으로 집행하는 합동적 행위(이종인, 1985) 등으로 제시하고 있다.

청소년정책은 1984년 청소년문제개선종합대책을 시작으로 1991년 6월 한국청소년기본계획(1992-2001), 제1차 청소년육성 5개년 계획(1993-1997), 제2차 청소년육성 5개년 계획(1998-2002), 제3차 청소년육성 5개년 계획(2003-2007), 제4차 청소년정책기본계획(2008-2012), 제5차 청소년정책기본계획(2013-2017), 제6차 청소년정책기본계획(2018-2022), 제7차 청소년정책기본계획(2023-2027) 등으로 수립·운영되고 있다. 이 가운데, 제6차 청소년정책기본계획에서는 공정하고 안전한 사회환경에서 청소년들이 주도적으로 참여하고 활동을 통해 현재를 즐기며, 미래 사회에 필요한 역량을 갖추고자 하는 정책 방향을 강조하였다. 청소년 스스로 기획하고 도전하는 수요자 주도의 청소년활동으로 프로그램을 개편하고 인프라를 구축하고자 하였다.

최근 제7차 청소년정책기본계획(2023-2027)에서는 문화라는 용어가 정책과제의 대과제 중 첫 번째, "플렛폼 기반 청소년활동 활성화"와 네 번째 "청소년의 참여·권리 보장 강화" 등과 관련한 세부과제들과 다양하게 관련되고 있음을 알 수 있다. 특히 첫 번째 대과제인 "플랫폼 기반 청소년활동 활성화"의 세 번째 중과제인 "다양한 체험활동 확대"와 관련한 세부정책과제로 "문화예술 분야 활동 교육 지원(여가부, 문체부, 교육부)"이 명시되고 있으며, 〈표 7-1〉과 같은 주요 정책사업이 제시되어 있다.

〈표 7-1〉 **제7차 청소년정책기본계획(2023-2027) 중 청소년문화 명시 정책사업**

대과제	중과제	세부 사업과제
1. 플랫폼 기반 청소년 활동 활성화	1-3 다양한 체험 활동 확대	1-3-1 테마별 활동기회제공 1-3-1-2 문화예술 분야 활동 교육 지원(여가부, 문체부, 교육부) • 청소년 대상 문화예술 교육 프로그램 개발 및 운영 • 1학생 1예술활동 사업을 통해 학교 내 문화·예술교육을 확대하고, 학교 예술강사 활동 환경 개선 등 추진 • 문화예술교육 사각지대 해소를 위해 문화소외지역 소규모 학교 대상 문화예술 교육 지원사업* 운영 * ('예술꽃 씨앗학교' 지원사업) 전교생 400명 이하의 문화예술 혜택이 적은 지역의 작은 학교 중심 문화예술교육활동 지원

출처: 관계부처합동(2023). p.31.

Chapter 08

청소년참여의 정책화와 최근 동향

1 청소년참여의 개념적 이해

1) 청소년참여의 개념

참여(participation)는 일반적으로 활동에의 개입, 즉 어떤 활동에 참가하거나 특정하게는 자신에게 영향을 미칠만한 의사결정에 관여하거나 영향을 주는 과정으로 이해한다(천정웅, 2011). 청소년참여에 대한 개념도 다양하게 제시되고 있는데, 우선 Winter(1997)는 청소년이 능동적으로 자신의 생활환경에 참여하는 기회라고 하였으며, Hart(1997)는 청소년에게 참여란 기본 권리로서 자신의 삶에 영향을 주는 동시에 지역사회에 영향을 미치는 의사결정을 공유하는 과정이라고 하였다. Hart에 따르면 참여수준에 있어서 단순히 일반적 활동에 참가하거나, 행사에 동원되는 것은 실질적 의미의 참여로 볼 수 없고 참여하는 청소년들이 서로의 의사결정 과정을 공유하는 과정이 함께 수반될 때 비로소 진정한 실질적 참여가 된다. 또한 Checkoway(2011)는 청소년의 삶에 영향을 미치는 결정이나 제도에 청소년을 참여시키는 과정을 참여로 보았다.

Theis(2007)는 청소년참여를 세 가지의 개념으로 정의하였는데, 첫째는 실연(performance)과 책임(responsibility)으로서의 참여다. 청소년을 동원하는 형태로서 청소년을 조직적으로 참여시키는 것을 의미한다. 국가주도하에 청소년 단체를 설립하여 책임 있는 강한 시민으로 성장시키기 위한 목적이나 정부의 권익을 옹호하는 캠페인 같은 일에 동원되는 것과 같은 것이다. 둘째, "18세 미만의 어린이와 청소년들도 자신에게 영향을 미치는 모든 문제에 대해 자신의 의견을 말할 권리가 있다"(12조)는 유엔아동권리협약의 참여권과 관련된 권리로서의 참여다. 모든 아동과 청소년이 표현, 정보, 결사, 사상과 종교, 사생활 등의 시민적 권리를 갖고 있음을 의미한다. 셋째, 민주적 시민권으로서의 참여로 청소년참여의 대부분이 일회성 행사에 국한되거나 청소년의회, 청소년위원회 등에 참여하는 것과 관련된다. 이 외에 Kahne과 Sporte(2008)는 청소년이 자신의 삶과 관련된 공공의 의사결정과정에 영향을 미치거나 공동체의 문제를 해결하기 위해 실질적으로 관여하는 활동으로 정의하였다.

천정웅 외(1997)에서는 청소년들이 의사결정과정에 참여한다는 의미는 곧 청소년참여활동이 가족활동, 청소년들을 위해 조직된 스포츠 활동이나 단체에의 참여 등 수혜자로서 피동적으로 참여하는 것을 넘어서 분담된 책임과 적극적인 관여를 의미한다고 하였다. 청소년참여는 청소년들이 자신의 삶과 지역 공동체, 넓게는 사회생활에 영향을 미치는 의사결정과정에 관여하여 영향력을 행사하는 과정이기도 하다(천정웅, 2011). 한편, 천정웅(1998)은 청소년문제 대두에 따라 불가피하게 대응하던 중 발전된 여러 가지 접근법들을 포괄하는 종래의 패러다임인 'N이론'(theory of necessity)과 대비되는 가능성의 긍낙, 잠재성의 개발, 참여주의를 특징으로 하는 'P이론'(theory of participation)을 〈표 8-1〉과 같이 제시하였다.

〈표 8-1〉 전환기적 패러다임으로서의 'P'이론

구분	기존 이론(N이론)	P이론
기본 시각	(성인주체) • 성인에 의한 의사결정	(청소년주체) • 청소년에 의한 의사결정
중심개념	• 통제, 동원, 보호, 규제, 간섭, 지도	• 참여, 자율, 역할, 책임감, 기회, 실천
청소년역할	(시민권의 모라토리엄) • 소극적 · 의존적 • 책임성의 부족 • 수동적 참여와 추종적 실행 • 수단적 · 도구적 역할 수행 • 문제로부터 보호	(시민권의 소유자: 곧 시민) • 적극적 · 독립적 • 책임성의 부여 • 능동적 참여와 자율적 실행 • 목적적 · 가치적 역할 수행 • 문제해결의 주체
정책방향	• 육성보호를 통한 청소년성장지원	• 청소년참여를 통한 청소년개발
청소년 현장활동	• 대규모 청소년단체 • 청소년지도자의 일반적 지도 • 지도자중심의 의사결정 • 전반적 활동의 청소년시설 • 학교를 통한 활동집단 구성 • 선택적 프로그램 참가 활동 • 단기적 · 행사성 활동	• 소집단, 동아리 • 전문화된 청소년지도자의 조력 • 청소년에 의한 의사결정 • 특성화된 활동의 청소년시설 • 지역기관을 통한 활동집단 구성 • 자율적 프로그램 개발 운영 • 항시적 · 지속적 활동
참여성 정도	(문제적 청소년의 전제) • 보호 · 지도적 서비스 제공 • 의견 제시/비공식적 참여활동 • 문제해결의 객체 (정책관심 대상, 정책과정 소외)	(잠재적 청소년의 전제) • 권한 부여/기회 제공 • 정책참여기제 확보(mechanism) • 문제해결의 주체(면역기재) (정책관심 우위, 정책과정 참여)

출처: 천정웅(2013). p.150.

한편, 청소년과 관련한 참여의 개념은 가족활동, 스포츠클럽, 청소년 조직, 훈련 등 청소년에게 유익한 목적으로 조직된 활동에 참여하는 것을 말하는 것이라기보다는 책임의 분담과 관여의 적극성과 관련됨을 알 수 있다. 여기서 참여(participation)와 관여(engagement)의 개념이 구분되는데, 참여는 실제의 행위 행동을 동반하지만, 관여라는 것은 자세 태도, 즉 관심을 가지고 책임감을 가지는 태도를 말한다(천정웅 외, 1997). 여기에서는 참여를 "특정 사회구성원으로서의 일정 집단이 개인 또는 공동의 목표를 달성하기 위하여 다른 개인 또는 집단과 의도적으로 지속적인 상호작용을 가지면서 이룩하는 모든 활동"으로 보고 청소년참여의 개념을 정의할 필요가 있다.

2) 청소년참여 개념의 핵심요소

일반적으로 '참여'라는 개념은 주체성과 자발성이란 속성을 갖고 있다. 모든 참여가 주체적이거나 자발적이라고 할 수 없기도 하고, 주체적이지 않지만 자발적으로 참여하는 경우도 있으며, 주체적이지만 자발적이거나 또는 주체적이지만 비자발적인 경우도 있다. 그러나 참여를 중요한 권리로 인정하면서 오늘날 청소년참여는 '청소년'이 주체가 되는 자발적인 활동으로 합의하고 있다. 이 점에서 성인주도의 청소년참여는 변화가 필요하다. 청소년 자신의 삶에 영향을 주는 요인들에 대해서는 성인에 의해서가 아닌 청소년에 의해 주도되고 요구되어야 한다는 것이다(홍정희, 2016).

최창욱(2013)은 청소년참여를 연구하는 학자들이 제시한 청소년참여의 개념을 몇 가지로 정리하였다. 첫째, 능동성, 즉 주체적 참여로 청소년들이 다른 사람들의 영향으로 참여하는 것이 아니라 자신들의 판단에 따라 주체적으로 참여한다는 것이다. 청소년의 주체적 참여라는 개념에는 청소년 개인의 의미와 더불어 청소년이 살고 있는 지역사회의 구성원으로서 참여가 담겨 있다.

둘째, 영향력 행사를 통해 변화를 도출하는 것이다. 참여를 통해 청소년 자신과 자신이 살고 있는 지역사회, 기관, 시설에 영향을 미친다는 것은 공통된 요소로 나타난다. 청소년참여의 영역은 청소년이 무엇에 참여하는가에 관한 것인데 청소년참여 영역을 넓은 차원에서 보면 청소년발달에 영향을 주는 모든 생활환경이 대상이 된다. 즉, 청소년참여는 지역사회의 모임부터 선거 참여나 항의 시위 참여에 이르기까지 매우 다양하다(천정웅, 2000).

셋째, 참여는 의사결정 과정의 공유와 관련된다. 참여는 책임과 의무를 갖고 스스로 의사결정할 수 있도록 포함하고, 허용하고, 조장되어야 할 청소년의 권리로 보는데, 이는 의사결정에서 청소년이 직접적으로 관여하는 것을 의미하는 것이다. 적극적이고 직접적인 관여는 청소년들이 자신의 삶과 그들이 생활하고 있는 지역사회에 영향을 미치는 결정을 공유하는 과정으로 정의할 수 있다(Hart, 1997). 그러나 진정한 의미의 참여는 단순한 의사결정과정에만 참여하는 것이 아니다. 그 과정 속에 내포되어 있는 내용(text)과 맥락(context) 모두에서 청소년들이 참여하고 있어야 하는 것이다.

황여정(2017)은 청소년참여에 대한 개념적 정의는 다양하지만, 이를 관통하는 핵심 개념은 '영향력의 발휘', '의사결정 과정에의 참여'로 집약할 수 있다고 보고 청소년들이 실질적인 영향력을 행사하고 의사결정을 공유함으로써 변화를 도출해가는 것을 청소년참여의 본질로 표현하였다. 즉, 이러한 개념 정의에 따르면, 단순히 일반적 활동에 참가하거나 행사에 동원하는 것은 참여로 보기 어렵다는 것이다(천정웅, 2011).

또한, 청소년참여에 대한 개념적 인식은 지금까지 청소년의 삶과 연계된 대부분의 의사결정이 청소년과 유리되어 이루어졌다는 데 문제의식을 두고 있으며, 청소년정책과 같이 청소년들의 삶에 광범하게 영향을 미치는 의사결정과정이 청소년 중심으로 이루어지지 못했다는 점에서 의사결정의 권한을 청소년이 갖도록 하는 것이 청소년참여의 핵심적인 개념이라고 보았다(김정주, 1999). 바로 이러한 이유로 청소년참여는 의사결정에 청소년이 직접적으로 관여하는 것을 의미하며, 이러한 맥락에서 성인 의사결정자가 다양한 수단을 활용해 청소년의 견해를 구하는 '자문'과는 차이가 있다고 설명한 바 있다(정건희, 2013).

청소년참여에 대해 김영인(2020)은 일반 청소년들이 공적영역의 공공문제나 인물 선택에 관한 의사결정에 직·간접적으로 영향을 미치려는 명시적이고 자발적인 행위라고 했다. 공적영역은 국가적 영역과 사회적 영역으로 구분하여 설명할 수 있다. 국가적 영역의 참여는 정책참여, 선거참여, 정책 및 선거에 영향을 미치고자 하는 집회와 시위 등과 같은 정치참여를 포함하고 사회적 영역의 참여는 봉사활동, 시민사회 및 지역사회 참여, 수련시설 운영참여 등과 같은 사회참여를 의미한다. 청소년참여에 대하여 김민(2005)은 청소년참여는 자신의 삶과 사회에 대한 주체적이고 적극적인 관여이며, 특히 자발적 참여는 자동적으로 청소년들의 담론 형성을 가능하게 한다고 하였다.

한편, 김영지(2007)는 청소년참여는 스스로를 대변하고 자신의 상황을 변화시킬 수 있는 수단으로 강조한다. 이런 점에서 보면, 청소년참여가 본격화되기 위한 핵심은 청소년의 삶과 관련된 쟁점들을 어떻게 이끌어낼 것인가에 있는 것으로 볼 수 있다. 청소년참여는 청소년이 의사를 표현하는 것으로만 생각하고 표현된 의사는 의사결정에 반영되어야 하는 것으로 보는 것으로 인해 참여를 오해하거나 말주변이 없으면 참여할 수 없는 것이라는 인식을 갖게 한 것도 사실이다. 그래서 참여가 누구에게나 주어져야 하는 것이지만, 학업적 우세에 있는 특정 청소년들에게 편향되는 현상도 나타나기도 하는 것이다.

따라서 청소년참여는 단순하고 획일적이며 동원하는 방식을 의미하지 않지만, 청소년의 의견이 반드시 의사결정과정에 반영되어야만 한다는 단정도 바람직하지 않다. 암묵적으로 내재되어 있는 청소년 자신의 삶에 대한 쟁점들을 능동적이면서 실질적으로 현실적 상황에서 제기하는 하나의 실천 과정으로 보는 것이 필요하다. 이런 맥락에서 보면 청소년참여의 개념은 우선 참여를 "특정 사회 구성원으로서의 일정 집단이 개인 또는 공동의 목표를 달성하기 위하여 다른 개인 또는 집단과 의도적으로 지속적인 상호작용을 가지면서 이룩하는 모든 활동"으로 보고 정의할 필요가 있으며, 그 개념적 이해를 위한 전제로서, "청소년들이 자신들의 삶과 지역공동체, 넓게는 사회생활에 영향을 끼치는 의사결정과정에 관여하여 영향력을 행사하는 것"으로 규정한다.

〈표 8-2〉 청소년참여에 대한 개념적 정의와 핵심요소

구분	청소년참여 개념 정의	핵심요소
Hart(1997)	자신의 삶에 영향을 주고, 자신이 살고 있는 지역사회에 영향을 주는 의사결정을 공유하는 과정	• 영향력의 발휘 • 의사결정의 공유
Winter(1997)	청소년들이 능동적으로 자신의 생활환경에 참여하는 기회	• 능동성 • 참여의 영역으로 생활 • 환경 강조
Checkoway(1998)	자신의 삶에 영향을 미치는 의사결정에 개입하는 것	• 영향력의 발휘 • 의사결정에의 개입
천정웅(2011)	자신들의 삶과 지역공동체, 넓게는 사회생활에 영향을 끼치는 의사결정과정에 관여하거나 영향력을 행사하는 것	• 영향력의 행사 • 의사결정과정에 관여

출처: 황여정(2017). p.18.

2 청소년참여의 모형적 이해

청소년참여의 유형은 크게 Hart, Shier, Checkoway 등의 사다리 모형으로 대표되는 단계적 계층화 모형과 Fitzpatrick, Laidlaw, Foundation, Pretty 등이 제시한 비계층적인 연속형 모델의 두 가지로 구분할 수 있다(천정웅, 2011). 단계적 계층화 모형은 이해하기는 쉬우나 최고 수준의 단계로 도달해야 하는 하나의 수직적 구조라는 특징이 있으며, 비계층적 모형은 모호하고 각 수준 간 차이가 크다는 단점이 있다(천정웅, 2011).

1) 단계적 계층화 모형

각 모형의 구체적인 내용을 살펴보면, 먼저 단계적 계층화 모형에 속하는 Hart(1997)의 경우 14세 이하 청소년이 정책 또는 의사결정에 참여하는 수준을 8가지로 구분하여 제시하였다. 직접적인 참여를 통해서만 청소년은 진정한 민주주의 가치와 자신의 유능감, 책임감을 개발할 수 있다고 보고, 청소년참여 정도를 설명하기 위해 은유적인 기법으로 사다리 모양을 활용하였다. Hart의 8단계는 ① 성인들이 이용하는 조작(manipulation) 단계 → ② 장식(decoration)처럼 동원되는 단계 → ③ 명목상(tokenism)으로 참여하는 단계 → ④ 성인들이 지시하지만 정보를 제공하는(assigned but informed) 역할부과와 정보제공 단계 → ⑤ 성인들이 정보를 제공하고 협의하는(consulted and informed) 자문과 정보제공단계 → ⑥ 성인 주도로 청소년과 의사결정을 공유하는(adult-initiated, shared decision with children) 단계 → ⑦ 청소년이 주도하고 감독하는(child-initiated and directed) 단계 → ⑧ 청소년주도로 성인과 의사결정을 공유하는(child initiated, shared decisions with adults) 단계 등이다. ① 조작, ② 장식, ③ 명목참여 단계는 청소년의 참여가 이루어지는 수준이라기보다는 청소년들이 성인 정책결정자나 의사결정자들에게 이용당하는 비참여수준이라 할 수 있으며, ④ 역할부과와 정보제공, ⑤ 자문과 정보제공, ⑥ 성인주도하에 의사결정 공유, ⑦ 청소년주도 및 감독, ⑧ 청소년주도 및 성인과 의사결정 공유 단계에서는 청소년의 참여가 이루어진다고 본다.

Shier(2001)는 Hart의 모델을 참고하여 참여의 통로(pathways to participation) 모델을 제안했다. 실천가들이 참여과정의 각기 다른 측면을 이해하도록 도우기 위해 다음과 같은 5개의 단계를 제시하였다. 즉, ① 아동의 의견이 경청된다(경청), ② 아동이 자신의 견해를 표현하는 것이 지원된다(견해 표현), ③ 아동의 견해가 중요하게 고려된다(견해 고려), ④ 아동이 의사결정과정에 포함된다(의사결정), ⑤ 아동이 의사결정에 대한 권력과 책임을 공유한다는 것 등이다(권력과 책임 공유), Shier의 참여모형은 5개의 각 단계에서의 3가지 과정적 측면마다 하나씩의 질문을 제공하고 있으며 이 질문에 대답함으로써 현재의 입장을 결정하고 참여의 단계를 올리며 다음 과정으로 진행한다. 또한 Alderson과 Montgomery(1996)는 청소년이 참여할 수 있는 4개의 수준을 정의했다. ① 내용을 알고, ② 견해를 표명하며, ③ 결정에 영향을 끼치며, ④ 주요한 결정가로 되는 것 등이다. 이를 고려하면, 모든 수준은 참여의 중요한 수단이며, 처음의 3가지가 4번째 것보다 선행되고 있다.

2) 비계층적 연속형 모델

이상의 모형이 수직적인 단계적 계층화의 형태를 가진다면 Fitzpatrick와 Hastings 그리고 Kintrea(1998)는 청소년참여를 저위수준의 참여(low level of participation)와 고위수준의 참여(high level of participation)의 연속선상에서 이루어지는 하나의 형태 또는 종류를 의미하는 것으로 이해하였다. 이들은 청소년참여 수준을 자문(consultation), 공동관리(joint management), 통제(control) 등의 세 가지로 구분하면서 수평적 연속체상에 위치하는 비계층적 연속형 모형을 제시하였다. 저위수준에는 자문이 포함되고, 고위수준에는 통제가 포함되면서 그 중간에 공동관리 유형이 있는 것으로 보았다.

Van Linden과 Fertman(1998) 또한 의사결정과정에서 담당하는 역할이 중요할수록 청소년의 리더십 개발의 기회가 많다고 하면서 5단계로 구분하는 참여의 연속체를 제시하였다. 이 연속체는 ① 청소년들이 자신에게 영향을 미치는 의사결정에 전혀 참여하지 못하는 단계, ② 선택된 청소년들이 의견을 제시하는 단계, ③ 성인들의 집단에 청소년들이 형식적으로 참여하는 단계, ④ 청소년과 성인이 의사결정을 위한 투표권의 대부분을 갖는 단계, ⑤ 청소년과 성인이 의사결정에 대한 합의에 도달하는 단계 등으로 구분하였다. 이 연속체에서는 청소년들이 의사결정과정에서 중요한 역할을 담당할수록 청소년들이 지도력을 개발하고 지도자로 성장하는 것을 촉진하는 환경인 반면에 청소년들의 역할이 적어질수록 청소년들의 리더십 개발을 방해하는 환경이라고 지적하고 있다. 청소년이 의사결정 과정에 참여하여 중요한 역할을 담당할수록 지도력이 개발된다는 점을 강조하였다.

Flecher와 Vavrus(2006)는 청소년참여가 원형 서클(circle)형태의 다섯 단계의 순환적 과정을 통해 이루어지는 것으로 보고, 청소년들의 의견을 듣는 단계(listen)로 첫 번째 단계를 설명하고 있다. 사회변화에서 성공적인 청소년참여는 청소년들의 의견을 듣는 것이 필수적으로 요구된다. 두 번째는 청소년들의 의견에 타당성을 부여하는 것이다(validate). 여기에서는 청소년들의 의견에 신중하게 반응하고 비판하고 피드백을 주는 것이 중요하다. 세 번째는 청소년들에게 권한을 주는 단계이다(authorize). 이는 청소년들이 변화에 영향을 줄 수 있도록 청소년을 훈련시키고, 지위를 만들어주고, 공간을 허용해주는 것을 말한다. 네 번째는 청소년이 실천하는 것이다(act). 수동적인 참여자에서 능동적인 변화촉진자나 지도자로 전환시키는 것은 청소년 스스로가 변화를 창출하기 위한 실천에 참여하는 것을 말한다. 다섯 번째는 청소년참여를 통한 사회변화에 대한 반성적 사고이다(reflect). 청소년참여로 이루어진 변화의 가정, 반응, 산출, 변화 등에 대해서 청소년과 성인이 함께 신중하게 검토하고 그것을 통해서 배우려는 책임감을 가져야 한다.

3 청소년참여의 정책적 이해

1) 청소년참여의 정책제도화

한국의 청소년정책은 소관부처가 청소년관련 업무를 확장하고 제도화하는 과정에서 형성되어 왔으며 1980년대 중반 전담부서가 설치되고 '한국청소년기본계획'이 수립된 이후 독자적 영역을 갖는 수준으로 발전되었다. 청소년헌장의 제정・공포(1990.5.12), 전담부서인 청소년국의 청소년정책조정실로의 확대개편(1990.9.10), 체육부 명칭의 제육청소년부로의 변경(1990.12.27),

한국청소년기본계획수립(1991.6.27), 청소년기본법의 제정(1991.12.17), 청소년육성5개년계획(1992-1997,제1차)의 수립과 시행, 문화체육부 청소년정책실 설치(1993.3.6), 청소년보호법의 시행과 청소년보호위원회 설치(1997.7.1), 문화관광부 청소년국 설치 및 국무총리실 청소년보호위원회의 설치(1998.2.26) 등은 정책제도화와 관련한 대표적인 일로 볼 수 있다.

한국의 청소년정책은 이러한 과정을 통해 교육정책과는 어느 정도 차별화되는 정책영역으로 자리매김되면서 업무내용을 청소년활동을 중심으로 청소년복지 등에 관한 사업시행을 제도화하였다. 특히 1998년에는 1998~2002년을 기간으로 하는 제2차 청소년육성5개년계획을 수립・시행(1998.7.28)함으로써 청소년정책의 방향을 청소년을 보호・선도・지도하는 종래의 입장에서 '청소년참여'를 기본이념으로 하는 정책으로 획기적으로 전환하게 된다. 동 계획에서는 '청소년권리증진과 자율참여'를 중심으로 참여적 맥락에서의 '청소년문화'와 '청소년정보화'의 영역을 새롭게 추가함으로써 '청소년참여'를 영역화하였다(천정웅, 1998). 이와 같이 우리나라 청소년정책에서 '인권'과 '참여'가 정책 의제화되어 새로운 정책비전과 목적으로 설정되고 구체적인 사업내용으로 실현되면서 이러한 정책기조는 2003년 제3차 기본계획에서도 반영되었으며 그 후에도 계속 이어져서 현재의 제6차 청소년정책기본계획으로 지속되고 있음을 알 수 있다.

특히, 당시의 제2차 '청소년육성5개년계획'은 '청소년참여'를 주요 정책특성으로 하면서 청소년에 대한 기존의 인식을 대전환하여 청소년정책의 중점을 전인적인 청소년을 육성하기 위한 수련활동과 함께 "청소년육성・보호・지원문제와 관련해서 그들이 주체적으로 참여해서 문제해결에 일조할 수 있도록 한 것으로" 평가된다(김동일, 1998). 이와 같이 '청소년참여'의 정책제도화는 청소년의 권리보장과 자율활동을 통한 "청소년의 삶의 질 향상"과 청소년정책수립·집행 및 평가과정에 청소년을 참여시킨다는 의미를 갖는다. 청소년육성5개년계획 전반을 통해 청소년참여적 특성이 이념화되고 있고 반영되고 있으나 대표적인 것으로는 '청소년의 권리보장과 자율적인 참여확대'와 관련한 정책과제를 중심으로 전개되었다.

이는 이후의 제 3차 청소년육성 5개년 계획에서 참여, 인권과 복지의 지속적인 확대를 주요 과제로 하여 청소년정책과 사업 추진체계를 정비하는 성과로 나타났으며, 제4차 청소년정책기본계획(2008-2012)에서는 시민역량 증진 및 인성교육 강화를 기반으로 청소년의 권리 및 참여에 대한 정책이 추진되었다. 제5차 청소년정책기본계획(2013-2017)에서는 3대 중점과제를 추진하였는데, 그 내용은 청소년의 참여활성화, 청소년의 건강권 보호, 그리고 청소년의 권리증진 기반조성의 세 가지로 제시되었다.

그리고 2018년에 수립된 제6차 청소년정책기본계획(2018-2022)에서는 '청소년참여 및 권리증진'이라는 목표하에 청소년의 참여를 확대하고 청소년을 존중하는 사회적 기반을 강화하는 방향으로 설정하며, 청소년이 주도하는 활동을 확대하고 내실화하는 과제 등을 통해 4차 산업혁명에 대처할 수 있는 역량을 신장한다는 적극적인 정책 기조를 강조하면서, 이에 대한 구체적인 과제를 추진한 바 있다(여성가족부, 2020).

최근 제7차 청소년정책기본계획에서는 정책과제를 5가지의 대과제로 구분하고 그중 네 번째 대과제를 "청소년의 참여·권리 보장 강화"로 제시하고 있다.

〈표 8-3〉 **제7차 청소년정책기본계획(2023-2027)**

제7차 청소년정책기본계획의 비전 및 목표		
비전	디지털 시대를 선도하는 글로벌 K-청소년	
목표	청소년 성장기회 제공	안전한 보호 환경 조성

	대과제(5개)	중과제(14개)
정책과제	① 플랫폼 기반 청소년활동 활성화	1-1. 청소년 디지털역량 활동 강화 1-2. 청소년 미래역량 제고 1-3. 다양한 체험활동 확대 1-4. 학교안팎 청소년활동 지원 강화
	② 데이터 활용 청소년 지원망 구축	2-1. 위기청소년 복지지원체계 강화 2-2. 청소년 자립 지원 강화 2-3. 청소년 유형별 맞춤형 지원-
	③ 청소년 유해환경 차단 및 보호 확대	3-1. 청소년이 안전한 온오프라인 환경 조성 3-2. 청소년 범죄 예방 및 회복지원 3-3. 청소년 근로보호 강화
	④ 청소년의 참여·권리보장 강화	4-1. 청소년 참여 활동 강화 4-2. 청소년 권익 증진
	⑤ 청소년정책 총괄 조정 강화	5-1. 청소년정책 인프라 개선 5-2. 지역 맞춤형 청소년정책 추진체계 구축

출처: 관계부처합동(2023). p.19.

〈표 8-4〉 제7차 청소년정책기본계획 중 청소년참여 정책사업

대과제	중과제	세부 사업과제
4. 청소년의 참여·권리 보장 강화	4-1 청소년 참여활동 강화	4-1-1 청소년의 다양한 참여기회 활성화 4-1-①-1 청소년 자치활동 참여확대 4-1-①-2 지역사회 청소년 참여활동 확대 4-1-①-3 청소년정책 참여활동 지원
		4-1-2 청소년 참여 역량 제고 및 소통 강화 4-1-②-1 청소년참여 역량강화 4-1-②-2 청소년 간 소통 강화 및 공동체 역량 함양
	4-2 청소년 권익 증진	4-2-1 청소년 권리 보장 및 대표성 제고 4-2-①-1 유엔아동권리협약 이행 4-2-①-2 청소년 정책 추진체계 대표성 강화
		4-2-2 청소년 건강 및 생활 지원 4-2-②-1 청소년 건강검진 및 예방접종 지원 4-2-②-2 건강한 생활습관 지원 및 급식 사각지대 완화 4-2-②-3 여성청소년 생리용품 지원 강화

출처: 관계부처합동(2023). p.84.

2) 청소년우대제도의 정책화

(1) 청소년우대의 제도화 노력

사회생활 전반에서 청소년들이 주체적이며 자율적으로 참여하는 여건을 조성하고 직접적 또는 간접적 지원을 확대하는 것은 주요한 세계적 흐름으로 나타나고 있다. 사회 전반의 의식과 제도를 청소년인권과 복지를 강화하고 여가생활을 보장하고 청소년참여를 증진하기 위해 개선하기 위한 노력이 전개되고 있으며, 교통수단과 각종 문화활동 및 여가시설 이용에서 청소년에게 할인과 지원금을 제공하는 등의 다양한 우대제도가 시행되고 있음을 알 수 있다(김경준 · 모상현 · 송태진, 2019; 김도영 · 이혜경 · 노자은, 2019).

우리나라의 경우에도 청소년복지 향상에 대한 사회적 욕구 증대와 청소년

을 중요한 사회발전의 자원으로 보는 관점의 전환 등을 통해 역량개발과 사회정치적 참여확대, 청소년의 시민권 신장 등이 중요하게 논의되면서, 청소년우대와 관련한 사회적 인식 제고와 제도 마련을 위한 노력이 지속되어 왔다. 1997년 이후 청소년카드제, 청소년할인제, 청소년우대정책 등에 관한 정책연구가 이루어져 왔으며, 2004년 '청소년복지지원법'에 청소년 우대 및 청소년증 발급에 관한 근거 규정을 마련한 후 청소년증이 제도화되고, 국가 또는 지방자치단체를 통한, 수송시설, 문화시설, 여가시설 등의 청소년이용료 면제와 할인에 관한 내용이 명문화되었으며, 우대의 내용과 방법 등에 대한 연구가 최근까지 수행되고 있다(김경준・모상현・송태진, 2019; 함병수・신선미, 1997).

(2) 청소년우대제도의 의미

청소년을 사회적으로 우대한다는 것은 청소년들이 국가・사회적으로 특별한 대상이라는 의미와 함께 특별히 사회적으로 우대하지 않으면 건전한 성장・발달에서 어려움에 처할 수 있는 대상이라는 의미를 동시에 가지고 있다. 따라서 청소년우대정책은 이들 어려운 청소년들의 건전한 성장・발달을 지원하고, 또한 국가 사회적 발전에 기여할 수 있는 청소년으로 성장할 수 있도록 지원하기 위한 정책을 의미한다고 볼 수 있다. 이를 통해서 청소년정책에 대한 청소년들의 관심과 참여를 이끌어내고 청소년정책의 효과를 극대화할 수 있다.

청소년우대에 대한 사회적 요구는 청소년은 우대할 만한 특별한 대상이며 국가 사회적으로 청소년의 건강한 성장과 발달을 위한 책임을 인식하고 성장기에 필요한 다양한 활동에 주체적이며 적극적으로 참여할 수 있도록 할 필요가 있다는 인식을 전제로 한다. 청소년기의 어려움 없는 성장을 위해서는 다양한 교육, 문화, 여가활동에 필요한 경제적 제약이 없어야 하며 그를 위한 사회제도적 장치를 마련하는 것이 타당하다. 또한 그 내용은 청소년들이 다양하게 이용하는 교통수단, 박물관, 공원, 문화공연장 등과 같은 수단과 시설의 이용에 들어가는 비용을 면제하거나 할인하는 형태로 나타나는 것이 일반적이다.

청소년을 우대하는 것에 대해 형평성 문제나 사회적 비용부담의 문제를 제기하는 경우도 있지만, 세계의 여러 국가들이나 지역사회에서는 다음과 같은 몇가지 이유를 청소년우대제도의 필요성으로 생각하고 있음을 알 수 있다(김경준・최인제, 2009: 4).

첫째, 청소년의 정상적인 성장과 발달을 위한 기회를 국가사회가 보장하기 위한 수단이라는 점이다. 청소년양육의 책임이 가정만이 아니라 사회에도 있다는 인식이 강화되고 있는 것이다.

둘째, 청소년은 사회적 약자라는 점에서 본래적 권리를 향유하도록 보장하기 위해서는 사회적, 정책적 지원이 필요하다는 것이다. 사회적으로 소외된 청소년, 경제적으로 어려움을 겪고 있는 청소년들도 건강한 성장을 할 권리가 있으며, 개별적으로 어려울 경우에는 사회・국가적으로 그러한 기회를 제공해야 한다는 것이다.

셋째, 청소년에 대한 직접적인 지원을 확대함으로써 청소년 중심의 활동을 유도하고 그럼으로써 청소년들은 자신들이 참여한 활동에 대해 보다 많은 선택과 영향력을 행사할 수 있다는 것이다.

넷째, 청소년을 우대하는 것은 청소년분야의 업무와 활동에 대한 지역사회 차원의 관심과 지원, 그리고 청소년들의 지역사회에 대한 소속감과 자긍심을 갖도록 하는 의미를 갖는다. 청소년들에 대한 우대의 주체는 결국 청소년들의 일상생활이 이루어지는 지역단위에 있으며, 이들의 협력을 통해 실현될 수 있는 것이다.

김경준, 모상현과 송태진(2019: 13-14)은 청소년대상에 대한 관심 확대, 청소년활동 참여의 활성화 필요성, 청소년들의 요구확대, 직접적인 지원을 통한 정책의 효과성 제고, 청소년활동에 대한 정보의 효과적 수집과 관리, 지역사회의 다양한 청소년정책의 개발과 지역 간, 국가 간 네트워크의 발달 필요성 등의 여러 가지 측면에서 청소년우대제도가 발전되고 있다고 지적한다. 특히, 청소년우대제도는 국가사회적 요구에서 실시되는 경우가 증가하고 있지만, 최근에는 청소년들의 요구에서 출발하는 경우가 많으며, 지역의 청소년정책에 대한 관심과 박물관 등의 공공시설이나 영화관 등의 민간기업체의 적극적인 참여가 지역 청소년우대정책을 활성화하는 데 중요하다는 점을 지적하고 있다.

청소년 우대제도의 법적 존재형태가 중앙정부는 법률의 형태이며, 지방자치단체는 조례라는 점을 기억할 필요가 있다. 이는 정책의 변화에 따라서 중앙정부차원과 지방정부 차원의 우대의 연령범주와 혜택, 시설대상과 수단 및 내용의 측면에서 제정과 개정이 해당 정부의 관할에 따라 쉽고 어려울 수 있다는 점과도 관련된다. 교통수단이나 문화여가시설 등의 운영주체가 중앙정부인지 지방자치단체인가에 따라 달라질 수 있다는 것을 의미한다.

또한, 청소년정책의 측면에서도 문제중심, 일부의 문제청소년을 대상으로 하는 경우는 우대의 성격이 시혜적이고 소극적일 수 있는 반면, 청소년인권이 중요시되고 청소년참여가 강조되는 전체 청소년을 대상으로 하는 경우는 당위적이며 적극적인 우대정책의 성격을 갖게 되는 것을 알 수 있다. 즉, 청소년우대제도는 국가의 청소년정책의 성격과 정책의지에 따라 확대 또는 축소될 수 있으며, 그에 따른 청소년들의 관심과 참여 정도에도 직접적인 영향을 미침으로써 청소년정책의 효과에 밀접한 영향을 갖는다(김경준 외, 2007).

3) 청소년정책과 참여활동

(1) 청소년참여의 주요 정책영역

청소년들은 원칙적으로 자기 삶에 영향을 미치는 전 영역에 참여할 수 있지만 제도적인 측면에서 생각해 본다면, 우선 가정과 학교, 지역사회, 정치과정, 대중매체, 정부, 복지와 문화 등의 영역에 참여할 수 있다. 또한 문제(issue) 중심으로 생각해 보면 교육문제, 환경문제, 보건문제, 문화문제 등으로 구분할 수 있을 것이다(김정주 외, 1999). 청소년참여활동을 학교 내의 참여활동과 지역사회(학교 밖)에서의 참여활동으로 나눌 수도 있다(정건희, 2009). 학교 내의 참여활동은 협의활동 중심의 조직으로 학급회의와 학생회의의 조직과 운영의 활동을 하며, 지역사회에서의 참여활동은 청소년단체·수련시설조직(청소년동아리, 청소년위원회, 청소년YMCA 등), 공적참여조직(청소년참여위원회, 청소년의회), 청소년 자체 자생조직(중·고등학생연합, 사이버동아리, 청소년포럼 등)으로 구분한다.

청소년참여활동을 목적에 따라 나누어 보면 첫째, 청소년과 관련된 정책결정을 위해 조직된 청소년참여활동, 둘째, 청소년이 가지고 있는 의견들을 수렴하기 위한 목적으로 조직된 참여활동, 셋째, 청소년들을 민주시민으로 육성시키고자 하는 목적을 달성하기 위해 이루어지는 청소년참여활동 등이다(김형주 외, 2003). 이 세 가지는 어느 하나의 단일한 범주로만 구분하기는 어렵고 때로는 민주시민 학습을 위한 목적과 정책결정의 목적을 동시에 추구하거나 의견수렴과 정책결정 혹은 위의 세 가지 내용을 모두 포함하는 등의 참여활동도 있기 때문에 세 범주는 겹치는 경우가 발생하기도 한다.

청소년참여활동은 그 활동을 주도하는 기관 혹은 운영주체에 따라 정부주도와 비정부기관 주도의 참여형태로 분류가 가능하다. 즉, 청소년참여활동을 기획하고 진행하는 형태에 있어 자율성과 개방성이라는 관점에서 정부주도와 비정부기관의 주도는 어느 정도 구분이 가능하다. 또한 정부나 청소년단체, 혹은 학교 등 제도권 내에서 조직화된 단체로 성인들과 협력관계를 형성하거나 지도를 받으며 운영되는 청소년참여활동 사례는 제도화된 참여의 형태로 볼 수 있으며, 청소년들 스스로가 자발적으로 조직한 단체로서 운영에 있어서도 상대적으로 자유롭고 조직화되지 않은 참여활동 사례는 비제도화된 청소년참여활동의 형태로 볼 수 있다(박가나, 2008). 참여에는 가정 안에서 각 구성원이 적극적으로 자신의 역할을 다하는 것도 하나의 유형으로 포함할 수 있다. 더 나아가 동료집단 내에서의 참여, 학교에서의 참여, 청소년단체에서의 참여 혹은 지역사회에서의 참여, 국민으로서의 참여, 그리고 국제시민으로서의 참여 등이 있을 수 있다.

(2) 정책과정 참여활동

UN 총회에서는 청소년들, 특히 학생들은 이러한 형태의 참여에 깊게 관여될 수 있고, 때로는 보다 많은 정치적 참여 요구를 분명히 하고 있다고 지적하였다(UN, 2004). 청소년들의 정치참여활동이 꼭 기구나 단체에 소속되어서만 이루어지는 것은 아니며 소속된 단체나 기구의 활동만 정치참여로 한정하는 것은 아니다. 온라인상에서 이루어지는 정치참여운동(서명운동이나 해시테그 운동 등)에 개인적으로 참여할 수도 있으며 교육정책이나 청소년정책에 대한 자신의 의견을 신문에 기고하거나 블로그에 올리는 행위 또한 정치참여의 행동으로 볼 수 있다. 다음의 청소년특별회의, 청소년참여위원회, 청소년운영위원회, 청소년의회 등은 법과 조례에 근거하여 국가주도로 구성되어 운영되는 대표적인 청소년기구이다(조영, 2021).

① 청소년특별회의

「청소년기본법」 제12조(청소년특별회의의 개최)에 근거하여 청소년과 청소년 전문가가 함께 참여하여 범정부적 차원의 청소년정책을 논의하고 만들어 가는 정부주도의 청소년참여기구이다. 2004년 시범사업을 시작으로 현재까지 총 15회 진행되었으며 전국 17개 시·도 청소년과 청소년전문가들이 청소년의 시각에서 청소년이 바라는 정책과제를 발굴하고 정부에 제안하여 정책화하는 활동을 하고 있다.

- 청소년과 청소년전문가가 참여, 범정부적 차원의 청소년정책 과제를 마련하여 추진·점검
- 청소년과 청소년전문가의 의견을 효율적으로 수렴, 청소년정책에 반영함으로써 청소년참여 보장 및 권익 증진 제도화
- 민주주의 체험과 지역 및 국가공동체 문제에 대한 인식 제고 등을 통해 실질적인 민주시민 역할을 학습
- 정부와 청소년기관, 학교, 언론, 기업 등 범사회적 청소년에 대한 관심 제고와 지원할 수 있는 사회 분위기 조성

② 청소년참여위원회

「청소년기본법」 제5조의2항(청소년의 자치권 확대)에 근거하여 정부 및 지방자치단체의 청소년정책을 만들고 추진해 가는 과정에 주체적으로 참여할 수 있도록 만들어진 제도적 기구로 정부 및 지자체의 청소년관련 정책 및 사업에

대해 청소년들의 의견을 제시하고 평가하는 일을 한다. 현재는 17개 시・도와 221개의 시・군・구에서 청소년참여위원회를 구성하여 운영하고 있다.

- 청소년들이 청소년 관련 정책결정 과정에 주체적으로 참여하도록 함으로써 청소년정책의 현실성과 효율성 제고 및 권익 증진
- 청소년 관련 정책에 대한 의견 제시 및 안건토의
- 개인별 정책과제 연구 및 정책 제안 활동
- 청소년참여프로그램 직접 기획 및 추진

③ 청소년운영위원회

「청소년활동진흥법」 제4조에 따라 각 지자체에는 청소년들이 이용할 수 있는 생활권 청소년 이용시설로 청소년수련관, 문화의 집 등이 있으며, 청소년수련시설을 설치・운영하는 개인・법인・단체 및 위탁운영단체는 청소년활동을 활성화하고 청소년의 참여를 보장하기 위하여 청소년으로 구성되는 청소년운영위원회를 운영해야 한다. 즉, 생활권 청소년수련시설의 운영 및 프로그램 등을 청소년들이 직접 자문・평가하도록 함으로써 청소년의 수요와 의견을 반영하는 청소년이 주인이 되는 시설이 되도록 하였다. 청소년운영위원회의 기능은 청소년들의 청소년수련시설 및 프로그램 운영에 대한 참여와 모니터링을 하고 지역사회문제해결을 위한 참여 및 의견반영, 시설 및 청소년활동의 활성화를 위한 주체적인 책임 역할을 수행하는 것이다(장수한, 2020).

청소년들의 직접 자문과 평가와 관련한 주요 활동으로 수련시설의 운영전반에 대한 참여와 모니터링, 평가를 하며 지역사회 내 청소년활동 활성화를 위한 자치활동들도 함께 전개한다. 각 지자체의 특성과 수련관, 문화의집의

위탁여부와 특수성에 따라 운영위원회의 성격도 조금씩 다르고 활동의 범위가 달라진다. 청소년운영위원회는 청소년들이 주체적으로 수련관과 문화의 집 운영에 의견을 내고 지역사회 청소년공간으로 만들어간다는 것에 큰 의미가 있다.

- 공공 청소년수련시설에 청소년들로 구성된 운영위원회를 구성하여 청소년이 주인이 되는 시설로 운영되도록 유도
- 청소년수련시설 운영방향, 사업계획 심의·평가 등을 통하여 청소년수련시설 운영 전반에 대해 참여
- 지역사회 청소년정책 모니터링과 지역사회 구성원으로서 참여증진

④ 청소년의회

전국적인 차원에서 대한민국청소년특별회의가 있다면, 지방자치단체 중심으로도 청소년의회가 구성되어 있다. 지방자치단체 단위로 형성되어 활동하고 있는 청소년의회는 주로 지방자치단체가 아동·청소년의 참여권을 증진하기 위한 목적으로 설립한 것으로, 최근 증가하고 있는 현상을 보인다. 민주시민교육으로서 청소년의회의 구성과 운영에 대한 관심이 커지면서 청소년의회를 구성하고 운영하기 위한 조례들이 다수 제정되었다. 2018년 7월 말 기준 청소년의회 구성 및 운영에 한 조례(규칙 포함)는 총 29개이다.

- 청소년참여 활성화로 정책 전반에 청소년의 의견을 반영할 수 있는 제도적 기반 조성
- 활동 결과를 지역 의회 등 관련 기관에 건의
- 홈페이지를 통한 청소년 의견 수렴

• 지역 청소년단체 등과 연계한 캠페인, 문화 행사, 토론회 개최

4 선거권논의와 청소년참여의 최근 동향

1) 청소년선거연령과 피선거권 논의

우리나라의 피선거권은 25세이며, 선거권 연령은 종전의 19세에서 2019년 12월 27일 국회 본회의에서 「공직선거법」이 개정됨에 따라 국회의원 총선거 등 공직선거에 투표권을 행사할 수 있는 유권자의 연령이 만 18세로 하향 조정되었다. 그동안, 청소년의 참정권 확대에 대한 우려의 시각은 청소년들이 성인들에 비해서 합리적 판단능력이나 사회적 경험이 부족하여 올바른 선택이나 그에 따른 책임을 수행하기 어렵다는 점에 집중된다. 이에 따라 청소년들이 정치적 지식이나 이해가 부족하므로 정치적 판단 능력이 갖추어지지 않았고, 연령을 낮출 경우 청소년 선거권자 중에는 고등학교 재학생이 다수 포함되어 있기 때문에 학교현장에서의 교육적 부작용을 우려하는 것으로 나타난다(남미자 · 장아름, 2020).

실제로, 「공직선거법」 개정 이후 만 18세 선거권자가 첫 번째로 참여하는 제21대 국회의원선거가 2020년 4월 15일에 실시되었다. 만 18세 전체 선거인수인 534,355명 중 8.6%(31,329명)를 표본 추출하여 투표율을 살펴본 결과, 67.4%(여자 66.7%, 남자 66.3%)가 투표에 참여였다(중앙선거관리위원회, 2020a). 이는 우리나라 총 투표자의 66.2%(전체선거인수 43,994,247명, 실제투표인수 29,127,311명)의 선거 참여율을 상회하는 결과이다. 이는 18세 선거

권 하향에 따른 청소년들의 높은 참여율이 확인됨에 따라, 청소년들이 선거 전에 충분한 선거역량을 갖출 수 있도록 미리 준비할 필요가 있음을 시사한다. 나아가 만 18세 선거권자 중 일부 고등학생이 포함됨에 따라 청소년들을 대상으로 한 선거교육이 더욱 중요하게 되었다(김현진 외, 2020).

우리나라를 포함하여 영국, 미국, 프랑스 등 대다수의 OECD 국가에서는 18세 이상의 국민에게 선거권을 부여하고 있는데, 이는 청소년들이 보호의 대상이 아닌 국가의 성숙된 일원으로 중요한 의사결정의 주체자가 되어 스스로의 선택과 책임을 행사할 경험과 기회를 갖게 되었음을 의미한다. 우리 사회에서 '성년'의 연령 기준에 변화가 생길 수 있다는 점을 시사하는 것이다. 현재 민법상 성년의 기준은 만 19세이지만, 선거권의 부여는 정치 참여의 영역에서 만 18세 이상인 자를 성년으로 본다는 의미일 수 있지만, 그동안 18세를 미성년을 전제하고 시행되던 많은 제도나 정책들이 검토될 필요성을 제시하는 것이다. 또한, 고교 재학 중인 18세 학생이 공직 선거 투표에 참여할 수 있게 됨에 따라 시민양성에 기여하는 학교는 그에 따른 변화가 요청되고 있다(김현진 외, 2020).

2) 청소년참여의 최근 동향

오늘날의 청소년들은 이전 세대와는 달리, 기술발전과 디지털 미디어에 매우 익숙한 세대로 다양한 방식으로 사회에 참여하고 있다. 이는 사회구성원으로서 청소년에 대한 사회적 인식 변화와 사회적 지위를 변화시키고 있다(노자은·김정민·조영미, 2019). 한 예로, 2017년 옥스퍼드 사전은 올해의 단어로 youthquake를 선정한 바 있다. 이 용어는 1965년에 한 잡지에서 "음악, 대중문화, 패션 산업의 판도를 바꾸어 놓은 청소년문화를 통해 영감의 원천을 찾는 활발한 움직임을 의미"하는 것으로 처음으로 사용한 용어였지만, 청년(young people)들의 활발한 정치적 참여가 두드러지는 한해를 묘사하는 단어이며 청소년행동주의(youth activism)을 설명하는 단어로 사용되었다.

이는 최근의 반전(anti-war)행동주의, 반범죄(anti-crime)와 정부 부패, 반정부 검열(anti-government censorship), 교육적 접근 확대, 대중교통 접근과 같은 대중시위나 옹호에서 청소년과 청년(young people)이 문화적, 정치적, 사회적 변화를 요구하는 주도적 행동과 영향을 끼치고 있는 현상을 발견하는 것으로 설명할 수 있다. 이런 측면에서 기존의 청소년정책이나 사회적 제도 속에서의 청소년참여와 다른 비제도적인 자발적인 형태의 모습으로 전개되는 청소년들의 참여활동을 확인할 수 있다(노자은 외, 2019).

정건희(2015)는 1990년대를 기점으로 최근까지 언론기사와 문헌을 중심으로 청소년들의 시민참여 동향을 다음과 같이 제시하고 있다. 첫째, 청소년정책 변화과정에서 참여에 따라 청소년관은 수동적 참가의 대상에서 시민참여의 주체로 설정되었으나, 주류 담론은 아직 육성보호 선도의 대상으로서의 문제관점이 지배적이다. 청소년정책에서는 1990년대 이후부터 청소년활동이라는 용어가 사용되고 청소년들은 보호 선도의 대상이었다. 1995년 중반 청소년은 미래의 주체이며 수동적 참여존재로서 지도의 대상이었다. 1998년 참여가 정책에 명시되고 청소년헌장이 개정되어 사회구성원으로서 자율과 참여를 기반으로 청소년을 인권과 참여의 주체로서 정체성을 부여함에 따라 '권리주체로서 청소년관'이 등장하였으며 2003년 청소년참여기구가 조직된 바 있으나, 아직 우리 사회 주류담론은 문제관점과 학생의 위치권만을 강조하고 있다.

둘째, 청소년들의 사회참여 과정은 1950년대 이후 반독재 민주화운동의 맥락에서 파악된다. 19청년학생의 민주혁명운동, 63한일협정반대운동, 삼선개헌 반대운동, 1970년대와 1980년대 이래의 통일운동과 민주화운동 등 소수 청소년과 청소년들의 실천정신은 오랜 청소년운동사에 그 뿌리를 두면서 발전되어 왔다. 2000년대 청소년주도로 자발적 참여가 나타난다. 인터넷상에서 NEIS 반대운동이 시작되고 청소년참여 영역에서도 두발자율화 등에서 점차 공적 영역으로 확산되었다. 이슈를 선별해 보면, 두발자율화운동, 미군장갑차로 인한 여중생 사망사건, 18세 참정권운동, 광우병 쇠고기 반대를 위한 촛불집회 등으로 점차 공적 영역으로 확대되었다.

셋째, 사이버공간을 통한 청소년참여가 확산되고 있다. 청소년권리획득에서 참여공간 변화의 동향은 오프라인에서 온라인으로 이어졌고 기기의 발달로 온오프라인이 통합되는 고정을 거쳐 왔다. 기존 오프라인 주도의 청소년참여가 온라인공간을 통하여 역으로 오프라인 청소년운동 조직으로 결성하는 변화를 보였다. 기존의 PC통신 동아리는 점차 인터넷을 기반으로 하는 포털의 카페와 커뮤니티로 옮겨갔고 곧이어 블로그와 함께 소셜미디어를 통해 확장된다. 이후 스마트폰으로 인터넷 활용공간이 크게 확장되는 계기를 맞이하는데, 학교 교칙문제와 두발자율화부터 일부 사회적 이슈에 따른 청소년 촛불집회까지 공론화를 이끈 장은 온라인공간이었다.

넷째, 청소년참여는 정치사회 및 교육정책까지 확대되어 청소년주도의 시민참여 현상까지 나타났다. 이전의 촛불시위는 SOFA(주한미국주둔군지위협정)의 개정과 올바른 문제해결과정 요구, 청소년주도의 시민참여로 확대되었다. 이후 2008년에 광우병 쇠고기 반대 촛불집회가 전국으로 전개되었고 인권운동차원에서 교육정책으로까지 확대되어 전국적인 학생인권조례운동까지 이어지게 되었다. 이밖에 청소년들의 NGO참여나 지역을 중심으로 한 진로활동, 옴부즈퍼스(아동권리 옹호관), 기자단 등 다양한 자치활동을 기반으로 하는 청소년들이 지역사회에 정책적 제안을 하는 과정이나 동아리활동이나 프로젝트 활동을 진행하면서 지역사회에 정책적 제안을 하고 사회변화를 도모하는 활동들도 늘어나고 있다.

이와 같이 많은 청소년들이 자신들과 관련한 정책들과 사회문제들에 대해 실제로 목소리를 내고, 집회에 참여하고 있다. 선거권만이 아니라 여러 정치적 참여를 보장하라는 목소리도 끊이지 않는다. 청소년들은 이미 우리 사회에서 어른들과 동등한 한 명의 시민으로 살아가며 행동하고 있는 것이다(공헌・전누리. 2016). 유윤종(2019)는 한국의 청소년인권운동은 1990년대 중후반부터 유엔아동권리협약 가입과 시민사회의 관심을 배경으로 하여 두발자유 이슈로부터 시작된 것으로 보면서, 2000년대 초・중반에 체벌 금지, 종교의 자유, 표현의 자유 등 학생인권, 학교민주주의와 참여권, NEIS반대 운동과 정보인권, 청소년노동인권, 국가인권위원회의 기여, 그리고 다양한 청소년인권운동 주체들의 등장과 한계 등으로 공론화되었다고 본다.

유윤종(2019)은 2016년에서 2017년 걸쳐 박근혜 대통령 탄핵을 이루어 내며 추진력을 얻은 이슈 중 하나로 선거권 제한 연령 기준을 낮추는 문제를 강조한다. 퇴진운동과 탄핵의 과정에서 촛불집회로 시국선언으로 청소년들이 함께한 경험, 선거관리위원회와 국가인권위원회의 선거권 제한 연령 기준을 낮추라는 제안, 문재인 대통령의 대선공약 등이 우호적인 환경을 만들었다. 그동안 주요 선거 때마다 모의투표, 캠페인, 헌법소원 등의 방식으로 끊이지 않고 선거권 제한 연령 기준 하향과 청소년 참정권을 요구해 온 정치적 노력의 결과였다.

공헌・전누리(2016)는 '만 18세 선거권 운동'은 단지 선거권 연령을 바꾸자는 운동만이 아니었다. 선거권 제한 연령을 만 19세로 하는 것과 만 18세로 하는 것 사이에는 큰 차이가 있다고 본다. 18세로 정할 경우 고등학교 3학년생들이나 19세인 사람들 중 일부가 선거권을 가지게 됨으로써 참정권을 얻는 첫 출발선을 10대 청소년이 끊는다는 의미를 가진다는 점에서 만 18세 선거권을 둘러싼 찬반논란에는 청소년들의 정치참여를 인정하느냐 마느냐 하는 문제가 있었던 것이다. 이에 따라, 청소년 참정권 보장, 학생인권법 제정, 어린이・청소년인권법 제정을 목표로 꾸려진 '촛불청소년인권법제정연대'는 국회의 문을 쉼 없이 두드렸고 국회에는 정당 가입 연령 제한을 폐지하는 법안, 18세로 선거권 제한 연령 기준을 개정하는 법안 등이 발의되면서, 선거권 제한 연령 기준 문제는 선거제도 개혁의 주요 쟁점 중 하나가 된다(유윤종, 2019).

2018년 이후에는 학교 현장에서도 성차별 문제를 비판하는 목소리가 대두되면서 '스쿨 미투'운동이 여러 학교에서 일어나면서 성희롱 및 성폭력 문제가 제기되고 학교 안의 표현의 자유, 학생의 참여권, 교사와 학생 사이의 권력 위계 등에 대한 문제점도 드러나고 있다. 학교에 따라서는 페미니즘 동아리가 생기거나 청소년 성차별이나 섹슈얼리티 억압에 따른 활동이 나타나고 있다. 또한 현장실습학생 사망사고가 생기자 2017년 특성화고권리연합회가 만들어졌고, 실습 중 안전문제와 교육제도 안의 차별문제 등이 제기되었다(유윤종, 2019). 2019년 이후는 그동안의 사회적 변화와 청소년인권의 역사 위에서 청소년 참정권, 학생인권, 반(反)성폭력, 특성화고 현장실습문제 등에 보다 나은 성과를 얻게 될 것을 기대하고 있다(유윤종, 2019).

YOUTH STUDIES

PART

03 청소년개발과 시민적 관여

Chapter 09

청소년발전과 청소년개발

1 청소년발전의 기본전략

청소년발전은 예방이나 억제 혹은 치료나 교정 등에 의한 문제의 감소보다는 준비와 발달을 강조하는 청소년정책과 프로그램에 대한 접근이다. 그리고 기본적 전략으로는 궁극적인 목적과 지원 및 기회의 제공에 두고 있다. 그렇다고 청소년이 직면하는 다양한 문제들을 무시하지 않는다. 다만 문제예방은 궁극적인 목적으로는 적절하지 못하다는 것이다(Pittman, Cahill & Zeldin, 1994).

긍정적 청소년개발 전략은 청소년이 성공적이고 책임 있는 성인으로 이행하는데 요구되는 준비와 발달을 위해서는 일차적으로 청소년정책과 프로그램을 형성하는 목적과 전략이 확대될 필요가 있다고 본다. 기존의 청소년과 관련된 교육적이거나 직업, 고용결과를 개선하려는 여러 가지 노력들, 즉 지속적으로 혹은 단기간에 성과를 얻으려는 노력이나 문제를 감소시키려는 많은 공공적 개입들이 지나치게 단편적이고 단기간이며, 구체적인 결과에 협소하게 초점을 맞추는 경향이 있어 효과적이지 못하다는 일반적 인식에 기반한다.

따라서 긍정적 청소년개발에서 목적과 전략의 확대는 청소년발달과 이에 적절한 프로그램의 일반적인 생각에 의해서가 아니라 구체적인 연구와 이론에 기반한 종합적인 틀 안에서 제안되고 있다. 긍정적 청소년개발에서는 현재의 청소년정책과 프로그램을 개선하려는 노력들이 인간 삶의 복잡성과 참여의 필요성에 대해 더욱 주목할 필요가 있다고 강조한다. 즉, 청소년발달의 복잡성과 발달과정에서의 참여가 긍정적 청소년발달 전략의 중심적 역할로 인정되어야 한다.

또한 긍정적 청소년개발은 청소년발달 자체에 문제가 있거나 없는 것과 별개로 모든 청소년들에게 힘을 실어주는데 필요한 지원과 기회를 제공하는 사람, 프로그램, 제도, 체제에 관한 것이라고 전제한다. 이러한 전제를 바탕으로 긍정적 청소년발달은 다음 세 가지를 청소년발달에 관계되는 기본적 전략으로 상정한다(Pittman, 1996).

첫째, 양질의 서비스(service)이다. 서비스는 교육, 건강, 고용, 비행예방과 같은 서비스로서 적절한 교육과 정보, 자신을 표현하고 기여하며, 새로운 역할을 수행하며, 집단의 일원이 되는 도전적인 기회에 대한 서비스 및 존중, 모범, 기대, 지도와 긍정적이고 지지적인 성인과 친구 등의 제공을 포함한다.

둘째, 지원(support)이다. 일상생활에서 성공을 위한 동기적·정서적 전략적 지원을 말하는 것으로 지원은 다양한 형태로 이루어지지만, 긍정적이고 존중하며, 지속적이어야 한다. 그리고 지원은 부모, 가까운 친척, 지역사회 네트워크, 교사, 청소년지도자, 고용주, 친구 등 청소년의 일상생활과 관련된 다양한 사람들에 의해 제공될 때 가장 강력한 힘을 발휘한다.

셋째, 기회(opportunities)이다. 청소년에게 행동하고 탐구하고 표현하며,

일하며 소속되고 영향을 주는 방법을 학습하는 기회를 의미한다. 기회는 청소년에게 자신의 생각과 행동을 점검하고 다른 역할을 시도하는 것이다. 청소년은 성인과 함께 참여를 통해 가장 잘 학습할 수 있고, 학습은 모든 형태와 상황에서 일어난다는 사실을 강조할 필요가 있다.

이와 같이 보면, 청소년개발과 관련이 있는 사람, 프로그램, 기관들은 질 높은 서비스와 청소년을 위한 지원 및 기회를 제공하는 공통점들이 있다.

〈표 9-1〉 **긍정적 청소년개발의 공통적 기본전략**

구분	내용
질 높은 서비스	• 교육, 건강, 고용, 소년원 같은 곳에서의 서비스 • 적절한 지침과 정보 • 그룹에 속하게 하고 새로운 역할들을 수행하게 하며 자신을 표현할 수 있는 기회에의 도전 • 존중과 높은 기대감, 애정을 갖고 지도를 할 수 있는 성인과 동료의 지원
지원	• 동기부여와 정서적인 지원은 인생에 있어 성공적인 요소 • 청소년을 위한 지원은 애정과 존중이 바탕이 되어야 하며 지속적이어야 함 • 특히 이러한 지원은 청소년들이 부모, 친척, 지역사회, 교사, 청소년지도사, 동료 등의 많은 사람들로부터 얻게 될 때 가장 효과적
기회	• 청소년들이 청소년을 둘러싼 환경에서 어떻게 행동해야 하는지 배울 수 있는 기회 제공 • 탐구하고 표현하고, 어디엔가 소속되고, 영향력을 주고받을 수 있는 기회 제공 • 기회는 청소년들이 자신의 생각과 행동을 시험하고 여러 가지 역할들을 실험해 볼 수 있도록 함 • 다양한 환경과 세팅에서 적극적인 참여를 통해 성숙한 어른처럼 행동해 볼 수 있도록 하는 것이 중요

따라서 위에서 살펴본 청소년발전의 세 가지 기본전략은 청소년이 발달과제를 성취하는 데 요구되는 것이기도 하다. 그런데 이 세 가지는 항상 부족하거나 상호 경쟁적이라는 문제가 있다. 서비스는 종종 성인이 청소년에게, 그리고 청소년을 위해 무엇인가를 제공하고 의사소통하는 것을 지나치게 강

조하는 경향이 있고, 이것만으로는 충분하지 못하다. 따라서 서비스도 중요하지만 기회와 지원을 더욱 강조한다. 기회와 지원은 서비스를 보완하고 청소년이 체험활동에 참여함으로써 이루어진다.

긍정적 청소년발달 논의에서는 다음과 같은 지원과 기회를 더욱 중요시하는 경향이 있다(Zeldin & Charter, 1996). 첫째, 활동적이고 자기주도적인 학습기회, 둘째, 새로운 역할과 책임을 수행할 기회, 셋째, 성인과 친구로부터 지속적인 정서적 지원 및 동기 부여 지원과 높은 기대 수준, 넷째, 전략적 지원과 사회적 네트워크에 의한 접근이다. 특히 청소년들은 자신이나 부모가 사회적 네트워크에 관계를 맺고 있을 때 바람직한 결과를 성취할 수 있다. 그러므로 긍정적 청소년발달에서는 전략적 지원과 확대된 사회적 네트워크를 중요시하는 것이다.

2 긍정적 청소년개발의 정의와 원칙

청소년의 긍정적인 성장과 발달을 촉진하고, 성공적인 성인기로의 진입을 지원하는 것은 매우 중요한 국가적 과제이다. 긍정적인 관점에서의 청소년개발은 청소년을 문제의 주체가 아니라 사회의 문화적・경제적 자원(youth as resource)인 동시에 성인과 함께 사회변화를 이끌어가는 적극적인 존재로 인식하여야 한다는 가정하에, 기존의 문제예방적 접근방법(prevention model)에 대한 대안으로서 등장한 개념이다. 즉, 청소년의 긍정적인 발달과 성공적인 성인으로의 이행을 촉진하는 것은 단순히 청소년의 문제행동을 예방하고 치료하는 것만으로는 한계가 있다는 것이다. 따라서 긍정적 청소년개발은 경쟁력 있는 성인으로서의 삶을 위해 필요한 다양한 역량(competence)들을 개발하고(building competencies), 긍정행동을 증가시키면서(increasing thriving behaviors), 문제행동으로부터 스스로를 보호하고(streng -thening protective factors), 위험행동을 감소하는 것(reducing risks)을 모두 포괄하는 개념이라고 할 수 있다(Benson, & Pittman, 2001).

긍정적 청소년개발의 대표적인 학자인 Pittman(1991)은 "청소년의 잠재역량을 보다 바람직한 방향으로 성장시키고 발전시키는 일련의 과정"으로 보면서, "청소년개발이란 모든 청소년들이 ① 안전하고 사랑받으며 가치를 인정받고 유용하며 정신적으로 안정되기 위한 기본적인 개인 및 사회적 욕구를 충족하고자 하는 시도와 ② 그들로 하여금 일상생활 속에서 기능하고 또 공헌할 수 있도록 해주는 기술과 능력을 형성하고자 하는 시도를 할 수 있도록 하는 지속적 성장과정이다"라고 정의하였다.

긍정적 청소년개발(positive youth development) 분야는 광범위한 영역의 전공, 개념 및 전략을 포함한다. 그 일차적 원칙은 청소년의 긍정적 경험, 자원 및 기회에 접근하는 것과 자신들과 사회에 유용한 발달적 성과를 "증진(promotion)"하는 것이다. "발달적"이란 용어가 함의하는 것과 같이, 그것은 성장을 강조하고, 청소년은 긍정적 발달을 도모하는 행위자가 될 수 있으며 또 되어야 한다는 것이다. 그리고 긍정적 청소년개발은 레질리언스, 예방, 공중보건, 지역조직화, 발달심리학 등과 같은 다양한 분야에서의 연구를 통해 아이디어, 전략, 실천기법들이 발전하였다.

Damon(2004)은 교육과 사회정책을 포함하는 다양한 분야에 대한 관찰할 수 있는 결과와 함께 심리학 이론과 연구에서의 변화가 제시되고 있다고 주장한다. 여기에서는 세 가지 테마가 언급되는데, 첫째, 긍정적 청소년개발은 발달적 과정을 정의하고 이해하는데 강정중심 접근법을 취한다. 청소년을 무능력한 존재로 생각하기보다는 분명한 잠재력을 가진 존재로 강조하였다. 그동안의 주류 심리학적 탐구에 대해 비판적 입장을 갖는 것이다. 청소년발달에 대한 그동안의 입장은 지나치게 결핍중심적 이었으며, 그들의 발달적 특질에 대해 불완전하거나 때로는 왜곡된 견해를 갖도록 해왔다는 것이다.

둘째, Damon은 다른 긍정적 청소년발달론자들과 같이, 지역사회 중심성을 강조한다. 지역사회는 청소년들이 가진 활력을 나타내보일 수 있고, 상황, 장소, 사람 및 정책 등 그들의 발달에 영향을 끼치는 것들을 알려주는 하나의 인큐베이터(incubator)인 동시에 다면적 경험을 제공해 주는 곳으로 본다.

셋째, Damon은 긍정적 청소년발달은 건강한 발달적 궤도(trajectories)를 갖도록 힘을 넣어주는 긍정적 태도와 역량을 규명하는 노력을 통해, 가치, 도덕적 관점 및 종교적 세계관의 건설적인 발달적 자원을 찾도록 해준다는 것이다.

긍정적 청소년개발에 관한 문헌을 보면 다른 몇 가지 강조점들이 나타나고 있는데, 그 중에 하나는 공공정책과 실천분야에서 발달적 성공이란 질병이나 병리적인 것이 없는 것을 의미한다는 점이다. 실제 청소년에 관한 일반적 접근은 위험행동(risk behavior)에 관한 것이다. 여기에는 알코올, 흡연, 다른 약물사용, 비결혼 임신, 자살, 반사회적 행동, 폭력 및 학교 탈락 등을 포함한다(Benson, 1997; Hein, 2003; Takanishi, 1993). 긍정적 청소년발달은 이러한 건강을 구성하는 위험행동들이 감소하는 것이 발달적 성공의 중요한 표시라고 보는 동시에 다른 한편 "동전의 반대쪽"을 정의하는 것에도 관심을 갖는다. 즉, 일, 가족, 시민생활 등의 영역에서 성공하는데 필요한 속성적 특질(attributes), 기술, 역량 및 잠재력 등이 그것이다. 이러한 의미는 긍정적 청소년발달의 화두(mantra)인 "문제가 없다는 것이 완전히 준비가 되었다는 것을 의미하는 것은 아니다"라는 말에 잘 나타나 있다(Pitman & Fleming, 1991).

이와 관련하여 긍정적 발달 성공의 차원에 대한 개념화와 측정에 관한 연구들이 비중 있게 수행되었음을 알 수 있다. 여기에는 아동복지 지표를 정의하려는 노력, 번성하는(thriving) 청소년(Lerner, 2004), 또는 번영하는(flourishing) 청소년(Keyes, 2003) 등에 대한 연구가 있다. 이러한 성공에 대한 긍정적 수식어 표지(markers)를 사용하는 연구 중에는 발달적 성공을 개인적 복리를 증진하는 것뿐만 아니라 사회적 선(good)을 증진하는 것을 포함하는 것으로 개념을 확장하려는 노력도 있다(Lerner, 2004; Damon, 1997; Benson & Leffert, 2001).

한편, 긍정적 지표에 대한 관심은 청소년 삶을 개선하기 위한 목표대상인구(target)을 재개념화하려는 연구를 대두시켰다. 이것은 "위기청소년(at-risk youth)" 대 "전체청소년(all youth)"에 관한 논의를 의미한다. 긍정적 청소년 발달이 대두된 초기에는, 고위험행동(high risk behaviors), 특히 빈곤과 역기능적 가족 또는 지역사회의 잠재적 해로움에 취약한 하위계층 청소년들을 중심으로 그들이 가진 문제를 예방하기 위한 하나의 전략으로서 이해되는 경향이었다. 그러나 이것이 이제는 건강, 복리, 발달적 성공 등의 개념(notion)을 포함하는 것으로 확대되는 방향으로 옮겨가고 또 이러한 견해들이 널리 퍼져 있는 사회적 변화에 관한 역사적 사회학적 통찰과 접목함으로써, 점차로 발달적 모습과 지형(landscape)을 보다 일반적으로 강화하기 위한 전략적인 전국적, 지역사회적 투자를 요청하는 방향으로 옮겨가고 있다.

궁극적으로 이 이슈는 청소년을 위한 국가적 우선순위가 "충분히 좋은(good enough)" 발달을 증진하는 것이 되어야 할지 최적의 발달을 증진하는 것이 되어야 할지를 특징화시킬 것을 요구한다. Lorion과 Sokoloff(2003: 137)는 이러한 선택은 트러블 청소년을 고치는(fixing) 것과 모든 꽃에게 자양분을 주기 위해 토양을 풍부하게 하고 물과 햇빛을 최대로 사용하는 것 중에서 선택하는 것이라고 제시했다.

한편, 긍정적 청소년발달과 관련하여 몇 가지 핵심 개념과 원칙이 나타나고 있는데 종합적으로 보면, 다음과 같은 6가지의 원칙에는 상당부분 합의가 있는 것으로 보인다(Hamilton, Hamilton, & Pittman, 2004).

① 모든 청소년은 긍정적 성장과 발달을 위한 본래적 능력을 가지고 있다.
② 긍정적 발달궤도(trajectory)는 청소년이 그들의 발달을 만들어주는(nurture) 관계성과 상황, 생태환경이 있을 때 가능하게 된다.
③ 긍정적 발달의 증진은 청소년이 복수의 영양이 풍부한(nutrient-rich) 관계성, 상황 및 생태환경 속에서 있을 때 한층 더 강화된다.
④ 모든 청소년은 이러한 관계성, 상황, 생태환경으로부터의 혜택을 입는다. 지지, 힘 부여, 관여(engagement)는 예컨대 모든 청소년, 즉 인종, 민족, 성별 및 가족 수입 등으로 구분하지 않게 일반화되는 것이며, 중요한 발달적 자산(assets)이다. 그러나 이러한 발달적 자산을 증진하기 위한 전략과 전술은 사회적 입지여건(location)의 기능이며, 상당히 다양할 수 있다.
⑤ 지역사회는 긍정적 청소년발달을 위한 하나의 중요한 전달체계(delivery system)이다.
⑥ 청소년은 자신의 발달의 주요한 행위자들이며 긍정적 청소년개발을 가능하게 하는 일종의 관계성, 상황, 생태환경 및 지역사회를 창조하기 위한 주요하면서도 아직 활용이 적은(underutilized) 자원이다.

긍정적 청소년발달에 대해 분석을 하는 사람들이나 많은 연구자들은 지속해서 새로운 개념을 만들어내고 있다. 이러한 많은 개념 정의의 확산은 특정 개념 정의에 대한 합의의 결여뿐만 아니라, 이 분야가 상대적으로 새롭고(newness) 동시에 상당히 학제적인 특성을 갖고 있음을 말해 준다.

Hamilton(1999)은 이 용어는 3가지 방법으로 사용되어 왔다고 말한다. 그의 첫 번째 개념 정의는, 청소년개발은 전통적으로 하나의 자연적 과정(natural process)으로 보는 것이다. 즉, 청소년을 이해하고 환경에 따라 생동하는 능력이 증대하는 것을 의미하는 것으로 본다. 청소년들이 자신의 잠재능력을 긍정적으로 변화시켜 나가는 과정을 강조하는 것으로 여전히 가장 널리 사용되고 있는 정의이다.

두 번째 정의는 강점의 개발에서의 상황의 역할을 강조하는 철학 또는 원칙(philosophy or principles)으로 본다. 이 점에서 1990년대는 청소년개발이란 용어는 개인, 단체, 제도, 특히 지역사회단위에서 청소년들의 능력 함양에 대한 활발한 지지를 강조하는 일련의 원칙, 철학, 또는 접근법으로 이해하였다. 특히 여기에서 강조되는 두 가지 측면은 "보편성"과 "긍정적인 측면에서의 역량강화"이다(김진호, 2011). 소수의 문제청소년만을 대상으로 하는 것이 아니라 "모든 청소년(all youth)"을 대상으로 해야 한다는 점이 부각되었다. 그리고 그들의 "긍정적인 성장과 발달(thriving)"을 위해 청소년발달과 관련된 모든 자원들이 헌신해야 한다는 점이 강조되었다.

결과적으로 이러한 두 번째의 용법은 소수 문제청소년들만을 대상으로 접근한 기존의 청소년정책에 심각한 문제가 있다는 점을 지적하면서 등장된 것이라 할 수 있다. 그리고 문제-치료중심의 접근방법보다는 청소년발달이 이루어지는 환경을 개선하고, 보다 건강한 상호작용이 일어나도록 개입해야 하며, 보다 도전적인 과제와 활동에 청소년들이 단순한 수혜자가 아니라 능동적으로 참여하게 함으로써 긍정적인 성장과 발달이 촉진되도록 해야 한다는 점을 강조하였다.

세 번째 정의는 청소년개발은 또한 "청소년의 발달적 과정을 지지하는 계획된 실천(practices) 또는 활동의 틀"을 말한다. 이러한 실천은 프로그램, 단체, 또는 지역사회 이니시어티브를 통해 전달된다. 다시 말하면, 첫 번째 정의에서 언급된 "자연적 과정"으로서의 청소년개발을 촉진하기 위해 계획된 활동이나 실천과정 속에 두 번째 정의로 제시된 "상황의 역할을 강조하는 철학 또는 원칙"으로서의 청소년개발을 적용한 것이라고 할 수 있다(김진호, 2011). 여기에서 철학 또는 원칙으로서의 청소년개발은 상황에 따라 변하지 않지만, 실천으로서의 청소년개발은 상황에 따라 다양한 형태를 취할 수 있다는 의미를 갖는다. 즉 청소년발달은 가정, 청소년단체, 종교기관, 학교, 지역사회 등 다양한 장면에서 일어날 수 있다. 그리고 청소년지도자나 성인들이 청소년발달을 촉진하기 위해 취할 수 있는 실천방법 또한 여러 가지가 있을 수 있기 때문이다.

한편, Catalano 등(2004)은 긍정적 청소년발달 분야에 관한 주요한 문헌분석 연구를 수행했는데, 그 목적 중의 하나는 "이론적 경험적 개념 정의를 수립하고 연구하는 것"이었다. 종합적인 개념 정의가 없다고 주장하면서, 그들은 긍정적 청소년발달 접근법의 목표를 제시하도록 정의하였다. 즉, 긍정적 청소년발달은 다음 중 하나 또는 그 이상의 것을 증진하는 것으로 본다. 즉, 유대(bonding), 레질리언스(resilence), 사회적 역량(social competence), 정서적 역량(emotional competence), 인지적 역량(cognitive competence), 자기결정성(self-determination), 영성(sprituality), 자기효율성(self-efficacy), 긍정적 정체성(positive identity), 미래에 대한 신념(belief in the future), 긍정적 행동에 대한 승인(recognition for positive behavior), 친사회적 개입의 기회(opoortunities for prosocial involvement), 그리고 친사회적 규범(pro social norms) 등을 포함한다.

또한, Larson(2000)은 긍정적 청소년발달을 발달적 심리병리학(psychopathology)과 대조적으로 이해한다. 그리고 전자는 "어떻게 잘되고 있는가(how things go right)"에 관한 것이고 후자는 "어떻게 잘못되고 있는가(how things go wrong)"에 초점을 둔다고 제시했다. 따라서 그의 초점은 "청소년이 동기부여되고, 방향을 가지며, 사회적으로 역량 있고 온정성(compassionate) 있으며, 심리학적으로 원기활발한(vigorous) 성인이 되는 경로(pathways)"(p. 170)라는 데 있다. 이러한 정의는 병리(pathology)를 감소하고 자산을 구축하는(asset building) 접근법과 대조된다. 즉, 청소년의 위험행동의 발생을 예방하는 것은 긍정적 청소년발달을 증진하기 위해 조치를 취하는 것과 같은 것은 아니다. 유사하게 청소년문제를 예방하는 프로그램과 정책은 청소년을 시민사회에 기여하도록 반드시 준비시키는 것은 아니다.

3 청소년개발의 이론적 접근

1) 청소년개발의 개념적 의미

청소년발달과 긍정적 청소년개발은 청소년개발(youth development)이라는 용어를 통해 종합되는 것으로 이해할 수 있다. 실제에 있어서는 이러한 세 가지 용어들이 상호교환적으로 사용되기도 한다. 그러나 보다 엄밀히 보면, 앞서 고찰한 Hamilton의 개념 정의 중에서 세 번째 정의인 실천적 의미의 청소년개발의 개념이 보다 가까운 의미를 담고 있다고 볼 수 있다.

청소년개발에 관한 많은 개념 정의들은 청소년활동가들이 청소년으로 하여금 성공적인 성인으로 되게 하는 역량을 구축하도록 일해야 한다는 점을 강조한다. 대표적으로 Pittman(1993)은 청소년개발이란 청소년이 개인적, 사회적 필요를 안전하고 가치 있는 방법을 통해 성취하려고 시도하기 위해 관련되어 있는 지속적인 성장의 과정이라고 보았으며 또 청소년개발은 청소년의 일상생활을 잘 영위하기 위해서 요구되는 핵심역량과 기술을 습득하는 것이라고 하였다. 이 점에서 Pittman(1993)은 청소년개발은 청소년기에서 시작되어 성인기로 전환되는 과정으로 본다. 이 정의가 암시하는 것은 청소년과 청소년의 가족과 지역사회 모두가 청소년의 개발과 관련이 있다는 것이다. 청소년들은 가족과 지역사회의 지지가 없다면 이들의 개발이 불가능하기 때문이다.

청소년개발이란 다시 말해 청소년의 행복과 건강, 성공적인 성장에 필요하다고 생각되는 모든 장소와 지원, 기회, 사람이 포함된 복합적인 개념이며 청소년개발이 다양한 형태의 모습과 장소에서 다른 이름으로 존재하고 있는 것도 사실이다. 박선영(2011)은 청소년리더십 관점에서 청소년개발을 정의하면서 철학적이거나 어려운 것이 아니라 모든 청소년을 대상으로 그들의 긍정적인 발달을 위해 지원하고 기회를 주기 위한 사람, 프로그램, 단체와 시스템에 관한 것으로 본다. 청소년의 미래를 위해서 인지적, 사회적, 감정적으로 필요한 능력과 기술을 청소년기를 통해 습득하는 과정이라는 것이다. 청소년의 다양한 경험은 청소년의 발달에 중요한 영향을 미치고 청소년의 문화, 성, 사회경제적 계층 또한 청소년 발달에 큰 영향을 미친다. 따라서 청소년개발은 학교 같은 형식교육의 현장에서 이루어지기도 하지만, 가정, 교회, 또래 관계, 멘토링, 아르바이트 같은 여러 상황과 환경에서도 이루어진다.

긍정적 청소년개발(PYD)은 청소년기의 모든 청소년이 지원과 지도가 필요하다는 생각에서 비롯되었다. 이를 위해 모든 청소년에게 지원이 가능한 지역사회를 건설하고 동시에 청소년이 더 넓은 지역사회에 기여할 수 있는 기회를 제공해야 한다. 청소년개발의 개념은 청소년이 미성숙한 존재라는 생각에서 탈피하여 성인의 삶을 대비하는 능력과 영향력이 있는 중요한 발달단계라는 인식에서 비롯되었다. 긍정적 청소년개발의 목적은 청소년에게서 긍정적인 효과를 도출해내는 것으로 청소년들이 무엇인가 잘못했을 때 벌을 주고 훈육해야만 한다는 논리와도 상반된다.

청소년개발은 청소년들이 청소년기에 부딪히는 많은 도전에 대비하게 하고 체계적이고 다양한 활동과 경험을 통해서 청소년들이 사회적, 도덕적, 정서적, 심리적, 인지적 역량을 강화하게 하는 준비과정이라고 할 수 있다. 긍정적인 청소년개발은 청소년의 문제에 집중하기보다는 청소년의 가능성과 필요에 중점을 둔다. 청소년개발은 청소년이라는 특정 연령에만 해당되는 것이다. 즉, 청소년이 성숙한 성인으로 전환하기 위해 특정한 발달이라는 성장에 목표를 맞추고 있기 때문이다(Hahn, 1999). 또한 청소년개발은 청소년개인의 역량을 키우고 기본적인 욕구를 충족하기 위해 적극적으로 제공되어야 하는 과정이다. Witt(2000)는 청소년개발은 "그들을 사회적으로, 정서적으로 신체적으로 인지적으로 유능하게 되도록 돕는 조정된 진전적 일련의 지지와 기회"라고 규정한다. 그는 청소년은 건설 중인 건물과 같이 성장 중에 지지를 필요로 한다고 본다.

청소년개발은 철학적 입장, 목적, 과정 및 산출물을 포함한다. 청소년개발은 하나의 이벤트가 아니라 하나의 과정이다. 청소년개발은 본질상 공동의 목표나 목적을 공유하는 광범위한 직업을 포함한다(Murphy, 1995). 결과적으로, 한 과정을 잡으려는 어떤 노력은 한 이벤트를 잡는 것보다 훨씬 더 어렵다는 것이다. 성과에 대한 측정을 양적으로 하는 것이 많아지고 있는 현실에서는 그러한 성과에 이르게 된 경과와 과정에서 배운 교훈을 보는 못하는 결과를 초래하기 쉽다.

청소년개발에 대한 이해를 위해서는 다음과 같은 세 가지 측면에 대해 강조할 필요가 있다. ① 무엇이 청소년발전 상황장치(settings)로 전형적으로 생각되는가에 대해 범위를 갖는 것이 중요하다. ② 본질적 핵심요소들, 접근법 및 고려사항에 대한 범위를 만드는 것도 또한 중요하다. ③ 주요한 철학적 관점에서 청소년개발의 의미에 대해서는 다양한 해석이 있지만, 그 개념이 청소년에 기여하는 단체가 아니라 청소년 자체에 "접착"하는 것이 중요하다는 점을 기억할 필요가 있다(Pittman, 1991).

Murphy(1995)는 청소년발전을 개념 정의하는 데 있어서의 핵심적 긴장과 모순에 대해 지적하였다. 즉, 청소년개발 분야는 교육, 아동보호, 상담, 사회봉사 등과 관련되지만 구별되는 것으로 개념 정의하는 것은 쉽지 않다. 그러나 그렇다고 청소년개발이 모든 것을 포함하는 노력을 총칭하는 것으로 정의하는 것은 바람직한 것이 아니란 것이다. 실제로, 청소년개발 영역으로 포함할 수 있는 범위는 계속 확장되고 있다. 예를 들면 "청소년자선(youth philanthropy)"이 그 한 예이다. 청소년자선(youth philanthropy)은 미국 캘로그재단(Kellogg Foundation)의 하나의 핵심적 접근법인데, 다음과 같이 개념 정의된다.

즉, 청소년자선(Youth Philanthropy)은 청소년에게 의사결정을 할 힘과, 완전한 지도력 기회를 가질 경험과, 사회적 기술과 개선된 지역사회-청소년 관계성을 갖게 해준다. 이를 달성하는데, 청소년과 성인들은 서로에 관하여 또 서로 배우고, 참된 관계성을 수립하고, 지역사회의 미래에 대해 투자한다. 청소년을 자선(philanthropy)에 개입시키는 것은 청소년들을 지역의 주요 이슈와 연결하고, 그들의 자기존중심을 증가시키고 소유성과 지역사회에 대한 자부심을 구축한다. 이러한 경험을 통해, 청소년들은 지역사회의 발전에 기여하는 한편으로 자신의 발달에 참여한다. 이와 같이 청소년자선(Youth Philanthropy)은 지도력 개발, 지역사회 개발, 다문화주의, 팀 구축 및 청소년개발 등과 같은 많은 패러다임과 접근법을 종합적으로 활용한 것으로 볼 수 있다(Kellogg Foundation, 1999).

2) 청소년개발의 발전적 의미

청소년개발은 Delgado(2002)의 개념화를 통해서도 정의된다. 그는 청소년개발은 청소년을 개입에서의 파트너이자 중심인물로 본다. 이러한 개입은 청소년의 역량을 알아내고 활용하며 청소년의 욕구에 부응하려고 하는 것이다. 청소년을 의사결정자로 활발하게 관여시키고 그들의 창조성, 에너지, 추진력을 개발하려고 한다. 청소년개발은 또한 청소년들이 초인간(superhuman)이 아니라는 점을 인정한다. 따라서 청소년과 환경적 상황(가족과 지역사회)의 중요성을 강조하고 청소년의 역량 증대를 위해 도움이 되지 않고 유해한 대조적인 환경을 긍정적으로 변화시키는 옹호활동이 중요하다고 강조한다.

이런 점에서 레질리언스(Resilience) 연구는 연구자와 임상자 모두를 위한 하나의 새로운 패러다임을 제시한 것으로 볼 수 있다. 이는 청소년이 스트레스 요인들에 직면하여 성공적으로 발전하는 것이 어떠한가를 알려준다. 레질리언스(Resilience) 연구는 사회과학과 행태과학에서의 초점을 개인의 결점(deficits)과 병리(pathology)에서 개인과 지역사회의 강점(strengths)에 관한 조사로 옮겨가야 하는 것이 중요한 의미가 있음을 제시해 준다.

청소년개발은 또한 청소년에 의한 청소년을 위한 발전을 의미한다. 이 목적상, 청소년들은 힘이 부여된다. 그들은 스스로 자신들이 삶에서 선택성을 갖고 있고 또 선택성을 창출할 수 있다고 느낄 때, 또 그 선택의 함의를 알게 될 때, 제시된 결정을 자유로이 할 때, 그 결정에 입각하여 행동을 취하고 또 그 행동의 결과에 대해 책임을 받아들일 때 힘을 부여받는다. 청소년에게 힘을 부여한다는 것은 청소년들이 힘을 부여받는 것이 가능하도록 하는 조건들을 창출하고 지지하는 것을 의미한다.

사실, 청소년개발 패러다임은 1970년대 초부터 여러 가지 형태로 존재해 왔다. 그러나 본격적인 관심을 받고 실천현장과 학문영역에서 널리 알려지게 된 것은 1990년대 초 이후부터였다. 청소년개발은 단지 청소년만을 포함하는 것을 넘어서 가족과 지역사회를 포함하는 것으로 그 범위를 넓혀왔다. 청소년개발분야는 1980년대와 1990년대의 예방프로그램(prevention programs)에 그 기원을 두고 있다(Witt, 2000). 예컨대, 10대 임신(teen pregnancy), 약물오남용(drug abuse), 흡연(smoking), 그리고 폭력문제(violence) 등에 초점을 맞춘 예방프로그램들에 만족하지 못한 청소년관계자들과 정책결정가들은 보다 포괄적이며 근본적인 해결책을 찾기 시작하였다. Quinn(1999)은 연속선상의 한쪽 끝에 청소년개발을 두고 그 반대쪽 끝에는 사회적 통제를 두는 것으로 개념화했다. 예방은 청소년개발 바로 앞 단계이다.

위기에 처한(at risk)이라는 개념이 청소년중심 서비스 어휘 목록의 일부가 되었다. 그리고 미국을 비롯한 여러 국가에서 1980년대 범죄, 약물 및 원치 않은 청소년 임신들이 국가적 관심을 고조시켰을 때의 청소년들의 부정적 행태에 대응한 것이었다. "부정적 행태를 중단시키거나 감소하는 것이 일반대중이나 정치인에게 필요한 것으로 보였기 때문에 펀드(fund)를 요청하는 기관들이 자신들의 프로그램은 원치 않는 행태들을 감소시키고 무엇보다 먼저 청소년들을 이러한 행위를 하는 것으로부터 예방한다고 약속하였다. 청소년을 '위기에 처함'이라고 명명하는 것은 정치적으로 유용했으며, 필요하지 않다고 해도 기관들이 자신들의 니체(niche)와 목적을 정의하고 펀드를 받는 것을 도왔다"(Witt, 2002: 58). 성공이란 것을 정의하는 데 유익한 것으로 여겨졌던 지표들에는 범죄율에 대한 영향, 청소년 임신, 약물과 알코올 소비를 포함하였다.

사회와 청소년을 대상으로 하는 프로그램과 서비스들은 청소년을 위협으로, 또 사회에 대한 경제적 소모라는 것에 초점을 맞추는 어휘들을 자주 사용한다. 토론의 많은 부분을 청소년을 다루는데 대한 최고의 방법에 맞추면서. 미국의 전국청소년의회와 전미청소년협회(National Collaboration for Youth)(2000)에서는 다음과 같이 말한다. "우리가 청소년에 대해 이야기할 때 우리는 그들이 무엇인가의 사용을 중지하기를 원하는 부정적인 용어들을 너무 자주 사용한다. 우리는 그들이 약물사용을 중지하기 원하고, 술을 먹는 것을 중지하기 원하고, 학교중퇴를 중지하기 원하고, 성행위를 하기 않기를 원하고, 임신하지 않기를 원하고, 폭력적이 되지 않기를 원하고, 다른 비행행동을 하는 것을 중단하기를 원한다. 요컨대, 우리는 그들이 문제를 갖기를 중단하고 문제가 되는 것을 중단하기를 원하는 것이다. 우리가 청소년문제에만 초점을 맞추면 우리는 청소년을 문제라고만 생각하기 시작할지도 모르는 것이다"(p. 1).

3) 청소년개발의 촉진원리

청소년개발은 모든 청소년들이 ① 개인적이며 사회적 요구로 안정하며, 보살핌을 받으며, 가치적이며, 유용하며, 정신적으로 충만하며, ② 청소년의 일상적 생활에 기여하고 기능하도록 만드는 능력과 기술을 배우는 시도에 참여하는 지속적인 성장의 과정이다(Pittman, 1993). 청소년개발의 대표적 학자인 Pittman, Irby, Tolman, Yohalem, 그리고 Ferber 등(2003)은 청소년개발을 촉진하는 주요 원리로 다음과 같이 성과(outcomes), 투입(inputs), 기간프레임(time frame), 활동장(settings), 시간(times), 행위자(actors), 역할(roles), 대상(targets), 그리고 집단크기(numbers)라는 아홉 가지 측면에서의 확장과 확대를 강조하고 있다.

첫째, 청소년개발은 예방과 학업중심을 극복하여 성과를 확장하는 목적을 갖는다(broader outcomes). 청소년문제에 대한 대책도 중요하지만 문제예방위주로 접근하는 것은 제한적인 측면이 있다는 점에서 신체적, 사회적, 정서적, 시민적인 역량개발을 통해 충분히 준비된 청소년이 되도록 하는 발전적 접근이 필요한 것이다. 청소년의 문제예방과 개선은 중요한 영역이지만 청소년의 삶의 질은 학업성적과 문제회피만이 강조되어왔다. 청소년이 하지 말아야 할 것이 아니라 해야 할 것에 대한 기대와 평가의 의도성이 필요하다. 청소년의 문제행동의 감소와 성인역할 및 책임성에 대한 충분한 준비 등이 목적이 되어야 한다.

둘째, 청소년개발은 서비스를 제공하는 것에서 벗어나 투자를 확장한다(broader inputs). 기본적인 서비스를 넘어서 안전한 장소와 양질의 교육과 훈련 그리고 지역사회에 공헌할 기회 등을 제공할 필요가 있다는 것이다. 문제행동에 대한 논의는 청소년을 위해 제공된 서비스를 다루고 있다. 청소년에 대한 복지, 교통, 주택 등은 중요한 사회적 지원과 기회이지만 청소년에게는 함께 귀 기울이며, 안내할 성인이 필요하다. 청소년에게 경제활동의 기회, 학습, 탐색, 기여의 기회 등이 필요하다. 건강, 경제에 대한 기본적 서비스와 전체적 범위에서 사회적 지원과 기회의 지속적인 투입이 이루어져야 한다.

셋째, 청소년개발은 단기적 교정과 처방을 넘어서 시간적 프레임을 확대하는 데 초점을 둔다(broader time frame). 이는 단기간의 집중적 대책도 필요하지만, 그와 함께 장기적이며 지속적인 발달 서비스와 지원 및 기반적 투자가 요청된다는 의미로 볼 수 있다. 청소년 문제행동에 대한 처치는 교정을 목적으로 한 단기프로그램과 교육과정으로 예방적 접근이 이루어진다. 청소년개발을 위해 지속적인 관계와 지원이 요청되며 결핍-치료, 위기대응, 문제예방과 청소년개발을 위한 장기적 관심이 집중되어야 한다.

넷째, 청소년개발은 학교중심의 접근에서 벗어나 활동의 장(setting)을 확대한다(broader settings). 청소년의 성장과 발달에 학교는 매우 중요한 기관이지만, 가정과 지역사회 등 다양한 장(setting)들과의 교류와 소통 속에서 이루어진다는 인식이 중요하다. 다시 말하면, 청소년들이 주로 학교에서 생활하지만 이러한 지원과 기회가 청소년이 살아가고, 배우며, 일하며, 기여하는 데 유용한지를 검토해야 한다. 청소년의 모든 생활세계는 청소년개발, 참여와 탈선의 기회이다. 청소년을 위해 학교, 가족은 물론 지역사회센터, 청소년조직, 도서관, 공원, 쇼핑몰, 종교단체와 사업체 등 지역사회의 모든 환경적 공간, 즉 활동장(場)이 주어져야 한다.

다섯째, 청소년개발은 학교와 관련한 시간은 물론 그 밖의 시간에도 확장되어 이루어진다(broader times). 청소년시기는 학교는 물론 가족과도 벗어난 관계와 경험을 추구하는 특성이 있으며, 관심영역과 이동성이 확대되는 시기이다. 청소년이 학교에서 보내는 시간은 중요하며 방과후 시간과 연계된다. 청소년은 하루 24시간, 일주일 내내 계속적으로 발달하는 과정에 있다. 청소년이 깨어 있는 모든 시간 동안 서비스, 지원 및 기회가 주어져야 한다. 학교일과시간, 공휴일, 주말, 여름방학을 포함하는 방과 전과 방과 후의 모든 24시간과 일주일이 주어져야 한다.

여섯째, 청소년개발은 전문가중심을 극복하고 행위 주체가 확대된다(broader actors). 청소년 전문가들의 역할도 중요하지만, 의존성에서 벗어나 청소년개발의 자원으로 볼 수 있는 다양한 주체들과의 관계형성도 중요한 의미를 갖는다. 청소년과 함께하는 자원봉사자들과 참여할 수 있는 사람들이 많이 있다. 그러나 청소년의 가족이 제외되기도 하며, 청소년들이 스스로를 자원으로 인식되지 않는다. 교사, 청소년지도자, 가족, 지역사회구성원, 자원봉사자, 청소년 및 타 분야 전문가들이 행위자가 되어야 한다.

일곱째, 청소년개발은 청소년들이 서비스와 지원을 받는 수혜자에서 탈피하여 그 역할을 확대한다(broader roles). 서비스를 제공받는 소극적 역할뿐만 아니라 참여를 통해 또래집단과 지역사회에 중요한 변화를 가져주는 적극적 역할을 담당하는 것에 주목할 필요가 있다. 청소년은 단지 서비스의 수용자가 아니다. 청소년은 기획자와 실천가로서 역할을 할 수 있으며, 다양한 역할은 청소년이 문제대응과 기술(skill)을 기르도록 동기화한다. 청소년개발, 지역공동체 및 사회개발을 위해 청소년은 수용자이자 주체로서 역할이 주어져야 한다.

여덟째, 청소년개발은 지원을 필요로 하는 대상집단을 분류(labeling)함으로써 낙인화하는 것을 극복하고 대상(target)을 확대한다(broader targets). 청소년은 성장과정에서 지원을 필요로 하지만, 지원을 받더라도 문제집단으로 낙인화되는 일은 없도록 유의할 필요가 있다는 것이다. 지역사회에서 기회와 지원의 양적분배 및 질적분배는 균형적이지 못하다. 고위험 청소년은 고위험서비스에 집중되어 있으며 저위험청소년은 저위험수준의 지원과 기회가 제공된다. 모든 청소년에게 전체 범위의 발달과 참여가 제공되어야 한다. 청소년문제행동의 고위험지역에서 거주나 특정문제에 대한 제한을 두지 않는 모든 청소년을 위한 노력이 이루어져야 한다.

아홉째, 청소년개발은 서비스나 기회 등을 필요로 하는 일부 청소년에게 제공하는 시범 사업적 성격을 극복하고 그 범위를 확대한다(broader numbers). 청소년 서비스와 프로그램을 모든 청소년에게 제공하기는 어렵지만, 가능한 많은 청소년에게 제공될 때 보다 가시적인 효과를 기대할 수 있다는 점에서 대상청소년 집단의 크기가 임계질량(critical mass)에 도달하는 수준이 되는 것은 중요할 것이다. 우리가 청소년에게 제공하는 기회들을 평가해야 한다. 어떠한 조직이나 제도도 청소년을 위한 지원을 충분하게 제공할 수 없다. 조직, 개인적, 제도적 및 기타 영역들 간의 구체적인 연계노력이 요청된다. 시범프로그램과 적어도 약 80% 정도의 청소년에게 적합하며, 이용가능하며 흥미로운 서비스, 지원 및 기회의 배치는 80% 정도의 10대 및 그들의 이후의 삶에 영향을 미치게 된다.

4 청소년개발의 모델과 개념틀

1) 긍정적 청소년발달의 개념적 모델

청소년개발의 목표를 달성하기 위해서는 다양한 요소와 작동체계가 요구된다. 미국의 보건인간서비스부(Department of Health and Human Services)에서 발간한 청소년개발의 이해(Understadning youth development, 1997)에는 청소년기 발달과정에 관한 개념적 모델이 제시되어 있는데, 이는 긍정적 청소년개발의 내용과 작동체계를 개념적으로 보여주는 하나의 좋은 모델의 의미를 갖는다(김진호, 2011). [그림 9-1]은 청소년개발의 요소와 방향성을 명시하고 있으며, 청소년과 청소년을 둘러싼 외부의 지원체제가 밀접하게 연계되어 작동되는 메커니즘을 보여주고 있다. 예컨대, 청소년을 둘러싸고 있는 외부의 사회·문화적 맥락 요인으로는 가족 및 가정, 지역사회, 또래 및 동료, 그리고 국가사회가 있으며, 이 모델이 지향하는 다양한 요소의 변화를 위한 적절한 개입이 명시되어 있고, 청소년개발의 목표가 제시되고 있다.

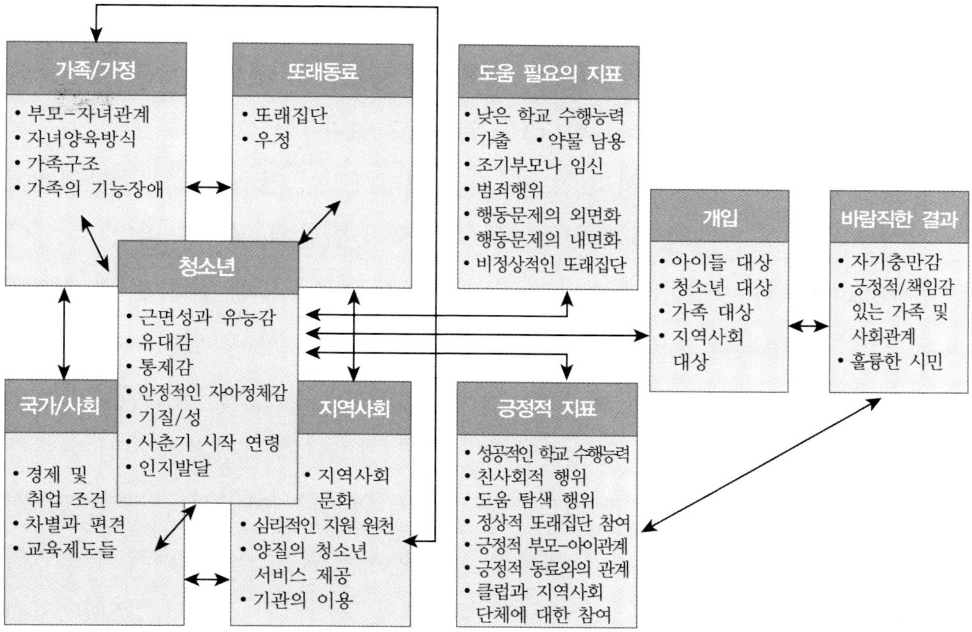

[그림 9-1] **긍정적 청소년발달의 개념적 모델**

출처: U.S. Department of Helath and Human Services (1997). p.3.

이 모델에서 제시하고 있는 긍정적인 관점에서의 청소년개발 패러다임은 청소년기의 발달이 개인적인 요인(심리적·생물학적·지적·인성적·천성적인 특성들)과 환경적 요인들(가정, 또래집단, 학교, 지역사회, 국가 등) 사이의 역동적(dynamic)이고 상호호혜적(reciprocal)인 상호작용을 통해 일어난다는 가정에 기초하고 있다. 그리고 발달적 맥락주의(developmental contextualism)에서 인간발달과 관련하여 제안한 다양한 원칙들을 반영하고 있다. 즉, ① 아동기에서 성인기로의 전환은 하나의 과정(a process)이지 하나의 사건(a event)이 아니며, ② 그 과정은 과거의 역사적 경험뿐만 아니라 현재의 경험에 의해 영향을 받고, ③ 개인적·환경적 특성에 의해 사전결정되지 않으며, ④ 성인기로의 발달경로(developmental pathways)는 다양한 형태로 나타나며, ⑤ 특정한 경험이나 사건들은 새로운 발달경로의 전환을 유도하는 전환점(turning point)의 역할을 한다고 가정하고 있다.

이처럼 긍정적 관점에서의 청소년개발 패러다임이 청소년들의 생활세계에서 일어나는 모든 경험들이 청소년들의 성장과 발달에 영향을 미칠 수 있다는 점을 강조하는 것은, 청소년과 관련된 정책과 프로그램 전반에 '경계넘기'와 '통합', '연대'의 필요성을 강하게 제기하는 것이라 할 수 있다. 즉, 청소년기의 성장과 발달에 관한 총체적 시스템을 이해하지 않고 '청소년문제예방'만을 따로 떼어 논의하는 청소년업무는 결코 청소년의 긍정적인 성장과 발달을 총체적으로 지원하는 과정에 도움이 되지 않는다. 따라서 긍정적 청소년개발의 관점은 청소년들의 문제행동을 예방하기 위한 프로그램과 청소년의 역량을 개발하기 위한 프로그램들은 청소년의 긍정적인 성장과 발달을 지원하는 "하나의 살아 있는 시스템"으로 통합·연계되어야 한다는 점을 강조하는 것이라 할 수 있다.

2) 청소년개발의 이론적 개념틀

Benson과 Saito(2001)는 청소년프로그램이나 청소년활동조직, 지역사회가 청소년발달을 촉진하는 데 활발하게 기여하고 참여하도록 하기 위한 청소년개발의 이론적 개념틀을 개발하였다. 이들에 따르면, 청소년개발의 이론적 개념틀은 [그림 9-2]와 같이 크게 배경부문과 투입부문, 긍정적 발달 촉진요인, 결과부문으로 분류될 수 있다.

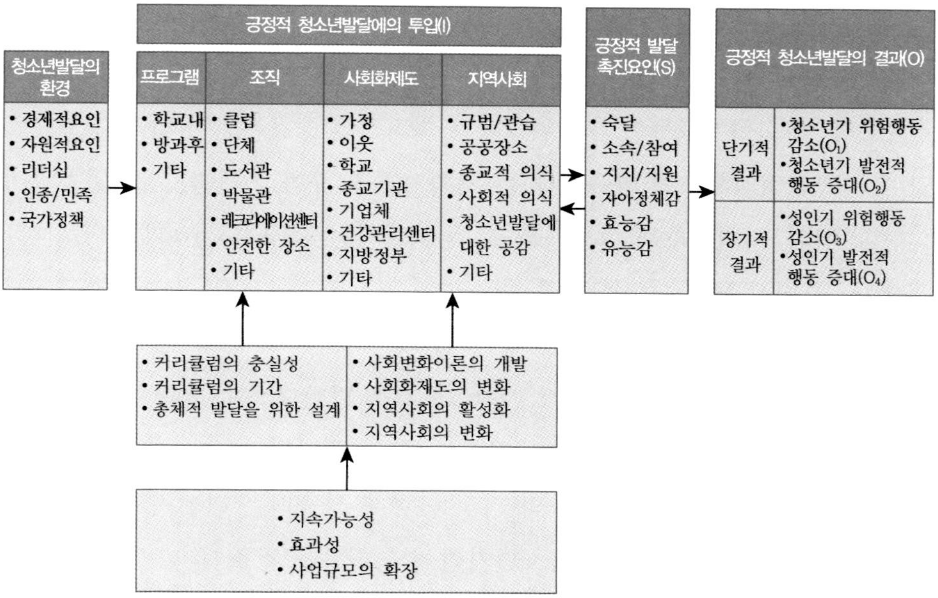

[그림 9-2] **청소년개발의 이론적 개념틀**

출처: Benson & Saito (2001). p.137.

첫째, 청소년발달환경의 배경부문은 청소년개발의 투입부문에 영향을 미치는 환경적 요인으로서, 경제적요인(economics), 자원요인(resources), 리더십(leadership), 국가정책(policy) 등이 포함된다.

둘째, 투입부문은 청소년개발이 실질적으로 일어나는 장(setting)으로서, 크게 프로그램, 조직, 사회화제도, 지역사회 등으로 유형화된다. 프로그램(program)은 청소년에게 발달적 체험과 배움의 기회를 계획적으로 제공하기 위해 디자인된 활동과정으로서, 학교 내 프로그램이나 방과 후 활동프로그램 등을 말한다. 조직(organization)은 청소년에게 발달적 기회를 제공하는 장소로서, 클럽이나 단체, 도서관, 박물관, 레크리에이션센터 등을 말한다. 사회화 제도(socializing system)는 청소년개발이 추구하는 목적과 방향을 같이하는 사회체제들로서, 학교, 가정, 이웃, 종교기관 등이 여기에 해당된다. 지역사회(community)는 청소년발달에 가장 큰 영향을 미치는 것으로서, 프로그램, 조직, 사회화제도들이 네트워크되는 지리적인 공간뿐만 아니라 청소년발달에 직·간접적으로 영향을 미치는 지역사회의 규범과 관습, 청소년발달에 대한 공감과 지원, 공공장소 등을 모두 포괄하는 환경적 생태계를 말한다.

셋째, 긍정적 발달 촉진요인은 청소년이 프로그램, 조직, 사회화제도, 지역사회와의 상호작용의 과정을 통해 얻게 되는 중간결과물로서, 향후 긍정적인 발달에 영향을 미치는 발달적 자산(asset)을 말한다. 여기에는 소속감, 연대성, 지지획득, 정체감, 효능감, 유능감 등이 포함된다.

넷째, 결과부문은 청소년개발의 과정을 통해 산출되는 단기적·장기적 결과를 말한다. 단기적 결과는 청소년기의 위험행동을 감소시키고, 발전적 행위를 증대시키는 효과를 의미하며, 장기적 결과는 성인기의 위험행동을 감소시키고, 발전적 행위를 증대시키는 효과를 의미한다.

3) 긍정적 청소년개발의 발달적 상황모델

1990년대 초기에 시작하여 2000년대를 거치면서 청소년을 논의하는 새로운 비전과 용어가 나타나게 되었다. 이러한 혁신은 발달시스템에서 구성되어졌다. 발달시스템이론에서 유연성에 대한 관심은 개체발생의 과정에서 다양한 시점에서 변화를 위한 잠재성에 관심을 갖게 되었다. 이들의 관심은 관리되어야 할 문제로서가 아니라 개발될 자원으로서 청소년에 대한 입장의 형성에 집중되었다(Roth & Brooks-Cunn, 2008).

첫째, 청소년-맥락의 연계는 긍정적 청소년개발을 촉진한다. 생애를 거치는 동안 유연성과 같은 시스템의 개인간(intraindividual) 변화에 대한 잠재력을 토대로, 청소년의 능력이 집, 학교, 지역사회 등 청소년발달의 주요한 맥락에서 건강한 성장을 위한 자원들과 작용하여 어느 시점에서 긍정적 기능이 향상되고, 긍정적 개발을 위한 시스템이 촉진된다면, 인간발달의 기본적 강점은 달성될 수 있다.

둘째, 맥락적 연계는 결합적 발달자산을 포함한다. 건강한 개발을 위한 개인의 강점과 맥락적 자원의 연계 개념은 가족, 학교, 지역사회 등 청소년개발의 주요 영역에서 긍정적 청소년발달의 촉진을 위한 최소한의 지원이 존재하는 것을 전제한다. 발달적 자산은 건강한 청소년의 성장을 위한 사회적이고 생태학으로 영양분으로 구성된다.

셋째, 지역사회중심의 프로그램은 발달자산의 중요한 원천이다. 발달자산의 효과, 측정, 원천에 대한 논쟁에도 불구하고 긍정적 청소년개발을 위한 가정, 교실, 지역사회프로그램 등의 결합을 이해하는 데 발달자산이 중요하다는 것을 청소년분야의 연구자와 실천가들은 동의하고 있다. 청소년프로그램의 관심은 청소년개발 분야의 실천가에게만 중요한 것이 아니다. 나아가 청소년을 위한 발달적 자산의 원천으로서 청소년 프로그램은 청소년의 건강한 변화과정에 관한 거시수준의 시스템의 역할에 관한 이론적 관심으로부터 도출된다. 청소년개발에 집중된 것으로써 청소년프로그램에 연관된 발달적 자산은 긍정적 청소년개발과 관련이 있다.

넷째, 긍정적 청소년개발은 5C로 구성된다. 청소년발달 분야의 문헌고찰과 실천가의 경험에 토대로, 5C(역량, 성품, 연결, 확신, 보살핌)는 긍정적 청소년개발을 개념화하는 것으로 전제된다. 5C는 청소년개발 프로그램의 긍정적 산물들과 관련된다. 또한 5C는 청소년개발 프로그램에 참여한 실천가, 청소년 및 부모에 의해 무럭무럭 자라는 청소년의 특성을 묘사하는 대표적인 용어이다.

다섯째, 기여는 여섯 번째의 6C로 추가된다. 청소년이 무럭무럭 자라게 되는 시기에 5C를 분명하게 보여주게 될 때, 청소년은 이상적인 성인(idealized adulthood)을 향하는 삶의 궤적에 놓이게 된다. 이론적으로 이상적 인간의 삶은 자신에 대한 기여와 가족, 지역사회 및 시민사회의 제도에 대한 통합적이며 상호적 강화에 기여하는 것이 분명히 나타난다(Lerner, 2004).

여섯째, 긍정적 청소년개발과 위험-문제행동은 상호 관련되어 있다. 발달에 있어 긍정적 청소년개발의 지표와 위험행동의 지표나 내재화와 외재화의 문제 사이에는 대칭적 관계가 있다. 청소년행동과 개발과 관련한 문제를 예방하는 최고의 방법은 긍정적 개발을 촉진하는 것이다. 청소년의 결핍적 관점에 대신하여, 긍정적 청소년개발은 모든 청소년을 변화를 위한 잠재력이란 강점을 가진 것으로 보고 있다. 삶의 질과 번영의 증가는 사회적, 신체적 발달자산과 관련한 청소년의 강점을 연계함을 통하여 모든 청소년에게 가능하다는 것이다. 상호적 영향력, 개인과 맥락의 관계, 5C의 개발, 자신, 가족, 공동체 및 시민사회에 대한 통합적 기여를 포함한 이상화된 위치의 성인기의 획득 등에 관한 발달적 과정의 모델은 다음과 같이 제시될 수 있다(Lerner, 2004; Lerner et al., 2005).

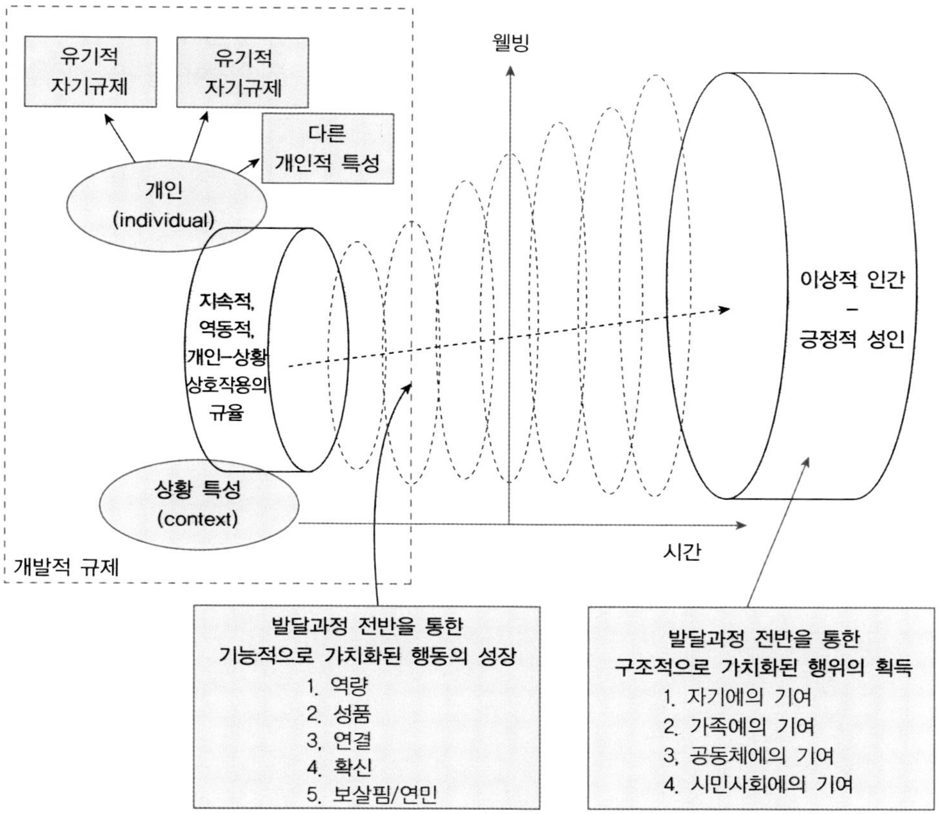

[그림 9-3] **긍정적 청소년개발(PYD)의 발달적 상황 모델**

출처: Theokas (2005).

청소년개발은 모든 청소년들이 개인적이며 사회적 요구로 안정하며, 보살핌을 받으며, 가치적이며, 유용하며, 정신적으로 충만하며, 청소년의 일상적 생활에 기여하고 기능하도록 만드는 능력과 기술을 배우는 시도에 참여하는 지속적인 성장의 과정이다(Pittman, 1993). 청소년의 잠재능력을 보다 바람직한 방향으로 성장시키고 개발하는 일련의 적극적인 과정으로서 청소년개발은 지적, 정신적, 정서적 제공을 위한 사람이나 장소의 개입을 통하여 지원된다. 청소년개발은 가정, 지역사회와 국가로부터 분리되어 일어나지 않으며, 청소년의 성장과정은 부모, 교사, 또래관계 등 주요한 인간관계와 환경으로부터 영향을 받는다. 또한 청소년개발의 접근은 모든 청소년을 위한 기회, 지원, 서비스를 포함하며, 학습된 의사결정과 이용가능한 선택의 이해를 따라 청소년이 자신의 미래를 책임지는 것에서부터 시작된다(이채식, 2008).

Chapter 10

지역사회청소년개발과 네트워크 실천

1 지역사회와 청소년발전

지역사회 또는 공동체로 번역될 수 있는 커뮤니티(community)는 일련의 공유된 신념, 환경, 우선순위, 관계성 또는 관심사를 혼합한 연결을 함의한다. 하나의 주어진 집단의 개인들을 또 다른 집단으로 하나의 공동체(community)로 묶는 이러한 연결의 네트워크는 장소에 기반을 둘 수도 있고 아닐 수도 있다. 문화와 신념체계를 중심으로 연결되는 공동체(community)를 생각할 수 있고, 공통의 이익, 환경, 우선순위로 연결되는 것으로는 전문가공동체나 이익공동체를 생각할 수 있다. 그러나 지리적 공간이 아닌 공동체라고 하더라도 사회적 모임, 전문가협회 등과 같이 지역적 기관을 통해 구성원들이 연결되는 다소 형식화되는 모습을 갖는다(김정주 · 천정웅 · 김영지 · 임지연, 1998).

또한, 지역에 기반을 두고 있는 지역사회(community)도 단순히 지리적 공간으로만 볼 수는 없는 중앙집중적인 일종의 연결단위의 의미를 갖는다. 이 점에서 지역사회는 집단적 정체적과 집합적 행동의 가능성을 갖는 어떤 형태의 개인 간의 상호연결의 존재로 볼 수 있는 것이다. 그러나 이러한 현지성(locality)을 가진 지역사회의 개념이 오늘날에는 사이버공간가지 확장되고 있음을 유념할 필요가 있다(천정웅, 2011).

청소년들에게 있어서 지역사회는 가장 직접적인 공간적 생활현장이다. 청소년들이 만나는 사람과 활동하는 장소를 제공해 주고 일정한 문화와 행동양식을 공유하게 해주고, 새로운 문화를 형성하는 기능과 인격발전과 사회화를 위한 교육적 기능을 수행한다. 청소년에게 있어 지역사회는 밀접하게 연관되어 있으며 서로 규제하고 영향을 주고받는 상호작용적 관계에 있다. 지역사회의 변화는 청소년에게 영향을 미치는 것은 물론이지만, 지역사회를 통하여 형성된 청소년들의 특성은 지역사회의 변화를 일으키는 주요한 동인으로 작용한다. 청소년은 지역사회를 떠나서 존재할 수 없으며, 지역사회 역시 청소년 없이는 존재할 수 없다는 상호 필요불가결한 관계성을 갖고 있음을 알 수 있다(김진호, 2007; Barton, Watkins & Jarvoura, 1997).

이런 맥락에서 보면, 청소년들이 지역사회 내에서 이루어지는 각종 이슈와 문제해결과정에 참여하는 것은 물론이며 지역사회가 청소년을 위해 충분히 투자해야 하는 것도 당연한 일인 것이다. 청소년이 가지고 있는 새로운 관점과 방향제시 능력, 통찰력, 에너지, 열정, 노력 등이 지역사회문제해결과정에 실질적으로 기여할 수 있는 기회를 제공해 주어야 한다(오해섭 · 이민희 · 김영호, 2007). 이를 통해 청소년은 자신이 속한 지역사회에 온전한 기여자가 될 수 있으며, 청소년의 역량과 재능은 한층 더 높은 단계로 발전할 수 있을 것이다.

특히, 청소년에게 있어 지역사회가 긍정적인 역할만 수행하는 것은 아니라는 점에 주목할 필요가 있다. 청소년 유해환경과 유해시설 등이 지속적으로 확산되고 있으며, 가출, 폭력, 성범죄 등의 위험에 노출되는 청소년도 날로 증가하고 있으며, 이러한 유해한 환경으로부터 청소년의 피해와 문제행동을 예방하는 사회적 인프라는 오히려 취약한 실정이다. 이와 같이 청소년의 긍정적인 성장과 발전을 위협하는 위험요인들이 확산되고 있는 상황에서 지역사회가 이에 대처할 수 있는 체계를 갖추고 있는가 아닌가는 청소년을 위한 지역사회의 본질적 기능을 회복하는 중요한 기준으로 논의되고 있다. 지역사회 중심의 통합적인 지원과 서비스가 강조되고 이를 위한 지방자치단체, 청소년기관, 시민단체 등의 역량강화와 연계협력 네트워크의 필요성도 이러한 맥락에서 제기되는 것이다.

지역사회는 지역, 공통된 유대, 사회적 상호작용의 3가지 구성요소를 갖는다. 전통적으로는 주민들의 상이한 이해관계와 가치관을 하나의 공동체의식으로 결속시킴으로써 고도의 사회적 통합력을 발휘해 온 생활의 장이었다. 청소년은 가족과 이웃, 그리고 지역사회(community) 속에서 성장하며 그 중에서도 건강한 지역사회는 청소년이 성공적 성인으로 자라는 핵심적 환경으로 흔히, "아이를 키우려면 온 마을이 필요하다(It takes a village to raise a child)"라는 말로 그 중요성이 강조되고 있다(Booth & Crouter, 2001). 지역사회는 청소년들의 직접적인 생활공간이며, 만나는 사람과 활동하는 장소를 제공하고 문화와 행동양식을 공유하는 인격형성과 사회화를 위한 중요한 역할을 하기 때문이다(Delgado, 2015).

청소년과 지역사회의 상호 필요불가결한 관계성은 청소년발달을 위한 지역사회의 기능회복과 역량강화의 필요성을 지속적으로 제기하고 있으며, 이는 지역사회가 청소년 성장의 원초적 환경으로서 갖는 이점과 구조적 상황들을 청소년발전을 위해 활용하는 방안들이 다양하게 논의되어 온 것에서도 잘 드러난다(오해섭, 2008; 천정웅, 2013). 한국은 물론 세계 각국에서 지역중심 청소년업무, 지역사회 청소년문제행동 대책, 청소년업무 협력체계와 네트워크 구축 등과 관련한 실천적 노력과 연구들이 수행되어 왔으며, 특히 2000년대 중반 이후 우리나라에서는 살기 좋은 마을, 마을공동체, 청소년 친화도시, 청소년이 행복한 지역사회 등과 관련한 정부와 민간의 노력들이 전개되어 왔다(이윤주・오해섭・강지원・백승주・성지은・탁현우, 2018).

미국은 지역사회의 역사성과 기능을 강조하면서 청소년의 성장을 위한 지역사회의 발달적 맥락을 중시해 온 전통을 가지고 있으며 지역사회중심 청소년업무(community-based youth work)에 대한 이론개발과 정책적 접근을 지속해 온 대표적인 국가이다(Fernandes-Alcantara, 2018). 특히, 미국의 청소년전문가들은 긍정적 청소년발달(PYD) 모델을 지역사회에 정착할 필요성을 제기하면서, 지역사회는 청소년들에게 긍정적 관계, 능력, 태도 등 자신의 성공적 삶을 위해 필요한 역량들을 발달시키는 기회를 제공함으로써 청소년의 긍정적인 발달을 촉진하는 노력을 기울일 것을 강조하고 있다(Ashcraft, 2017; Benson, 2003; Lerner, 2017). 이른바 지역사회청소년개발(community youth development: CYD)로 알려진 이러한 노력은 긍정적 청소년발달(positive youth development: PYD)을 넘어 청소년의 시민적 관여(civic engagement)를 통한 사회변화(social change)를 지향하는 방향으로 나아가는 현장실천과 정책발전을 추동하고 있다(천정웅・이민희・박선영・황성하, 2013).

2 지역사회청소년개발의 개념

지역사회청소년개발은 성인과 청소년들이 오랜 기간 긍정적인 관계를 갖도록 하는 건설적이고, 긍정적이며, 고무적인 환경을 창조하는 것으로 정의된다. 청소년들이 역량을 함양하고 자신의 발달뿐만 아니라 자신이 속한 지역사회에서도 동반자로서 참여할 수 있도록 하는 기회를 동시에 제공하는 것이다(Perkins & Borden, 2003). 달리 말하면, 지역사회청소년개발(CYD)이란 지역사회에서 청소년에게 역량개발의 기회뿐만 아니라 자신과 주변 사람들, 그리고 지역사회와 긍정적으로 연계될 수 있는 기회를 제공해주는 것이라고 할 수 있다. 그리고 청소년들이 지역주민들과 우호적인 관계를 유지하면서, 새로운 역량과 기능을 지속적으로 학습하게 하는 것이라고 할 수 있다. 따라서 지역사회청소년개발(CYD)은 모든 청소년들이 자신의 발달뿐만 아니라 지역사회에서도 파트너로서 적극적으로 참여해야 한다는 점을 강조하는 개념이다. 그리고 청소년들이 성공할 수 있는 능력을 증가시킬 수 있도록 다양한 교육 기회들을 창출해내는 "의도적인 환경 만들기(purposively creating environment)"의 의미도 포함된 개념이라고 할 수 있다(김진호, 2010).

지역사회청소년개발이란 용어는 미국의 전국청소년네트워크(National Network for Youth)라는 단체에 의해 사용되었으며(Hughes & Curnan, 2000), 기존의 긍정적 청소년개발이라는 접근법에 사회적 관여(engagement)를 주요한 구성요소로 추가하여 구성한 것이다. 전 세계적으로 성인들은 최근 들어 자신이 살고 있는 지역사회가 청소년 폭력에 취약하다는 충격적인 사실을 현실로 이해하기 시작했다. 이에 따라 모든 지역사회에서는 청소년들의 긍정적이고, 건강한 발달을 촉진하면서 동시에 부정적인 행동유발을 억제하는 환경을 조성하기 위해 지역사회 자체를 재설계(redesign)하려는 시도를 하고 있다.

그러나 긍정적 청소년개발의 중요성을 인식하기 시작했음에도 불구하고 긍정적 청소년개발을 촉진하는 환경조성을 위해 필수적으로 요구되는 지역사회의 동원(community mobilization)에 대해서는 이해가 부족한 실정이다. 특히 청소년의 건강한 성장과 발달을 촉진하는데 최적의 기회들을 제공하기 위해서 어떻게 행동해야 하며, 어떤 프로그램들이 개발되어야 할지에 대해서 이해하지 못하고 있다(Villarruel et al., 2003).

긍정적 청소년개발 모델이 지역사회 내 청소년사업에 적용되지 못하고 있는 것은 여러 가지 방법으로 해석이 가능하다. 우선, 지역사회들은 긍정적 청소년개발의 기회제공보다는 결핍모델(deficit model)에 초점을 두어 왔다는 점이다. 지역사회 내의 모든 청소년관련 정책과 프로그램들은 청소년들의 위험행동 또는 문제행위들을 제거하는 데 초점을 맞추어 왔다(예: 음주, 학업실패, 약물 등). 뿐만 아니라 문제행위들을 종합적으로 다루기보다는 특정 문제행위 하나에만 초점을 맞추었으며, 주요 타깃그룹도 이미 문제행위에 깊이 관여한 청소년을 대상으로 하였다.

따라서 이들 프로그램이 성공한다고 하더라도 문제행위를 더욱 심화시키거나 다른 문제행위로 전이되지 않도록 예방하는 효과만을 얻을 수 있을 것이다. 뿐만 아니라, 이들 문제예방 프로그램은 청소년들이 현재 또는 미래에 당면하게 될 도전과 사회적 요구에 성공적으로 대처할 수 있는 능력을 준비시켜 주지 못한다. 자신의 성공적인 미래를 준비하도록 하기 위해서는 청소년들에게 자신의 긍정적인 발달을 스스로 촉진하도록 의사결정을 할 수 있는 기회를 제공해 주어야 한다. 따라서 청소년관련 정책과 프로그램은 청소년들이 역량 함양의 기회를 통해 자신의 성장과 발달을 촉진할 수 있는 기반을 조성해 주어야 한다.

지역사회청소년개발(CYD)은 성인과 청소년들이 오랜 기간 긍정적인 관계를 갖도록 하는 건설적이고, 고무적인 환경을 창조하는 것으로 정의된다. 청소년들이 역량을 함양하고 자신의 발달뿐만 아니라, 자신이 속한 지역사회에서도 동반자로서 참여할 수 있도록 하는 기회를 동시에 제공하는 것이다. 따라서 지역사회청소년개발(CYD)은 성인과 청소년들이 오랜 기간 긍정적인 관계를 갖도록 하는 건설적이고 고무적인 환경을 창조하는 것으로 정의된다(Perkins & Borden, 2003). 청소년전문가들은 청소년들의 부정적인 발달과 위험행위를 억제하기 위해서는 긍정적 청소년개발 모델이 지역사회에 정착되어야 한다고 주장한다(Benson, 1997; Larson, 2002). 지역사회는 청소년들에게 긍정적 관계, 능력, 역량, 태도 등 자신의 긍정적인 삶을 선택하는데 필요한 역량을 발달시킬 수 있는 기회를 제공함으로써 청소년들의 긍정적인 발달을 촉진하는데 모는 노력을 기울여야 한다는 것이다.

1990대 긍정적 청소년발전 운동을 설명하기 위해 사용된 문구는 “문제가 없다는 것이 완전한 준비를 의미하지는 않는다(problem free is not fully prepared)”는 것이었다(Pittman, 1991). 논리적으로 그 다음에 이어질 질문은 “무엇을 위한 준비인가?”이다. 물론, 우리는 청소년들이 현재 자신의 삶을 즐기고, 자신의 기능과 역량을 개발하여 다재다능하고 생산적인 시민으로 성장하기를 원한다. 그러나 청소년의 현재의 삶을 무시한 채 미래의 삶만을 강조하는 것은 충분하지 않다. “완전한 준비”와 더불어 청소년들은 자신의 발전과 자신의 지역사회 개발에 파트너로서 참여해야 할 필요가 있는 것이다(Delgado & Staple, 2008).

이러한 맥락에서 Hughes와 Curnan(2000)은 긍정적 청소년발전의 준거틀을 통합하고, 청소년들이 실질적으로 참여할 수 있는 맥락을 제공하는 CYD의 필요성을 제기하고, Pittman(2000)은 “완전한 준비가 완전한 참여를 의미하지는 않는다(fully prepared isn't fully participating)"고 주장하였다. 결과적으로 CYD는 청소년발전에 대한 논의의 초점을 "문제없음(problem-free)" 또는 "완전한 준비(fully prepared)"에서 "파트너로서의 참여(engaged partners)"로 나아가게 한 것이다. 따라서 CYD는 청소년 지지적인 지역사회를 창출하는 것이며, 청소년을 자신의 발전에 적극적으로 관여하도록 하고 보다 큰 지역사회의 웰빙에 기여하도록 권한부여(empowering)하는 것으로 이해하는 것이다.

Perkins와 동료들(2003)은 지역사회청소년개발의 개념을 4가지로 정의하고 있는데 그중 3가지는 Hamilton이 청소년개발을 정의한 개념으로부터 가져왔으며, 이어서 네 번째의 정의를 덧붙이면서 개념을 정리하고 있다.

첫째, 자연적 발생과정(a natural process)이다. 즉, 청소년들이 자신의 잠재역량을 긍정적으로 변화시켜 나가는 과정을 강조하는 것으로 앞서 고찰한 청소년개발의 개념과 일치하는 것이다. 청소년이 환경을 이해하고 환경 속에서 행동하는 성장역량으로 본다. 이 점에서 청소년발달은 아동과 청소년발달(child and adolescent development)과 유사한 것으로 신체적·사회적 환경의 도전과 지원이라는 점과 관련하여 인간 유기체에 본래적인 잠재력을 자연스럽게 확장해 나가는 것이다. 사람들은 선택과 해석을 통하여 자신의 발달을 활발하게 도모해 나간다.

둘째, 철학이나 접근(a philosophy or approach)이다. 청소년의 성장역량을 개인, 단체, 기관들이 특히 지역사회에서 활발히 지원하는 것이다. 청소년개발 접근법은 모든 청소년들이 잠재력을 성취하도록 지원하는 것에 기원한다. 긍정적이며, 자산중심이며, 결점에 따라 범주화하는 것이 아니라 강점에 입각하여 수립되는 것을 말한다. 그러나 청소년개발접근법은 일부 청소년이 직면한 특별한 문제를 찾고 대응할 필요가 있다는 점도 인정하고 있다. 철학과 접근법으로서의 청소년개발을 가장 잘 나타내는 것은 지역사회를 청소년들이 성장하기에 보다 좋은 곳으로 만든다는 목적을 갖는 점이다. 이 목적을 성취하기 위해 청소년참여(youth participation)는 필수적인 것이다.

셋째, 프로그램과 단체(programs and organization)이다. 청소년의 성장역량을 강화하는 것은 계획된 활동들이다. 청소년개발 프로그램들은 종합적이다. 위험청소년이나 소외청소년들만 참여하도록 제한하지 않는다. 청소년개발 프로그램은 청소년들이 스스로 참여하고 프로그램의 운영에 대해 결정하고 또 책임 있는 역할을 맡도록 하는 기회를 제공한다. 이들 프로그램은 청소년들이 역량을 개발하고 또래들이나 성인들과 지지적 관계를 강화하도록 하는 건설적이고 도전적인 활동에 참여하도록 한다. 청소년개발은 청소년에 의해서 또 청소년과 함께 수행한다. 청소년에 주어지거나 청소년을 위해 수행하는 것은 비록 그것이 필요하고 값진 것이라고 해도 청소년개발이 아니다. 이러한 청소년개발을 증진하는 목적으로 특별히 존재하는 것이 청소년단체들인 것이다.

넷째, 지역사회를 위한 동반자관계(partnership for the community)이다. 공동협력과 팀활동이 지역사회를 대신하여 청소년과 성인들 간의 관계성을 규정한다. 물론, 청소년참여는 프로그램 진행과정의 모든 단계에서 필수적으로 요청된다(즉, 계획, 실행, 평가 등). 그러나 그와 똑같이 중요한 것이 지역사회에서의 청소년참여이다. 청소년들은 자신의 지역사회에 완전히 참여하고 또 지역사회를 위한 문제해결에 관해 방향, 통찰력, 에너지 그리고 노력을 제공한다. 청소년은 지역사회의 완전한 기여자이며 그들이 개발하고 있는 기술과 역량을 활용하도록 요청된다.

실제로 청소년은 자신의 지역사회에 참여하고 기여해야 하는 권리와 시민적 책임을 가지고 있다. 청소년참여는 청소년과 지역사회의 번영에 필수적인 것으로 여겨진다. 만일 청소년이 동반자로 관여하게 되면, 청소년은 지역사회의 향상을 위한 강력한 변화 주체가 될 수 있다. 이와 같이 지역사회에서의 관여(engagement)는 지역사회청소년개발을 정의하는 네 번째 의미로 이해된다.

다른 한편, 청소년과 동반자 관계에 있는 실천가들은 지역사회청소년개발에 방향을 제공하는 중요한 역할을 한다. Perkins(2010)는 지역사회청소년개발을 위의 4가지 정의에 대한 이해와 유사하지만 다른 다음과 같은 4가지 요소를 갖는 것으로 말하고 있다. 자연적 청소년발달 과정, 강점중심 접근법, 역량개발을 위한 의도적 프로그램이나 단체의 활용, 그리고 청소년에 의한 지역사회 관여 등이 포함된다.

첫째, 자연적 청소년개발과정이라는 것은 위에서 말한 자연적 발달과정과 같은 의미로 볼 수 있다. 둘째는 위에서 말한 철학이며 접근법으로서의 정의와 같이, 청소년의 성장 역량을 개인, 단체, 기관, 특히 지역사회에서 활발히 지원하는 것이라고 규정하지만, 이를 친화적 접근법(a proactive approach)으로 용어화하고 있다. 셋째, 위에 말한 프로그램과 단체에 대한 규정과 유사하지만, 그러한 활동의 핵심이 의도적인 활동(intentional set of activities)이라는 점을 강조하고 있다. 넷째, 지역사회를 위한 동반자적 특성을 설명한 내용과 유사하면서 자신보다 더 큰 것에 대해 기여하는 것(contribution to something greater than oneself)으로 설명하고 있다. 아울러 청소년참여와 함께 청소년의 의견개진과 목소리(youth voice)를 강조한다.

3 지역사회청소년개발의 이론적 기초

1) 지역사회청소년개발의 핵심요소

지역사회청소년개발(CYD)은 모든 청소년들에게 성공적 발달(development)과 지역사회에의 관여(engagement)에 필요한 핵심요소를 제공하는 과정을 촉진하는 것을 의미한다. 이를 위해 ① 또래와 성인들과의 긍정적 관계를 갖는 기회, ② 기술 함양과 역량개발을 위한 기회, 그리고 ③ 자신의 발달과 지역사회개발에 의미 있게 관여하고 의견을 개진할 수 있는 기회 등의 3가지가 중요하다(Perkins, 2009: 천정웅, 2013).

첫째, 청소년들의 역경극복을 위해 부모가 아닌 일반 성인들과의 긍정적 지지관계는 필수적이다(긍정적 관계성). 일반 성인과의 관계는 청소년의 좋은 모델링, 신체적, 지적, 정서적 및 사회적 성장을 위한 건설적인 피드백을 제공하는 환경적 요인이 된다. 또래와 성인들과의 긍정적 관계는 친사회적 규범 확립을 위해서도 중요하다. 친사회적 규범은 행동에 대한 규범을 강화하고 긍정적 또래 관계를 가능하게 하고, 또래 청소년을 격려하고 보상하며, 일상, 실천, 규범의 공유를 통해 응집력을 발전시킨다(Perkins & Border, 2001).

Rhodes(2002)는 청소년 멘토링은 젊은 사람이 그들의 가능성을 성취하도록 돕게 만드는데, 시간의 길이를 고려하는 것을 중요한 요인으로 본다. 6개월 미만의 멘토와 청소년 멘티 사이의 관계는 젊은 사람에게 좋은 것보다 오히려 피해를 주는 경향이 있다. 6개월 미만의 관계는 젊은 사람의 삶에 안정성과 지속성 부족에 따른 문제를 야기할 수 있다는 것이다. Masten(2001)은 이러한 관계들은 고등학교 시기와 같은 이행 기간에 가장 필요로 하는 것으로 보았다. 국가연구위원회의 기록과 의학기관의 자료에 따르면, 부모가 아닌 성인들과의 양육관계는 강화, 좋은 모델링 그리고 신체적, 지적, 정신적(그리고 감정적), 그리고 사회적 성장을 위한 건설적인 피드백을 제공하는 주요한 환경임을 밝혀주고 있다(Eccles & Gootman 2002: 96). 지역사회 청소년 발달체계의 정해진 목표는 지역사회에서의 젊은 사람의 참여와 그들의 성공적인 발달을 조성하는 것이다. 핵심 요소는 성인과 동료들과 함께 긍정적인 지지관계를 만들 수 있는 기회를 제공하는 것이다. 그런 기회는 친사회적 규범 확립을 위해 중요하며 친사회적 규범은 긍정적 행동 분위기에서 다른 사람과 상호작용하는 기준이 된다.

둘째, 청소년이 사회에 기여하는 성인이 되기 위해서는 개인적·사회적 자산을 형성할 기회가 필요하다(역량 개발). 이러한 자산은 ① 학문, 사회, 정서와 직업분야에서의 능력(Competence), ② 자신감(Confidence), ③ 자신과 타인과의 관계적 연결(Connection), ④ 긍정적 가치, 진실성, 도덕적 강한 의식에서 오는 성품(Character), ⑤ 보살피는 것과 동정심(Caring) 등을 포함하여 다섯 개의 C로 시작하는 요소들, 즉 '5Cs'로 불리고 있다. 지역사회청소년개발(CYD) 관점에서는 여기에 여섯 번째의 'C'를 추가하는데 ⑥ 가족, 이웃 그리고 지역사회에 기여(Contribution)함으로써 앞서 말한 '5Cs'를 활용할 실천적 기회를 갖는 것이다(Lerner, Phelps, Forman, & Bowers, 2009; Pittman, 2017).

지역사회 청소년개발은 보호에 관한 것이 아니라 청소년들의 강점에 관한 것이다. 청소년들에게 지지, 발달을 위한 기회, 그들의 기량을 사용할 수 있게 되면 청소년들이 환경의 압력에 굴복하지 않을 수 있게 된다. 지지와 기량을 가진 청소년들은 사회적 자산의 증대를 통해 도전으로부터 성장하고 지원과 기술을 가진 청소년들은 사회적 자원의 향상을 통해 도전으로부터 배우고 성장한다(Boeck, Chapter 8). 이러한 청소년들은 건전한 선택을 할 가능성이 높다. 성인들과 사회는 스트레스와 도전들로부터 청소년들을 완전히 보호해 줄 수는 없다. 성공적인 성인기를 위해 필요한 발달기술의 기회를 제공함으로써 청소년들을 준비시키는 것이 필요하다. 청소년들은 자신들의 능력에 대해 자신감을 갖고 지역사회에 대한 기여를 요청받을 때 기능이 가장 크게 향상된다.

셋째, 의미 있는 참여와 발언권을 위한 기회이다(의미 있는 관여). 청소년이 자신의 사회적 세계의 현실적 차이를 알 때 분별력을 갖게 되고, 유능하게 느끼는 기회를 가지게 된다면 무엇인가 다르다는 느낌(a sense of mattering)을 갖는다. 자치활동은 종종 참여, 도전, 흥미와 같은 경험을 아우르며, 능숙함과 기술의 범위를 증진시킨다. 자치활동의 힘은 학교, 청소년업무, 그리고 지역사회에서 청소년에게 제공된 '발언권'과 '선택'으로부터 나온다(Blakeslee & Walker, 2018).

탄력성 연구와 청소년발달 연구는 청소년시기의 성공적인 결과는 하나의 맥락 안에서 기여 혹은 문제의 기회와 연결되어 있다는 것을 밝혀주고 있다(Eccles & Gootman, 2002). 기부를 통한 청소년 참여는 서비스를 받는 사람들과 서비스 제공자들이 청소년에 대해 갖는 인식뿐만 아니라 다른 성인들의 인식도 재구조화해 준다. 다른 사람을 돕는 활동에 몰두함으로써 청소년기에 생기는 자기중심적인 생각을 극복하여 자신감과 관대함을 얻을 수 있다(Werner & Smith, 1992). 카네기위원회(Canegie Council, 1995)의 청소년 연구에 따르면, 청소년의 삶의 질을 높이기 위한 가장 강력한 전략은 그들 자신의 집과 지역사회에서의 그들의 에너지를 참여를 통해 불어넣는 것이다.

이렇게 보면 지역사회청소년개발은 청소년의 위험행동을 예방하고, 환경에서의 위험과정을 감소시키는 의미로써 그들의 개인적, 사회적 강점을 증진시키는 청소년 현장실천업무(youth work) 모델의 하나이다. 이 모델은 앞서 제시한 능력, 자신감, 연결, 성품, 돌봄/동정, 그리고 기여라는 여섯 가지의 'Cs'를 통합한다. 미국의 청소년전문가들은 청소년의 발달을 돕기 위해서 구조화된 환경을 계획할 때 지역사회청소년개발(CYD)의 구조를 활용한다. 결국 긍정적 청소년발달을 보장하기 위해서는 청소년시기 전반을 통해 지역사회개발을 같이 고려할 필요가 있는 것이다(천정웅, 2013).

6개의 'Cs'를 촉진시키다.

- 첫 번째 C(Competence)의 촉진은 참가자의 사회적인 것(의사소통과 같은 대인관계 기술, 자기주장, 갈등해결), 학문, 인지(예를 들어, 논리적이고 분석적인 생각, 문제해결, 그리고 결정 내리기), 그리고 직업과 관련된 능력 향상을 목표에 포함한다.
- 두 번째 C(Confidence)는 청소년의 자신감을 발전시킨다. 청소년의 자존감, 자기개념, 자기효능감, 정체성, 그리고 미래에 대한 믿음의 향상과 관련한 목표를 포함한다.
- 세 번째 C(Connection)의 촉진은, 관계 기관과 학교의 기본적인 믿음과 같이 다른 사람이나 기관과 함께 청소년의 관계를 강화하고 발달하는 것을 포함한다.
- 네 번째 C(Character)는 성격, 자제력의 증가, (문제)행동의 타협은 건강한 약속의 감소, 문화 또는 사회의 규칙에 대한 발달 존중, 옳고 그름의 의식과 기준(도덕성), 영성을 포함한다.
- 다섯 번째 C(Caring)는 보살피는 것과 동정심으로 청소년의 공감과 다른 사람과의 동일시를 향상시키는 목표를 가진다. Roth와 Brooks-Gunn(2003)은 청소년 프로그램 연구를 통해 5Cs에 집중하는 프로그램은 참가자 사이의 관계, 능력, 자신감을 향상시키는데 더 효과적이었음을 밝힌 바 있다.
- 여섯 번째 C(Contribution)는 가족, 이웃 그리고 지역사회에 기여함으로써, 청소년들은 다른 다섯 가지의 C를 사용할 실천적 기회를 가진다.

출처: Roth & Brooks-Gunn (2003).

2) 토대적 원칙과 실천의 공통적 가치와 원칙

(1) 지역사회청소년개발의 토대적 원칙

지역사회청소년개발(CYD)은 어느 날 갑자기 그리고 처음부터 완전한 모습으로 대두된 것은 아니다. 이웃과 지역사회에 있는 행동가와 청소년실천가,

청소년개발과 학교개혁의 주창자, 그리고 청소년문제 예방을 위해 노력한 진보주의자 등이 모두 청소년과 지역사회에 대한 총체적 접근을 확산하는 분위기를 만들어가게 됨에 따라 발전해 온 것이다(Pittman, 2017).

CYD의 토대가 되는 원칙들은 1975년 지역중심의 "전국청소년네트워크(National Network for Youth)"란 단체의 일과 방향을 밝히는 핵심 원칙에도 분명히 제시되어 있는데, ① 청소년들은 각자가 처한 상황에 관계없이 강점을 가지고 있고, ② 자신의 삶에 관하여 의사결정을 할 권리를 포함한 사회적 기본 권리를 가져야 하며, ③ 학교와 같은 기구나 제도보다는 가족과 지역사회에 소속되어 있다는 신념 등이 원칙으로 포함되어 있다(Hughes & Curnan, 2000). 이러한 토대는 또한 역사를 통해 청소년과 지역사회 업무의 가중 우수한 일들 속에서 발견될 수 있으며, 그러한 일은 미국 전역의 지역사회에서 매일 발생하고 있는 것이다. 그리고 지리적, 문화적, 학문적, 실천 또는 정책의 경계를 넘어 볼 수 있는 사람들의 지식, 경험 및 관점들에 기반하여 구축된 것이다.

CYD의 개념화와 발전과정을 보면, 청소년발전(Youth Development: YD)과 지역사회개발(Community Development: CD)의 개념을 바탕으로 "지역사회 속의 청소년(youth in community)"을 위한 새롭고 보다 큰 맥락으로 확장된 것을 알 수 있다. CYD는 청소년이 자신들의 재능을 활용하고 지역사회 생활에서의 투입을 증대시키기 위해 성인들과 파트너십이 되어 개인적 발달과 지역사회개발에 개입하는 것을 전제한다. CYD는 청소년들이 자신들의 가족, 지역사회, 지구 및 신성한 것과의 연결성뿐만 아니라, 정체성, 자기 가치, 자립성 및 소속감을 개발하는 과정에 적극적으로 관련되는 것이다. 그래서 CYD의 핵심원칙은 존중과 파트너십의 문화를 창조하고, 정의롭고 온정적인 사회, 안전한 장소를 만들고, 감사하는 문화를 창출하며, 실제적이고 사용가능한 기술을 이전하고, 관계성에 대해 의식하고, 인간의 참된 소명을 찾고 영위하는 것 등을 포함한다.

(2) 지역사회청소년개발(CYD) 실천의 공통적 가치와 원칙

CYD는 긍정적 청소년발전과 지역사회개발(community development)을 접목한 의미를 갖는다. 따라서 CYD의 실천사례도 이 두 가지 분야를 강조하는 자치단체와 청소년기관 등을 중심으로 다양한 형태로 실천되고 있음을 알 수 있다. 실제로 Perkins 등(2009)은 CYD는 미국 연방정부에서 학교 외 시간에 운영하는 다양한 방과후 프로그램 등을 집중적으로 지원하는 "21세기 지역사회 학습센터(21st Century Community Learning Center)"를 포함하는 지역사회 동원화 노력을 위한 준거틀로 본다.

그러나 CYD의 근본적인 전제는 청소년과 지역사회개발 사이에 중첩되는 부분이 있다는 것이다. CYD를 특별하게 보는 것은 그것이 청소년의 창조성, 열정, 그리고 역량을 미래가 아니라 오늘 현재의 참가자로서 사회변화 노력에 참여하는 것에서 구축되고자 추구하는 점이다. 결과적으로 CYD는 청소년을 지역사회라는 활동장에 있는 완전한 파트너이며 리더(leader)로 전제하는 새로운 역할을 강조하는 것으로 볼 수 있다(Camino & Zeldin, 2002).

Camino와 Zeldin(2002)은 다양한 분야에서 나타나고 있는 CYD를 실천하는 공통된 가치와 원칙을 연구한 바 있는데, 다음과 같은 3가지 테마로 모아진다고 하였다. ① 욕구뿐만 아니라 자산을 규명하고 그것을 바탕으로 구축한다. ② 시민을 관여시키고 지역적 통제를 증진한다. ③ 역량 구축과 체계적 변화를 위해 파트너십을 창출한다. 이러한 테마들은 CYD에 관한 일종의 합의를 나타내는 것으로 청소년개발, 지역사회 구축, 청소년문제 예방 등과 같은 다양한 분야에서 시민적 관여와 권력 공유의 원칙을 실제로 유착하고 있음을 나타내준다. 미국에서 볼 수 있는 여러 가지 CYD의 실천적 시도, 이니시어티브(initiative), 프로그램들은 "전체로서의 지역사회"를 개인적 웰빙만큼 가치롭게 보고 있음을 알 수 있다.

3) 지역사회청소년개발의 모델

청소년발전은 청소년이 적극적이고 귀중한 기여자가 되는 지역사회를 만드는 데 필요한 전략을 제공한다. 각 프로그램과 지역사회는 그 현장, 청소년의 요구와 프로그램, 지역사회 조직에 맞는 적절한 청소년개발을 규명할 필요가 있다. 이런 점에서 청소년발전적 접근에는 주요한 세 가지의 철학적 요소가 있다.

- 청소년과 가족을 고객이라기보다는 파트너로 보고 프로그램과 서비스의 고안과 전달에 이들을 참여시킨다.
- 청소년이 그들의 개발 욕구에 맞는 예방(prevention)과 개입(intervention) 서비스와 프로그램을 접할 수 있도록 한다.
- 청소년에게 주의 깊고, 지지적인 성인과의 관계를 개발할 수 있는 기회를 제공한다.

이러한 철학적인 이해를 바탕으로 청소년기관은 지역사회에서 청소년서비스 체제를 시작할 때 염두에 두어야 할 주요 원칙을 생각할 필요가 있다.

- 청소년발전을 수행하기 위해서는 조직이 변화해야 한다. 이는 청소년과 부모, 지역사회가 동반자로서 서비스와 프로그램을 고안하여 청소년에게 전달하고 지역사회를 강화하는 패러다임으로 조직이 사명, 조직구조, 의사결정 절차를 재검토하며 이 신조를 극대화하여야 한다는 것이다.
- 청소년과 지역사회가 공유하는 비전을 만들어야 한다. 지역사회는 어떤 청소년을 원하는지에 대해 청소년, 부모, 청소년서비스 전문가, 지역사회 성원 모두가 함께 의견을 나누고 결정하여 표현하는 일은 중요하다. 청소년의 연령과 발달 단계별로 모두가 이해할 수 있는 말로 청소년이 건강하고 참여적인 성인으로 성장할 수 있도록 하기 위해서 필요한 것이 무엇인지를 파악하고, 이러한 요구에 부응하기 위해 지역사회는 최선을 다하도록 해야 한다. 이러한 과정을 통해서 청소년개발 체제와 이것이 지역사회의 청소년을 위한 비전 속에서 어떻게 변화할 수 있을지에 관한 논의를 시작할 수 있다.
- 청소년발전에는 협력이 필요하다. 어떠한 지역사회 기관도 성숙한 성인으로 청소년이 성장하는데 필요한 경험을 제공하는 모든 발전적, 예방적, 치료적 프로그램과 서비스를 제공할 수 없다. 오히려 이 같은 프로그램의 창안에는 지역사회의 모든 청소년기관과 타 사회 서비스기관, 교육기관, 정책입안자, 지역사회 지도자, 청소년 모두의 협력이 필요하다.
- 청소년을 옹호하기 위하여 청소년기관은 매체나 지역사회에서 긍정적인 청소년이미지를 창출하도록 주의를 기울여야 한다. 매체 이미지와 사회적 태도는 청소년을 위해 헌신하는 자원과 서비스나 프로그램이 고안되는 방법에 영향을 미친다. 매체의 메시지는 원치 않는 임신, 약물사용, 범죄, 폭력 등 청소년에 대한 부정적 이미지를 전달한다. 따라서 탁월한 청소년, 지역사회에 대한 청소년의 긍정적인 공헌, 창의적인 프로그램에

초점을 둔 새로운 이야기가 필요하다. 청소년기관은 청소년의 긍정적인 소식을 홍보하도록 노력하여야 한다.

- 청소년발전을 위한 방향으로 이동하기 위해서는 서비스 제공자, 정책입안자, 가족과 지역사회를 교육할 필요가 있다. 청소년발전은 인간의 발전과정의 일부이다. 그러나 개인적인 자기반성이나 성장보다는 학업적, 직업적인 성취가 강조되어 청소년기가 사회의 관심을 덜 받는 경향이 있다. 따라서 청소년기관은 부모나 지역사회가 청소년의 발전에 대해 이해하도록 교육하여야 한다. 청소년기에 이들이 긍정적인 결과를 이루도록 돕는 것은 평생 지속적인 성장을 이루는 열쇠가 된다.

이와 같이 지역사회청소년개발을 위한 접근을 위해서는 청소년 관련 기관 및 단체들의 역할이 중요하다. 이런 점에서 청소년기관들은 앞으로의 전망(vision), 임무(mission), 그리고 실천(practice)이 연속선상에서 실행되는 노력을 지속해야 하며, 자신들의 목표를 효율적으로 달성하기 위해서는 다음과 같은 청소년개발의 개념적 요소들이 고려하여야 한다(오해섭, 2011).

첫째, 문제행동의 원인들을 정확하게 밝혀내고 청소년들이 가진 재능, 자신감, 개인적 특성, 상호연관성, 그리고 가정과 지역사회 나아가 국가에 기여 등과 같은 긍정적인 측면을 강조한다.

둘째, 청소년들의 삶을 전체적인 상황 속에서 이해해야 한다. 인간이 성장하는 동안 자신이 속한 가족, 학교, 지역사회, 그리고 사회적인 네트워크의 일부로서 형성되어짐을 인식해야 한다. 다시 말하면, 청소년들을 사회 전체적인 삶으로부터 구분되는 시각으로 보지 말아야 한다는 것이다.

셋째, 모든 사람들이 청소년개발에 대한 각자 다른 견해와 시각을 가지고 있음을 인정해야 한다. 비록 같은 이념과 목표를 가진 사람들이 모인 기관 및 단체일지라도 각자의 삶의 과정과 배경이 다른데서 오는 사고방식의 차이를 인정할 수 있어야 한다.

넷째, 청소년 자신들과 지역사회의 공동의 이익을 위하여 청소년들이 지역사회의 유용한 자원으로서 활용되어야 하며, 그들을 일상적인 시민활동에서부터 중요한 의사결정에 이르기까지 성인들과 동등한 파트너로 참여시켜야 한다.

마지막으로, 지역사회는 청소년들에게 다양한 학습활동 및 경제활동을 지원함과 동시에 다른 한편으로 그들이 지역사회에 많은 기여를 할 수 있도록 기회를 제공해야 한다.

청소년개발 관련기관 및 단체들은 청소년문제와 연관된 어떤 한 가지 상황을 좀 더 심도 있고 철저한 관찰을 통한 문제해결 전략을 체계적으로 수립해야 할 필요가 있다. 또한 체벌과 통제를 강요하기보다는 청소년지도자(Youth Worker)들로 하여금 폭넓은 시각으로 청소년들의 자산(assets)과 자원(resources) 가치에 초점을 두어 각각의 독특한 상황에 적합한 문제해결 전략을 적용할 수 있도록 해야 한다. 이를 위해 청소년관련 기관 및 단체들은 획일적으로 계획된 사업을 추진하기보다는 기관 차원의 지속적인 학습과정, 청소년의 긍정적 자산가치 발견능력 개발, 그리고 그들의 성취결과를 반영하려는 노력을 해야 한다.

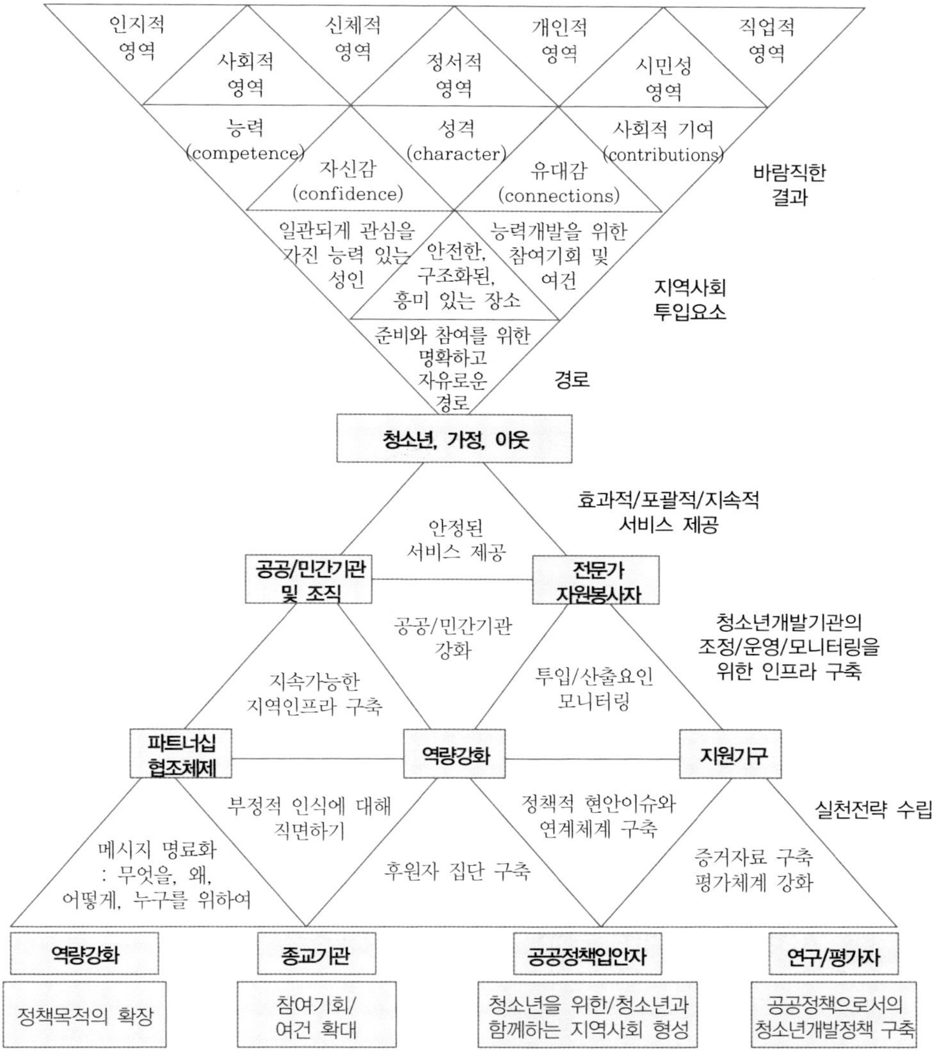

[그림 10-1] 지역사회청소년개발을 위한 패러다임

출처: Pittman, Irby, & Ferber (2001). p.45.

청소년개발기관의 미래 가치는 기관들 각자의 자원과 청소년 고객에 대한 효율적인 관리와 함께 기관들 간의 협력관계 유지를 통한 발전가능성 모색과 공공의 이익을 추구하기 위하여 다음과 같은 원리들에 바탕을 두어야 한다.

① 청소년개발사업은 한 가지 이상의 목적을 추구하고 제도적인 틀을 벗어나 긍정적인 청소년개발에 초점을 두어야 한다.
② 유용한 지식, 정보, 그리고 경험을 공유하기 위한 개인 간 혹은 기관 간의 협력과 파트너십을 증진시킨다.
③ 문화, 정체성, 종교, 그리고 사고의 다양성을 존중함으로써 폭 넓은 시각을 갖도록 한다.
④ 지역사회에서 진행되는 청소년활동에 성인들이 적극적으로 참여하고 서로 신뢰하며 존중하는 관계를 유지하도록 한다.
⑤ 청소년개발기관들이 중요한 사업을 추진하는데 있어, 청소년지도자들의 혁신적인 사고를 바탕으로 가치 있는 파트너로서 전념할 수 있도록 권한을 부여하는 것이다.

4 지역사회 네트워크 실천과 성공요인

1) 지역사회 네트워크와 청소년 네트워크 실천 경험

네트워크는 기본적으로는 지역사회에서 발생하는 문제해결과정에 자원을 필요로 하는 욕구에 기반해 형성된다. 즉, 네트워크는 공유된 목적을 성취하고 목표를 이행하기 위해 개인이나 조직 및 기관 간에 상호작용하고 자원을 교환하여 더 좋은 효과와 성과물을 낳을 수 있는 사회적 체계인 것이다. 네트워크는 또한 청소년 이슈를 비롯한 지역사회문제해결을 위한 다양한 전문 조직간 노력들의 결합이라는 측면에서 지역사회 조직을 실천하는 과정으로 의미를 갖는다.

네트워크를 떠올릴 때 일반적으로 평등한 협력관계로 인식된다. 그러나 이는 지향하는 가치에 대한 의미일 뿐 실제로 평등하지 않은 경우도 많다. 네트워크의 유형을 연구한 학자들은 수평적 네트워크, 수직적 네트워크 또는 이와 유사한 분권형 네트워크, 집권형 네트워크라고 유형을 구분한다. 즉, 중심기관이 존재하지 않는 네트워크 참여자들 간의 수평적 관계를 기반으로 계층적 서열관계나 독점적 지위를 찾을 수 없는 형태를 수평적, 분권적 네트워크라고 한다. 같은 지리적 영역을 공유하고 같은 과업환경을 가지며, 같은 지역 안에 위치해 있고 비슷한 결정기구를 가지며 일차적으로 수평적 관계를 유지하는 조직들로 구성된다.

김정주 외(2004)의 연구에서는 지역사회 네트워크 구축의 과정을 우리나라의 실증적 사례를 분석하여 3단계로 분류하여 네트워크 주도자 간의 각 단계별 과제들을 제시하고 있다.

〈표 10-1〉 **지역사회 네트워크 구축의 단계**

구분	단계	과제
1단계	중심조직 혹은 주도집단 중심의 기본구조형성	- 공동의 합의 도출 - 공동프로젝트 가능한 정책적 제도화 - 연계를 주도할 적절한 실무자의 존재

2단계	중심조직 혹은 주도집단 중심의 연계촉진	- 모든 기관들이 서로간의 정보를 공유하고 인지 - 유능하고 열의 있는 중간리더 양성 - 단체장들의 연계에 대한 합의와 공유 - 기관장과 실무자간의 소통 원활히 하는 대화채널 마련 - 공공과 민간 기관 간의 적절한 역할 분담 - 공동합의를 통해 개별기관이 하기 힘든 프로그램 시도
3단계	지역청소년연합(가칭) 중심의 파트너십	- 조직 간 공통분모를 찾아내어 단계적으로 공공 이슈화 - 기관 간 동등한 협력이 지속되도록 중개적 역할 - 공공기관과의 파트너십 지속적 유지 - 지역 내 다른 조직들과의 관계에서 열린 입장 견지

출처: 김정주 외(2004).

여기서는 주로 미국과 유럽 등의 주요 선진국에서 나타나고 있는 지역중심 청소년 네트워크 프로젝트, 프로그램 및 이니시어티브(initiative)를 청소년문제예방 네트워크, 지역사회 역량함양 네트워크, 그리고 청소년참여 증진 네트워크 등의 세 가지로 유형을 구분하여 알아보기로 한다.

(1) 청소년문제예방을 위한 지역사회 네트워크: 지역사회 주목 전략(CTC)

지역사회 주목 전략(Community That Care: CTC)은 청소년의 건강문제와 문제행동의 원인변수 등에 대한 연구에 입각한 지역사회 전반에 관련된 종합적인 청소년 예방전략이다. 이론적으로 사회발전모델(Social Development Model)에 토대를 두고 있으며, 그 목적은 청소년문제행동을 예측하고 이러한 문제행동을 예방하는 보호요인을 증대시킴으로써 위험요인을 줄이기 위해 지역사회를 동원하고 훈련시키는 것이다.

지역사회 주목 전략(CTC)은 청소년의 긍정적 사회발전을 증진하고 청소년 범죄를 예방하기 위해 지역사회를 조직화하고 운영하도록 이끌어준다. 지역사회 주목 전략(CTC)은 또한 지역사회 고유의 위험요인과 보호요인에 가장 적합한 예방정책, 행동조치 및 프로그램 들을 선정하도록 지원한다. 지역사회 주목 전략(CTC)은 일반 프로그램과 같이 직접 청소년을 대상으로 적용하는 것이 아니다. 운영체제는 미국 법무부 소년사법 및 비행보호국(OJJDP)에 의해 비행예방 프로그램의 분석틀로서 채택되었으며, 지난 10여 년간 미국 전역의 500여 지역사회에서 실행되었다. 특히, 1990년대 후반부터 지역사회 주목 전략(CTC)는 영국을 비롯, 네덜란드 등의 유럽 내 일부 국가에서도 시범 적용을 하는 등 지역사회 중심의 청소년문제행동 대책의 중요한 전략으로 채택되고 있는 실정이다(Hawkins, 1999; France & Crow, 2001).

(2) 지역사회 역량강화 네트워크: 종합 지역사회 이니시어티브(CCI)

종합 지역사회 이니시어티브(Comprehensive Community Initiative), 즉 CCI로 불리는 이 지역중심 청소년 대책은 "지역사회뿐만 아니라 개인과 가족들의 삶을 개선하기 위한 근린지역 중심 노력이다"(Connell & Kubisch, 2001: 181). 종합 지역사회 이니시어티브(CCI)는 개인과 가족 중에서도 특히 불리한 상황에 처해 있는 위기 아동과 청소년에 특별한 관심을 갖고 이들이 직면하고 있는 신체적·경제적·사회적 여러 조건을 개선하려고 한다.

최근, 종합 지역사회 이니시어티브(CCI)의 성과와 과제에 대해 정리한 바 있는 Kubisch(2005)는 다음과 같은 두 가지 점을 그 특징으로 지적했다. 첫째, 종합적 지역사회 이니시어티브(CCI)는 개인적 차원을 넘어서는 목표를 가지고 있다. 다른 사회 프로그램과 구별되는 점이다. 둘째, 종합 지역사회 이니시어티브(CCI)는 두 가지 원칙에 의해 운영된다. 우선 지역사회를 분석하고, 문제에 대처하고, 해결을 추구한다는 점 등에서 "종합적"이라는 원칙을 갖는다. 또한 지역사회 건설(community building)이라는 원칙을 갖는다.

이러한 점은 이 전략(CCI)이 지역사회 주민을 참여시키고, 지역사회의 능력을 증대시키고, 사람과 기관 등을 연결시킴으로써 궁극적으로 보다 효과적으로 된다는 것이다. 그리고 이러한 원칙에 입각하여 다양한 운영전략과 활동을 갖게 된다. 여기에는 사회서비스, 경제개발, 신체적 건강, 삶의 질을 위한 활동 등이 포함된다. 이와 같은 종합 지역사회 이니시어티브(CCI)에 입각한 대표적인 역사적 사례로는 1930년대의 근린권 프로그램 및 1960년대의 빈곤과의 전쟁 노력 등을 들 수 있다(Stagner & Duran, 1997).

(3) 지역사회 청소년참여를 통한 네트워크 구축

① 건강 지역사회/건강 청소년 대책(Healthy Communities/Healthy Youth)

건강 지역사회/건강 청소년 대책(Healthy Communities/Healthy Youth: HCHY) 이니시어티브는 미국 서치연구소의 발달자산 연구를 기초로 하여 발전되었으며, 미국 전역의 약 220여개 지역사회에서 실행되고 있다. 이 모형은 지역사회 개발과 청소년발달의 두 가지 개념을 시험적으로 적용한 것으로 볼 수 있다. 이 점에서 지역중심 청소년개발(community-based youth development)을 위한 대표적인 노력의 하나로 정의된다.

Benson(2003)에 의하면, 지역사회가 아동과 청소년을 위한 인프라를 강화하려고 하는 경우 일종의 "변화과정"을 겪는다고 한다. 이러한 과정이 지역사회로 하여금 그 신념과 규범을 평가하고, 청소년과 가정을 지원하는 체제를 수립하고 이를 위한 단체를 설립하는 등 공약을 하며, 이를 확장하는 조치를 취한다. 이러한 변화과정에는 3가지 중요한 원칙이 작용한다. Benson은 지역사회는 반드시 종합적이며, 공동제휴를 통한 활동과 함께, 장기적이며 상당한 수준의 주민참여가 이루어지는 특징적 변화를 갖게 된다고 강조한다. 여기서 종합적이란 여러 가지 사회체제 간 상호연결성이 존재한다는 것을 말하며, 공동제휴에는 특히 기업체들이 중요한 역할을 한다.

한편, 이러한 건강 지역사회/건강 청소년 대책의 가장 대표적인 예로서는 미국 미네소타주의 세인트루이스파크(St. Louis Park)라는 중소도시 지역사회에서 태동되어 10여년 이상 지속되고 있는 지역사회 중심 청소년개발 운동인 아동 청소년 제일 이니시어티브(Children First Initiative: CFI)를 들 수 있다. 이는 미국 전역에 산재한 수백의 발달자산 이니시어티브들의 첫 번째 시도였다는 점에서 폭넓은 지지와 서치연구소의 지도를 받았다.

② 청소년단체 중심 지역사회청소년 네트워크

일찍이 1990년대 초반 워싱턴(Washington DC)에서는 6개의 청소년단체 및 정부 관련 기관들이 함께 아동과 청소년문제해결을 위해 협력한 사례가 있다. 뉴욕에서는 콜롬비아 대학과 할렘(Harlem) 지역이 협력하여 고등학교 학생들에게 기업경영에 대해 가르친 청소년창업 프로그램(Young Entreprenuers Program) 등 몇 가지 지역 개발 및 청소년대책 프로그램을 실시한 바 있다(Otto, 1995).

Jarvis, Shear, Hughes 등(1997)은 종전의 개인에 초점을 맞춘 청소년 서비스와 활동들을 옛 이야기(old story)라고 하고, 지역사회를 중심으로 한 청소년발전을 위한 단체활동을 새 이야기(new story)로 부르면서 지역사회청소년개발(community youth development) 접근법에 바탕한 세 개의 지역사회 청소년 중심 네트워크의 예를 제시하고 있다. 여기에는 워싱턴에 있는 National Network for Youth, 미국 남부 8개 주에서 활동하는 Southeastern Network, 그리고 San Diego Youth and Community Service의 활동이 포함된다.

이들 세 개의 사례를 통해 모두 공통된 경험을 가지고 있음을 밝히고 있다. 즉, 이들은 모두 지역사회청소년개발을 실천하고 있으며, 그 출발과 운영과정에서 학습하는 단체(learning organization)로의 전환을 경험하였다. 이들 세 네트워크는 또한 건강한 지역사회에 대한 공통된 비전을 가지고 있으며, 이러한 지역사회를 만드는데 청소년의 역할이 중요하다는 확고한 신념, 그리고 그것을 실현하는 약속(commitment) 등을 공유하고 있었다고 밝히고 있다.

보스턴시에서는 Achieve Boston이라는 청소년활동을 위한 협력 네트워크가 성공적 사례로 소개되고 있다(Barbosa, Gannett, Goldman, Wechsler, & Noam, 2005). 청소년활동의 질적인 향상을 위해 청소년실천가(youth worker)들의 전문적 능력개발체제를 수립하는데 중점을 두고 지역의 광범위한 협력 네트워크 체제를 구성하여 운영하고 있다. 네트워크 구성면에서 일종의 NGO 연합회 중심의 특성을 갖는데, 청소년단체는 물론 대학, 정부기관, 방과후 학교 단체, 의료단체 등을 포함하고 있다. 네트워크가 출발할 때 청소년활동기관과 단체의 프로그램 담당자들과 학교행정가, 부모 등이 청소년활동의 문제점을 분석하고 다양한 지지자 층을 구성하여 종합적인 네트워크 체제를 만들기 시작한 공동의 목표를 가진 자발적인 성격의 모임이었다.

③ 지방 자치단체 등 공적 영역에서의 지역사회 청소년참여 증진

정부를 비롯한 공적 영역의 의사결정과정에 참여하는 경험은 청소년뿐만 아니라, 일반 성인들에게도 중요한 교육적 효과를 가진다(천정웅, 2013). 중앙단위의 전국적 정치에 관련되는 사람들의 수나 재정의 규모는 너무나 크기 때문에 제대로 이해하는데 한계가 있을 수 있으며, 서로 멀리 떨어져 있는 사람들과의 연계성은 소통이 쉽지 않을 수 있다. 그러나 그 반대로 학교나 인근지역, 교회 및 자발적으로 참여하는 협의체 등에 참가하는 경험은 시민적 행동주의의 중요한 기회를 제공해 주는 기반이 될 것이다. 이런 점에서 청소년들이 시나 군의 자치단체의 일에 참여하는 직접적인 경험을 할 수 있는 점에 대해 생각할 필요가 있다. 이는 현재 우리나라에서 시행되고 있는 청소년참여위원회를 통한 형식적인 참여활동을 의미하는 것 이상의 상황을 전제한 것이다.

많은 선진국의 사례를 보면 그러한 적극적 참여가 가능하다는 것을 분명히 알 수 있다는 것이다. 미국 샌프란시스코의 예를 보면 12세에서 23세까지의 연령으로 구성된 영향력 있는 청소년위원단(youth commission)을 설치하여 운영하고 있다. 이 위원단은 청문회를 하고, 결의안을 만든다. 그러나 보다 더 야심적인 경우는 버지니아주 햄프턴시의 경우에서 찾을 수 있다. 햄프턴시는 하나의 "청소년들이 지역사회의 생활에 참여하는 기회를 주는 종합적인 제도(comprehensive system of opportunties)"를 가지고 있는 사례로 볼 수 있다.

햄프턴은 인구 146,000명의 공장근로자들이 많은 매우 다양성이 높은 도시로서 청소년위원단만 운영하는 것이 아니라 시 전역에 청소년자문위원단(youth advisor boards)과 시민위원단(citizen's board)의 청소년의원(youth representatives)의 전체 네트워크를 가지고 있다. 청소년들은 각 학교와 시의 기획부서, 공원과 레크리에이션과(Parks and Recreation Department) 및 경찰서에서 공식적 역할을 갖고 있다. 청소년들이 참여할 수 있는 대규모의 청소년 심의과정도 있다. 참여자들에게는 연수, 코칭, 기타 여러 가지 형태의 지원이 제공된다(Levine, 2007).

2) 지역사회 청소년참여 네트워크의 성공요인

지역사회청소년개발과 청소년참여 네트워크와 관련한 선진국 사례 중에서는 영국에서의 지역사회 주목 전략(CTC)의 실행에 대한 평가연구와 미국에서의 아동 청소년제일 이니시어티브(Children First Initiative: CFI)에 대한 연구가 있다(김영지 외, 2006). 이 중에서 청소년참여 네트워크의 대표적 유형으로 볼 수 있는 CFI의 성공요인에 대해 알아본다. 최근 CFI의 관련 소식지에 의하면, 세인트루이스파크시는 미국의 Colin Powell이 설립한 “미국의 장래(America's Promise)”라는 기관에 의해서 미국의 “100대 청소년을 위한 지역사회(100 Best Communities for Young People)”의 하나로 선정되었다.

아동 청소년제일 모델(CFI)은 자원의 체계적 통합을 시도하지 않는 점이 특징이며, 전문가뿐만 아니라 일반 시민들까지 그 가치를 아동과 청소년에 대한 지원을 증대하도록 강조하는 방향으로 나아가도록 한다. 다음과 같은 4가지 요인들이 중요한 것으로 분석된다.

첫째, 세인트루이스파크(St. Louis Park)라는 지역사회에 관련된 상황적 요인이다(지역사회 상황). 지역사회라고 정의된 경계들, 이웃근린에 대한 인식, 그리고 상대적으로 규모가 작은 중소도시라는 특징은 관계성의 상호 협조적 본질에 기여하였다.

둘째, 청소년발달 자원을 활용하여 조직함으로써, 전체 지역사회가 실제적이고 종합적인 하나의 이론을 갖게 된 셈이다(청소년발달자원 구축 모델). 지도자들은 이 운동에 신뢰성을 주기 위해서 연구에 기반한 모델을 가졌던 것이다. 이러한 자원구축모델은 그것이 존재하는 환경의 독특성을 반영하도록 고안된 것이었다. 기업, 시청, 교육 등의 각 부문은 이 발달자원과 관련하여 나름의 역할을 하였다.

셋째, 지도력의 특성으로 아동 청소년제일 전략(CFI)의 지도자들은 지역사회 내의 다양한 여러 부문을 대변함은 물론, 지역사회 내의 아동과 청소년에 대한 약속들을 공유했다(지도력). 이러한 헌신적 노력은 이 운동을 고무하고 조직화하는 능력과 연계하여 더욱 큰 의미를 갖는다. 이끌어가려 하기보다는 이 운동의 업무를 촉진하려는 지도자들의 능력은 많은 사람들이 참여하도록 하는 요인이 되었다.

넷째, 아동 청소년제일 이니시어티브(CFI)는 그 목적이 모든 아동 청소년을 지원한다는 점에서 보편적인 성격을 갖는다(보편성). 미국 내 대부분의 청소년중심의 노력들과는 달리, 아동 청소년제일 전략(CFI)은 위기청소년만을 대상으로 그들의 욕구에 부응하기 위해서만 창출된 것이 아니다. 지역사회 내의 모든 아동과 청소년들이 이 CFI 운동의 잠재적 수혜자였다. 이러한 보편적 접근법으로 인해 이 운동은 반대를 최소화할 수 있었다. 모든 성인들이 아동 청소년제일 이니시어티브(CFI)를 위해, 부모로써, 이웃주민으로써, 교인으로써 또는 학교에서의 자원봉사자로써 참여하였다.

아동 청소년제일 전략(CFI)은 세인트루이스파크시의 어떤 학교장이 교육관구 내의 학생들을 도와줄 것을 지역사회에 호소함으로써 시작되었지만, 이 접근법은 18세 이하의 모든 청소년을 포함하는 것으로 확대되었다. CFI는 지역사회 내 교육관구의 사명과 임무를 지원할 뿐만 아니라 잠재적으로는 기업, 시청, 종교 및 보건 등의 다른 4개 부문의 사명과 임무도 지원한다. 모든 청소년이 건강하게 성장하도록 지원한다는 CFI의 약속은 전체 지역사회가 아동과 청소년을 위해 공동 협력하는 명분이 되고 있는 것이다.

이상의 논의를 통해 지역사회 중심의 청소년네트워크와 활동 전개를 위해 다음과 같은 몇 가지 점을 고려할 필요가 있다. 첫째, 현지 일반인을 동원하는 것은 주민참여에 대한 지역사회 구조가 이미 개발되어 있는 곳에서는 보다 성공적일 수 있다. 둘째, 지역을 선정할 때에는 나름의 정체성이 있고 또 지역적으로 구분되는 경계가 있으며, 다른 인접지역과는 뚜렷이 구별되는 곳으로 선정하는 것은 지역사회 동원을 성공적으로 하는 중요한 요인이 된다. 셋째, 초기 도입단계에 핵심적인 전문가들을 찾고 또 확보하는 것은 이후의 실행과정에 매우 중요하다. 넷째, 현지 지역사회를 폭넓게 대표할 수 있는 현지 일반인들을 찾아내고 또 참여를 이끌어내는 일은 대표성이 있는 프로그램이 되기 위해 특히 중요하다. 다섯째, 후반 단계에서는 전문가와 지역사회 참여 가운데 균형을 갖는 것이 중요하다. 이 점에서 초기 단계부터 이러한 균형을 확보하는 일이 긴요하다.

지금까지 지역사회청소년개발(community youth development)의 개념과 핵심요소를 알아보고, 지역사회 청소년참여를 위한 네트워크의 유형을 청소년 문제행동 네트워크, 지역사회 역량 함양 네트워크, 청소년참여 네트워크 등으로 구분하여 선진국의 경험을 제시하였으며, 성공적 네트워크를 위한 요인에 대해 고찰하였다. 선진국에서의 지역중심의 청소년 네트워크 경험을 한국에서 적용하는 데에는 적지 않은 노력이 필요할 것이다. 우리 실정에 맞지 않은 점이 있을 수도 있지만, 이를 통해 확인할 수 있는 공통적인 성공요인들은 우리나라의 실제적·정책적 노력에 많은 시사점을 줄 수 있을 것이다.

특히, 민간청소년단체, 학교 등 교육기관, 공공기관, 기업, 종교기관 및 보건복지 기관 등의 연계협력은 매우 긴요하다. 사례로 제시된 모든 프로젝트와 이니시어티브들이 이론적 틀을 가지고 체계적인 연구에 입각하여 현장에 적용하고 있으며, 프로그램 실행 후에는 평가를 통해 그 성공요인을 진단하고 문제점을 파악하고 있음을 알 수 있다. 앞서 말한 부문별 관계기관과 전문가는 물론, 청소년을 비롯하여 학부모 및 지역사회 일반주민들의 참여는 지역중심 청소년 대책 프로그램의 성과를 좌우하는 중요한 요소가 되고 있다. 프로그램의 중요한 참가자들에 대한 연수를 통해 프로그램 참가의 중요성을 강조하고 자발적이며 적극적 참여를 이끌어 내는 노력도 필요하다. 더욱이 프로그램의 성과를 얻기 위해서는 열정적이고 지지적인 지역주민, 재정적·행정적 지원, 헌신적이고 전문적인 전담인력 등의 중요성은 아무리 강조해도 지나치지 않을 것이다.

Chapter 11

시민적 관여와 청소년운동

1 시민적 관여의 대두와 개념 정의

청소년의 시민적 관여(civic engagement in youth)는 이미 우리사회의 현실이 되고 있다. 민주주의 국가로서의 정치적, 경제적 발전과 함께 우리 청소년들의 사회적, 시민적 관여는 더욱 증대될 것이다. 실제로 청소년분야에서 청소년의 권리와 자율적인 참여는 이미 20여 년 전부터 중요한 국가적 과제가 되어왔으며, 청소년의 긍정적 발달(positive development)과 적극적 관점의 역량개발(competence development)이 강조되면서, 청소년행동주의(youth activism)에 대한 관심도 점차 높아지고 있는 것이 사실이다(Cheon, 2009).

청소년들은 보다 다양화된 형태의 민주적 참여의 경향을 나타내 보인다. 사회적 행동, 사회적 운동 그리고 스스로를 조직화하여 자주적으로 청소년활동에 참여하는 사례들이 생겨나고 있음은 물론이다. 형식화된 의사결정 과정에 참여하는 활동과는 별개로 그들은 이미 스스로를 조직화할 수 있는 참여

형태를 갖고 있다. Percy-Smith(2006)가 주장하고 있듯이, "청소년에게 영향을 끼치는 많은 이슈들과 결정은 집이나 학교 및 근린지역 같은 일상의 사회적 상호작용을 통해 의사결정 영역 밖에서 일어난다."(p. 154). Hart(2008)는 아동들이 자기 지역공동체에서의 자기조직화를 통해 비형식적 참여에 종사할 기회를 갖는 것이 중요하다는 점을 인정할 필요가 있다고 말한바 있다.

우선, 청소년의 시민적 관여와 관련된 유사용어들이 많이 있다는 점에서, 여기서는 "시민적 관여(civic engagement)"라는 용어를 청소년참여(youth participation), 청소년 개입(youth involvement), 시민성(citizenship) 등과 구분하여 그 개념을 이해하기로 한다. 시민적 관여(civic engagement)라는 용어는 성인들의 경우에는 시민적 영역(civic domain)에 영향을 주는 지역적, 국가적, 지구적 활동에 참가(participation)함으로써 초래될 수 있는 행동들을 포함한다(Sherrod & Lauckhardt, 2008). 그러나 청소년은 이러한 활동에의 참가가 제한되는 발달적, 사회적 제약요건들을 가지고 있기 때문에 청소년의 사회적 관여에 대한 개념 정의는 정치학자와 발달심리학자들 간에 논쟁거리가 되어왔다.

정치학자들은 청소년의 형식적 정치제도에 대한 투입(investment)과 기여(contribution)를 관여(engagement)로 본다. 그리고 이러한 관여를 증대하기 위해서 청소년들은 정치에 대한 기술과 지식을 습득해야 한다고 주장한다(Galston, 2001). 반면 발달심리학자들은 관여를 보다 넓게 정의하여 지역사회 청소년단체 등과 같은 집단들에 대한 청소년들의 투입과 기여를 관여로 본다. 따라서 청소년들이 이러한 단체에 가입하는 기회를 증대시키고 책임을 느끼게 하는 것이 필요하다고 믿는다(Sherrod, 2007).

사실, 청소년의 시민적 관여를 광의적으로 개념 정의하는 것에는 몇 가지 논쟁이 있다. 첫째는 시민적 또는 시민(civic)이란 단어와 정치(politics)라는 단어의 어원과 관련된다. Flanagan과 Faison(2001)은 라틴어의 civis와 그리스어의 polites라는 단어는 모두 정치체(polity)의 구성원이란 의미를 갖는다는 점을 지적한다. civic이란 말은 여전히 그러한 의미를 유지하고 있지만, politics라는 말은 그러한 원래적 의미를 상실했다는 것이다.

둘째는 civic과 politics라는 용어의 포괄성과 관련된다. 시민권(citizenship)을 국가적으로나 지구적으로 이해하기 위해서는 보다 넓은 의미로 개념 정의를 하는 것이 필요하다는 것이다. 주류문화로부터 소외를 느끼는 청소년들의 경우에는 국가 정책으로부터 한계성을 느끼게 될 수 있다. 이러한 집단은 국가에 대해서는 소속감이 낮지만 행동적 단체에 대해서는 더 많은 애착을 갖게 되기 쉽다. 협의적으로 개념 정의를 하면, 청소년들의 이러한 집단에 대한 소속감이 무시되는 것이다.

셋째는 시민권을 발달적으로 이해하기 위해서는 광의적 관점이 중요하다는 주장이다. 청소년들의 시민권에 대한 견해와 관여에 대한 서술은 관여적 시민권에 대해 복합적인 모습이 있음을 말해준다. 예컨대, Sherrod(2003)은 대부분의 청소년들은 좋은 시민(good citizen)이 된다는 것은 법을 준수하고, 다른 사람을 도우며, 관용적이 되는 것을 말한다고 본다. 이런 점에서 청소년들의 시민적 관여에 대한 이해는 정당의 당원이 되는 것과 같은 정치적 활동뿐만 아니라, 환경단체나 인권단체에 참가하는 것과 같은 사회적 활동을 포함한다.

넷째는 삶의 전체 기간을 통해 시민적 활동과 정치적 활동이 연계된다는 것이 많은 실증적 연구들을 통해 나타나고 있는데 이러한 사실이 광의적 개념 정의를 받아들이게 한다. 한 예로, 학교의 클럽활동이나 지역사회 봉사활동에 참가하는 학생들은 선거에도 더 많이 참가하며 성인이 되어서도 그렇지 않은 사람들보다 지역단체활동에 더 많이 참가한다는 연구결과가 있다

(Fredricks & Eccles, 2006).

이렇게 보면, 시민적 관여는 전통적인 형태와 비전통적 형태를 포함하는 광의적 개념으로 이해할 필요가 있다. 시민적 관여는 의도(이타적 대 자기이익)와 무관하게 공공 및 민간적 재화의 배분, 사회적 법과 규범에 영향을 끼치는 도덕적으로 정당한 어떤 행동으로 정의한다. 이러한 개념 정의는 정치체제에 관심을 갖거나 이데올로기를 증진하는 노력을 하고, 특정 이데올로기를 지지하지 않거나 정치적 문화에 관해 관심을 보이는 등의 행동을 포함하는 것으로 볼 수 있다.

시민적 관여라는 용어는 널리 사용되고 있지만, 상대적으로 여전히 개념 정의가 제대로 이루어지지 않고 있다. 시민적 관여는 다양한 수준(개인, 지역사회, 제도 등)에서 발생하는 시민적이며 정치적인 활동(자원봉사, 투표 등)으로 복수의 환경(학교, 지역사회 등)에서 발생하며 다양한 개인적, 집단적 성과(지식 획득, 행동 기술, 힘부여 등)를 갖는 것을 말하는 것으로 사용되고 있다.

시민적 관여와 유사한 다양한 용어들이 있으며, 때로 상호교환적으로 사용되고 있다. 정치적 행동(political action), 정치참여, 시민적 역량, 시민적 관여, 사회정치적 발달 등을 그 예로 볼 수 있다. 이러한 여러 용어들이 청소년의 시민적 관여에 관한 폭넓은 관심을 반영하고 있다는 점에서는 고무적이지만, 용어별로 상호 차별적인 개념을 갖는 것으로 구분하는 것은 쉽지 않다는 문제점을 갖는다. 이 점에서 시민적 관여와 관련한 분야가 발전하기 위해서는 청소년의 시민적 관여를 명료화하고 개념화하는 일이 필요할 것이다.

개념의 명료화와 관련하여 첫 번째로 지적할 점은 시민적 관여가 정치적 활동, 시민적 활동 중 어느 한 개를 말하는지, 둘 다를 포함하는 것인지를 아는 일이다. 둘째는 시민적 관여를 발달의 성과나 하나의 과정을 말하는 것으로 개념화해야 하는지 아닌지를 명료화하는 것이다. 전자는 시민적 관여는 정치적이며 시민적인 두 개의 영역에 모두 관련된 활동범위를 포함하는 것으로 개념 정의되는 것이며, 후자는 시민적 관여는 청소년의 인지, 정서, 행동이란 측면에서 성장하는 발달적 과정으로써 개념화되는 의미를 갖는다.

시민적 관여를 광의적으로 개념화하고 또 하나의 발달적 과정으로 정의하는 움직임은 이미 문헌을 통해 제시되고 있다. 예를 들면, Youniss 등(2002)은 시민적 역량(civic competence)을 정의하여 "정부가 어떻게 기능하는지를 이해하는 것, 시민이 정부에 참여하게 하는 행동을 습득하고, 개인들로 하여금 민주주의적 원칙의 틀 내에서 자신의 이익을 충족하고 논의하고 공동협력하도록 허용하는 것으로" 규정하고 있다. 이와 유사하게 Watts, Williams와 Jagers(2003)는 사회정치적 발달(sociopolitical development)이라는 용어를 쓰면서 "사람의 지식, 분석기술, 정서, 그리고 정치와 사회체계 속에서의 행동능력이 성장하는 과정"을 말하는 것으로 개념 정의하였다(p. 185). 이러한 개념 정의는 모두 시민적 관여를 정치적이고 시민적인 지식과 행동 그리고 발달적 과정으로 광의적으로 이해하고 있음을 나타내고 있다. 이들 정의에는 또한 관여는 민주주의적이고 사회정의적 이상을 지향해가는 가치를 담고 있다(Hauptmann, 2005).

이 점에서 스킨헤드(skinhead) 등과 같은 극단적 운동에 참여하는 청소년들의 활동은 시민적이며 정치적인 개입(involvement)의 형태를 갖고 있지만, 시민적 관여의 개념으로는 간주되지 않는다. 그러한 집단들을 이끄는 철학적 배경이 민주주의, 정의, 그리고 평등이라는 시민사회의 이상에 반하는 것이기 때문이다(Youniss et al., 2002). 그렇다고 하더라도 이것은 모든 급진적 변화 노력이 시민적 관여의 연구에서 배제되는 것을 말하지는 않는다. 저항이나 시민불복종과 같은 청소년의 정치적 행동주의는 청소년의 정치적 잠재력을 설명하는 것으로 받아들여지고 있다(Giinwright, 2006). 특히 최근의 연구를 보면 청소년의 행동주의는 사회적 집단이 역사적으로 민주주의 참여과정에 배제되어 온 청소년의 경우 상당히 중요한 관여의 형태가 되고 있음을 밝혀주고 있다(Lewis-Charp, Yu, & Soukamneuth, 2006).

시민적 관여에 관한 이러한 종합적 개념 이해를 바탕으로 청소년의 시민적 관여를 보다 일반적으로 이해하면, 집합적 선택에 영향을 미치는 능력, 그리고 전문가들만이 아니라 모든 시민들이 민주적 거버넌스(governance)에 참가해야 한다는 신념을 말하는 것으로 볼 수 있다(Camino & Zeldin, 2000). 이러한 생각은 오래전부터 민주주의의 토대를 이루는 일부분으로 여겨져 왔으며, 1930년대와 1940년대에는 John Dewey에 의해 널리 알려지게 되었다. 또한, 그동안 실천가와 연구가들은 지역사회문제에 대한 지식을 만들어내는 하나의 수단으로서 청소년의 시민적 참여(youth civic participation)를 주장해왔으며, 청소년들이 성인 시민이 되었을 때 사용하게 되는 지식과 기술을 배우도록 도와야 한다는 점을 강조하였다.

다양한 집단과 개인들을 포함하는 참여라는 것이 민주시민사회의 주요 구성요소이지만, 청소년들의 시민적 관여를 위한 기회는 여전히 제한되어 왔다. 모든 청소년들에게 있어 청소년 관여가 증대되는 일은 시민사회를 확산해가는 하나의 효과적인 방법이다(Levine, 2007). 청소년시기 동안, 사람들은 적극적 시민 또는 무관심한 시민으로서의 전생애적인 정체성을 대부분 개발하게 된다. 20대 후반에 시민적 정체성을 형성하는데 변화를 가져다줄 수 있는 많은 요인들이 확인되었지만, 청소년시기와 20대에 사람들의 시민적 정체성을 변화시키는 것에 대해서는 알려진 것이 거의 없다. 이런 점에서 청소년을 준비시키고 적극적인 시민성의 습관을 갖도록 관여시키는 것은 중요한 일인 것이다.

한편, 시민적 관여는 여러 가지 요소들을 가진 다차원적인 구성임을 알 수 있다. 실제로, 시민적 관여의 구성요소는 여러 가지로 이야기될 수 있지만, 대체로 4가지 구성요소를 가지는 것으로 논의할 수 있다(Flanagan & Faison, 2001; Sherrod & Lauckhardt, 2008). 첫째는 시민적 지식(civic knowledge)과 문해(literacy)이다. 민주적 과정과 개념에 대한 지식을 갖는 것을 말한다. 둘째는 시민적 기술(civic skills)과 의견(voice)이며, 정보를 얻고, 비판적으로 사고하며, 아이디어를 논의하는 능력을 말한다. 셋째는 시민적 태도(civic attitude)와 애착(attachment)이다. 사회 또는 지역사회에 정서적인 연결을 갖는 것을 의미한다. 넷째는 시민적 행태(civic behaviors)와 참여(participation)이다. 지역사회의 일에 개입(involvement)하거나 시간과 재정을 문화적, 사회적, 정치적 또는 종교적 명분에 기여하는 것이다. 좋은 시민(good citizens)이란 정치, 민주주의 그리고 현재 일어나고 있는 사건들에 대해 잘 알고 있을 필요가 있다. 좋은 시민은 의사소통능력과 분석적 능력을 가지고 있어야 하고, 공공선(common good)에 대해 관심을 갖고 있어야 하며, 변화를 신봉하고 여러 가지 일에 관련을 맺고 있어야 한다는 것이다.

2 시민적 관여의 주요 요인들

청소년 이전 시기의 경험과 관련된 몇 가지 요인들이 성인이 된 뒤의 시민적 관여의 정도에 매우 밀접하게 관련되어 있음을 알 필요가 있다. 이러한 요인은 개인적 자산(asset) 또는 생태적 자산(asset)으로 간주된다(Scales & Leffert, 1999). 여기에는 교육, 즉 시민교육은 물론 교사의 행태와 교육스타일이 관련되며, 학교활동에서의 참여와 다른 청소년프로그램에서의 참여, 지역사회 봉사활동을 하는 것, 그리고 가족과 관련된 정치에의 관심과 같은 다양한 변인들이 관련된다.

우선, 시민들이 자신의 정부의 본질을 이해하고 참여하는 방법을 알고, 자신들의 참여의 중요성을 아는 것은 중요하다. 청소년들이 그러한 정보를 획득하는 전형적인 도구는 시민교육과목이다. 시민교육은 수학이나 과학교육과 같은 우선순위로 강조되어야 한다. 수학과 과학의 성적이 국가의 경제와 혁신 및 발전, 특히 기술의 발전을 위해 중요한 기여를 할 수 있다. 그러나 그러한 사안은 국가 자체가 강건하지 않으면 중요한 것이 되지 못한다. 불행하게도, 시민교육은 수학이나 과학과목 만큼의 관심을 받지 못하고 있고 청소년의 시민과 정부에 관한 지식은 낮은 실정이다. 교육은 많은 성과를 위해서는 중요한 생태적 자산이며 시민적 관여도 예외가 아니다.

둘째, 학교와 단체의 활동프로그램 참여가 중요하다. 청소년들의 학교활동 참가가 나중에 성인이 된 뒤의 시민적 관여와 관련된다는 것은 분명하다. 여기에는 각종 스포츠활동을 포함한 학교특별활동과 각종 청소년단체에 가입하여 활동하는 것 등을 포함한다. 이러한 것은 청소년들로 하여금 참여하고 기여하도록 하는 수단과도 같은 것이다. 그런 까닭에 그러한 프로그램과 활동에 참여하는 청소년들이 성인이 되어 투표와 같은 다른 적절한 방법으로 기여하는 것은 놀라운 일이 아니다. 청소년단체활동에의 참여는 청소년(역량) 개발을 증진한다. 이 점에서 참여를 증진하는 개인적 자산과 청소년들이 이러한 참여를 통해 얻는 자산들 간에는 상호작용이 있는 것으로 보인다. 보다 많은 연구결과로 뒷받침될 필요가 있지만, 청소년기에 학교활동과 다른 프로그램을 통해 참여하거나 기여하는 기회를 갖는 것은 시민적 관여의 발전에 중요한 하나의 자산이라는 점은 분명하다.

셋째, 자원봉사와 지역사회봉사활동 참여는 청소년참여의 분명한 사례이며 이것 또한 성인이 된 뒤의 시민적 관여와 관련이 있다는 것을 확인할 수 있다. 실제로 성인들의 시민적 관여를 위해서는 청소년시기에 가능하며 생애를 통해 지속할 수 있는 가장 가능성 많은 행동이 자원봉사와 지역사회활동인 것이다. 그러나 봉사활동을 하는 것이 반드시 자산을 개발하는 것을 의미하지는 않는다. 봉사활동이 자발적일 때에 가장 긍정적인 이점들이 생겨날 수 있다는 것이 연구를 통해 알려지고 있다. 여기에는 멘토와 함께하는 기회를 통한 경우와 자신과 다른 개인들과 함께하는 봉사활동을 통하는 것도 포함된다. 봉사를 하려고 선택하는 경우는 자산을 가진 청소년들일 경우이며, 이러한 청소년들은 지속적인 기여를 증진시키고 다른 형태로도 기여한다는 측면에서 긍정적 이점을 갖는다.

넷째, 청소년들의 성인기 이후의 시민적 관여에 기여하는 것에는 가족과 관련된 측면도 있다. 가장 직접적으로는 부모들이 자녀들의 행동에 대해 지도와 사회화를 통해 영향을 끼친다는 점이다. 청소년들은 부모의 행동을 닮게 된다. 이 점에서 정치적으로 관심이 많고 활발한 부모는 시민적 관여가 활발한 자녀를 갖게 된다. 그러나 부모들이 자녀들의 구체적인 정치적 견해에 영향을 주는 것으로는 보이지 않는다. 특정한 정치적 행위의 유형을 격려하거나 격려하지 않을 수는 있다. 가족에 대한 충성심과 연결의 강도가 시민적 관여에 영향을 끼치는 변수로 이해된다. 가족적 유대가 강조되는 우리나라와 같은 경우 자신의 가족을 지원하고, 존중하며, 지지하는 가족구성원으로써의 강한 가치와 높은 기대가 존재하고 있음을 확인할 수 있다. 사회경제적 계급은 시민참여를 증진시키는 또 다른 변수가 된다. 중간계급의 부모들은 성공과 직접적인 관련이 없는 활동참가를 환영하지 않는 경향이다.

요컨대, 이러한 다양한 변인들과 발달적 경험들(교육, 단체와 활동에의 참여,

지역사회봉사 참여 및 가족적 변인 등)은 경우에 따라 그러한 자산을 갖고 있거나 갖고 있지 않다는 점을 말해주기도 한다. 결과적으로 이러한 자산(asset)을 많이 가진 청소년들이 보다 높은 시민적 관여를 보일 가능성이 높다는 것은 알 수 있다. 이 점에서 청소년발전과 관련된 자산은 시민적 관여를 증진한다. 정치적 또는 정치적으로 관련된 개입은 이러한 자산의 구축에 또한 기여한다. 시민적 관여에 관한 연구결과들은 또한 청소년개발의 자산들이 시민적 관여의 표현에 기여하는지, 그리고 청소년들의 정치참여가 지역사회의 발전적 자산에 기여하는지를 잘 나타내고 있다. 이러한 개인과 상황 사이의 호혜적 상호작용은 청소년발전적 접근법에 의해 분명하게 표출되고 있는 것이다. 시민적 관여의 주제는 청소년발전의 하나의 예가 되고 있는 것은 분명하다.

3 시민적 관여의 가치와 이점들

청소년발전에 관한 현대이론과 연구들은 청소년의 지역사회 기여의 중요성을 강조하고 시민적 관여가 건강한 청소년과 성인이 되는 한 방법이라는 점을 말해준다(Lerner, 2004). 예컨대 최근의 한 연구는 고교생의 지역사회봉사활동은 그 이후 여러 해 동안의 학업성취에 긍정적 효과를 준 것을 보고하였다(Davila & Mora, 2007). 청소년이 지역사회봉사활동에 참가하게 되면, 새로운 기술을 습득하고, 새로운 네트워크를 만들게 되며, 새로운 가치와 습관을 얻게 되는데 이러한 것은 이들의 발전에 중요한 의미를 갖는다(Levine, 2007).

청소년의 시민적 관여는 또한 사회의 발전과 안정과도 관련된다. Levine (2007)은 시민들이 지역사회에 대한 책무감을 갖고 있지 않다면, 아무리 부유한 국가인 경우라도 어려움을 겪게 된다는 점을 지적하고 있다. 시민적 관여는 민주주의가 유지되기 위해서는 매우 중요한 일이다. 민간단체나 비영리단체 또는 자발적인 단체들이 국가와 시장을 같이 돕고 있기 때문이다. 이러한 단체들이 법을 집행하고, 부패를 방지하며, 정보를 수집하고 보급하며, 시민들에게 권리와 책임에 대해 배워주는 것이다. 이 점에서 시민적 관여는 사회발전과 민주주의에의 하나의 통로를 제공한다(Lerner, 2004). 따라서 청소년에게 민주주의를 신봉하고, 자신들의 사회적 권리와 의무에 대해 알게 하고, 사회시스템을 신뢰하도록 교육시키는 일은 참으로 중요한 것이다. 청소년의 시민적 관여는 개인과 사회적 상황에게 모두 이익이 되기 때문이다.

청소년의 시민적 관여와 관련하여 사회변화에 청소년을 관여시키는 노력은 청소년 자신과 지역사회에 모두 가시적인 도움을 준다는 점을 알 필요가 있다. 청소년들이 이웃이나 학교 또는 지역사회 이슈에 관한 프로그램에 관여하게 되면 사회적 책임감, 자신이 살고 있는 지역사회와의 연결감, 자존감의 증진, 그리고 사회 이슈에 대한 이해를 높이게 된다. 청소년의 시민적 관여의 가치에 대한 이러한 인식에도 불구하고 긍정적 발달 성과에 대해서는 보다 더 많은 연구가 있을 필요가 있다. 특히, 청소년의 시민적 발달에 주로 초점을 맞추기보다는 사회변화에 대한 개입(involvement)이 청소년들의 삶과 관련된 복합적 영역에 영향을 끼치는 방법을 알아보는 것이 중요하다. 개혁과 변화 노력에서의 청소년들의 관여로 인해 지역사회에 초래되는 이점에 대해서는 상대적으로 연구가 부족한 편이다.

연구자들이 청소년의 관여와 관련된 이점에 대해 알아보고 있지만, 정책분석가들과 이론가들은 청소년의 비관여(disengagement)에 따른 사회적 비용

(costs)에 또 다른 관심을 갖는다. 사회문제에 대한 해결책을 찾는데 관심이 없는 청소년들의 경우는 성인이 되어서도 보다 큰 사회에 대한 책임감과 의무감을 느끼지 않게 될 가능성이 많다. 더욱이 사회변화 노력과 관련성이 적은 청소년들은 성인기에 도달하는데 필요한 지식과 기술이 제한되기 쉽다. 대조적으로 지역사회청소년단체에 참가하는 청소년들은 그들이 속한 지역사회 또는 크게는 사회전 체에 변화를 초래하는 미래적 노력에 대하여 더 많이 알 수 있는 기회를 갖는다.

청소년들이 사회적 이슈와 그러한 이슈에 대응하는 방법을 배우는 것은 광의의 발달적 이점과 밀접한 관련이 있다. 따라서 지역사회 청소년단체에서의 활동을 통해 청소년들이 습득하게 내용과 상황은 사회변화에서의 청소년참여(youth participation)로부터 생기는 이점을 이해하는 데 중요하다. 청소년들이 자율성, 소속감, 그리고 일련의 성공 경험을 하게 되는 학습상황은 주제에 대한 관심과 당면한 사회이슈에 건설적으로 대처하는 자신들의 능력에 대한 신념을 더욱 강화시키게 된다.

청소년의 시민적 관여와 관련하여 청소년을 사회변화의 과정과 그들의 삶과 직간접적으로 관련된 의사결정과정에 참여시키는 가치에 대해서는 적어도 인정되고 있다. 예컨대, Sinclair와 Franklin(2000)은 참여(participation)의 목적을 ① 인권을 지키고 ② 법적 책임감을 완수하며 ③ 서비스를 개선시키고 ④ 의사결정을 개선시키기 위해 ⑤ 민주주의를 증대하며 ⑥ 아동보호 증진과 ⑦ 청소년의 기술 향상, 그리고 ⑧ 자기존중감을 높이기 위해서인 것 등 8가지로 제시한 바 있다.

MacNaughton, Hughes, Smith(2007)는 성인들이 청소년을 의사결정과정에 참여시키는 이유를 윤리적 이유, 탁월성의 이유, 실용성의 이유 등의 3가지 중 하나 이상과 관련된다고 지적하고 있다. 첫째, 청소년을 의사결정에 포함시키는 결정은 이들이 자문협의를 받을 권리와 자신들에게 영향을 끼치는 결정에 참여할 권리를 갖는다는 윤리적 신념을 표현한다. 둘째, 청소년을 프로그램에 참여시키는 일은 그들의 욕구와 원하는 바를 충족할 가능성을 증대시킨다는 점에서 탁월성의 이유를 갖는다. 셋째, 실용적 이유는 청소년은 자신들이 참여한 정책을 더 많이 지지할 것이란 점과 관련된다.

국가는 청소년의 삶에 영향을 끼치는 정책을 입법화하고 있는 반면, 청소년들은 정책 결정과정에 "진정한" 목소리를 내는 일은 아직도 많지 않다. 건강한 민주주의적 삶의 중요한 것은 기존의 정책과 제도를 변화시키고, 도전하는 권리를 연습하는 것이다. 청소년들이 투표나 정책창출, 정책수립에 목소리를 반영하는 것 등과 같은 민주주의적 활동을 즐기는 기회를 갖지 못한다는 것은 시민권의 권리를 박탈하는 것과 비슷한 의미를 갖는다. 더욱이 청소년을 "오늘의" 시민이 아닌 "미래의" 시민으로 범주화하는 일은 청소년들이 성인들이 만든 법과 정책에 따라 시민적 생활에 참여하고 있다는 현실을 간과하는 것이다. 이런 점에서 청소년을 "미래의 시민"에서부터 "오늘의 시민적 행위자"로 전환함으로써 청소년의 시민적 관여를 증진하는 일은 우리 사회가 당면한 가장 시급한 국가적 과제로 볼 수 있을 것이다. 많은 선진국의 사례에서도 나타나고 있는 바와 같이 우리나라도 청소년에 대한 이해와 접근에서 더욱 전진적으로 생각해야 할 때를 맞이하고 있다.

4 시민적 관여의 청소년운동

1) 시민적 관여와 청소년운동의 의미

청소년의 시민적 관여에 대한 개념적·실체적 이해를 통해 청소년은 시민사회의 가장 역동적인 한 부분으로 자리매김하면서 한국사회의 주요한 현재적 역량의 핵심요소가 되고 있음을 알 수 있다. 청소년참여나 청소년의 시민적 관여가 청소년분야에서 강조되고 있고, 청소년실천현장에서는 다양한 청소년운동 사례들을 확인할 수 있으며, 청소년에 의한 의사결정이 강조되고 있고, 청소년들의 행동주의가 확산되고 있기 때문이다. 이런 점에서 청소년참여의 동인으로서 청소년의 역동성과 역량을 시민사회운동이란 관점에서 조망하는 필요성이 제기되며 청소년운동(youth movement)이라는 실제적 모습이 우리 사회 속에 어떻게 존재해 왔으며, 그것이 오늘의 청소년업무에 주는 함의가 무엇인지를 알아보는 일은 중요할 것이다.

시민청소년운동을 말할 때 우선 선행되어야 할 것은 청소년을 주체성을 가진 지역사회 시민으로서 우리 사회의 구성원임을 인정하는 것이다. 청소년참여와 권익증진, 자율활동, 지역사회 시민참여 등에 관한 부분을 강조해야할 필요성에 대해 제대로 이해하고 오늘날의 시민사회적 특성에 맞게 청소년들의 지위를 새롭게 자리매김하도록 접근할 필요가 있다. 실제로 청소년운동은 다양한 이슈를 갖고 각기 다른 청소년연령과 신분의 주체들을 중심으로 온라인과 오프라인에서 규모가 작고 큰 모습으로 지속적으로 대두되고 있는 것은 우리 사회의 대표적인 흐름의 하나이다. 실제, 청소년들이 시민사회운동의 한 부분으로 나타난 모습은 우리나라의 경우 지난 100여 년간의 역사를 통해 전개된 개화운동, 독립운동, 학생운동, 노동운동, 인권운동, 참여운동 등과 같은 여러 가지 정치·사회·문화 측면에서 다양하게 확인할 수 있다(고영복, 1993; 김민, 2016; 김종길, 2003; 이민희, 2011; 천정웅, 1998; Kang, 2016).

특히, 1980년대부터 1990년대 초반까지 민주화운동과 교사운동, 자주 통일·노동해방운동 등이 활발하던 가운데에서도 대학생중심운동은 물론 그와 구별되는 고등학생운동이 형성·발전되어 왔으며 1995년 무렵부터는 체벌, 강제보충학습, 학생회에 대한 간섭 등을 공론화한 학생인권 이슈 외에도 청소년의 참정권 보장, 선거권 제한연령 하향화 운동 등 정치참여적 주제로 확산되면서 2002년 6월의 신효순·심미선 사망사건에 따른 '청소년행동의 날'로 표출하였다(김민, 2016; 공현·둠코, 2016). 최근에는 2008년 광우병 촛불시위에서의 청소년참여, 2014년 세월호 참사 이후 추모활동과 사건진상 조사, 역사교과서 국정화 관련 활동, 2016년 국정농단 광화문 촛불시위 참여운동 등을 통해, 청소년들은 사회적으로 주목받는 이슈들에 관해 행동으로 나서는 자생적인 움직임을 온라인과 오프라인을 통해 지속적으로 전개하게 된다(박정현, 2017; 이동후, 2009; 이윤주, 2015; 최윤진, 2016; 최태욱, 2017, Kang, 2016).

청소년이 사회변화의 주체로서 전개한 사회운동의 모습은 유럽과 미국 등의 서구 선진국에서 더욱 두드러지게 나타난다. 1980년대를 전후해서 보면, 서유럽에서는 반군사주의 생태계 보호, 대학개혁, 청소년문화 등을 위해 청소년들이 저항하였고 동유럽은 자유, 민주주의, 인권 및 민족자결(self-determination)을 이슈로 하는 청소년운동이 전개되며 청소년평화시위가 곳곳에서 일어난 바 있다(사지원, 2012; 홍문기, 2016; Angel, 1990; Tuck & Yang, 2014). 최근, 미국의 경우는 2013년 결성되어 활동하고 있는 "흑인의 삶도 소중하다(Black Lives Matter, BLM)"는 운동에 청소년들이 동참함으로써 2015년 봄에는 전국적인 행진운동과 평화적 저항운동과 시위를 전개하였다(장세룡, 2016; Conner & Rosen, 2016). 특히, 2018년 2월 14일 미국 플로리다 마저리 스톤맨 더글러스 고교에서 있었던 총기참사(17명 사망)를 계기로 총기난사사건 생존학생들이 총기규제를 호소하는 "우리 생명을 위한 행진(March for Our Lives)"이라는 전국적인 집회를 조직하고, 미국학생들 사이에서 SNS 등을 통해 총기규제를 요구하는 항의운동이 번지고 있다.

청소년운동의 이러한 흐름은 청소년을 위해 일하는 현장 분야, 즉 청소년업무(youth work)와 관련한 이론과 정책, 그리고 실천의 다양한 영역에서 청소년들이 자신들에게 영향을 미치는 의사결정에 참여해야 하며, 필요한 경우에는 스스로 행동을 주도해야 한다는 개념이 점차 가치 있게 받아들여지고 있는 것과도 관련된다. 우리나라의 경우에도 1990년도 이후 집단적 의사결정과정에서 청소년참여에 큰 변화가 있어 왔으며, 청소년의 사회 구성원으로서의 역할에 대한 인식도 그에 상응하여 변화되어 왔다. 1991년에는 생존권, 보호권, 발달권, 참여권을 주요 내용으로 하고 있는 유엔아동권리협약을 비준하였으며, 1998년에는 국가청소년정책에서 청소년참여가 본격적인 정책의제로 포함되었다. 청소년의 정책참여기회 확대, 청소년의 시민권 신장 등을 주요 목표로 제시하면서 청소년특별회의, 청소년운영위원회 등 다양한 사업들을 추진하였다(천정웅, 2014; 한도희, 2016).

이러한 일련의 변화와 함께, 그간의 청소년연구에서는 청소년참여의 개념과 목적, 청소년의 성장과 사회발전을 위한 의미 등에 대한 논의가 지속되었다. 특히, 어디까지, 어떤 형태로 참여하는 것이 청소년참여의 본질이며, 참여에서 성인들과의 관계는 어떠한가 등에 대한 관심을 불러일으키면서, 청소년인권과 청소년의 시민적 관여 등에 관한 연구와 이론에 대한 관심을 촉진하였다(천정웅, 2015; 황여정, 2017). 그러나 청소년참여에 관한 관심이 지속되어 온 것과는 달리 청소년운동(youth movement)을 중심개념으로 접근한 연구는 매우 부족한 실정이다(정혜원, 2006).

2) 시민청소년운동의 개념적 이해

시민청소년운동의 개념은 시민청소년을 전제로 한 시민사회에서의 청소년운동을 의미하는 것으로 용어화한 것이다. 오늘날의 우리 사회에서 볼 수 있는 청소년운동의 시민적 성격 또는 시민청소년으로서의 주체성을 가지고 사회변화를 위해 행동하는 청소년참여운동을 의미한다. 그러나 시민청소년운동의 개념을 보다 명확히 이해하기 위해서는 “청소년운동”의 정의와 그것의 진정한 의미에 대해 고찰할 필요가 있다. 이는 실제로 청소년운동과 관련한 문헌들 속의 청소년운동의 개념 정의가 매우 넓고 다양하게 나타나고 있기 때문이기도 하다.

(1) 청소년운동의 개념

청소년운동에 대한 개념적 이해는 청소년운동의 주체, 대상, 방법, 내용, 성격 등에 따라 다르게 나타나고 있다. 첫째, 관여자의 입장과 상황에 따라 규정해 보면, 그 기본입장은 정통적 견해(orthodoxical viewpoint)와 현대적 견해(modernistic viewpoint)로 대별할 수 있다(김상형, 1983; 정혜원, 2006). 전자는 청소년운동을 청소년의 저항적 사회개조운동(social reform or revolution movement)으로 보고 이를 청소년이 사회개조를 목적으로 하여 일으킨, 정치적, 종교적, 사회적 집단운동 또는 소요현상으로 규정한다. 후자는 청소년운동을 청소년의 자주적인 활동에 의하여 청소년자신의 향상과 사회의 개선을 시도하는 운동으로 본다. 전자를 진보적이고 저항적인 개념으로 보면, 후자는 보다 포용적이며, 개량적 집단행동(collective action)에 치중해서 이해하는 경향을 보이고 있다.

이러한 두 개의 견해 중에서 어느 쪽이 옳은 것인지의 문제는 입장과 상황에 따라서 각기 달리 판단할 수 있지만, 여기에서 주목할 점은 두 가지 견해가 모두 청소년을 주체로 한다는 점, 즉, 청소년운동을 청소년에 의한 사회운동"(social movment by youth)로 파악하고 있다는 것이다. 따라서 "청소년을 위한 사회운동(social movement for youth)"은 청소년운동에 포함되지 않는 것이다. 청소년분야에서의 모든 일은 청소년을 위한 것으로 생각하여 전개되고 있다고 보면, 우리가 일상적으로 사용하는 방식과는 상이하다는 점을 알 수 있다.

둘째, 청소년운동에 대한 또 다른 개념적 이해는 위에서 언급한 청소년을 위한 사회운동(social movement for youth)라는 의미에서 접근하는 것이다. 이런 입장에서 보면, 청소년운동은 오히려 청소년훈련이란 의미에 더 가까운 의미를 갖는다. 청소년운동의 본질적인 특성을 청소년의 개별적인 측면과 청소년이 소속되고 있는 국가나 사회적 측면에서 이 두 가지 상황을 연관시켜서 청소년의 의도적인 성장을 모색하는 공교육적이거나 사회교육적인 활동이라고 규정하는 것이다(진덕규 1985; 차경수, 1991; 이은규, 2009).

셋째, 청소년운동을 청소년의 신체적・심리적 발달을 위한 집단적 행동인 것으로 생각하는 경향이 있다. 이는 청소년이 특정한 사회적 목적을 성취하기 위하여 집단적 행동을 취하는 것으로 생각하는 개념과는 다른 것이다. 이는 청소년운동을 청소년들이 주로 여가선용의 일환으로 참여하는 심신발달활동으로 간주하고 청소년문제에 대한 관심에서 다양한 교과 외 활동을 통하여 많은 것을 체험하며, 청소년단체활동 등을 통해 프로그램 중심의 활동을 전개하는 이해한다(윤여찬, 2004).

그러나 청소년운동은 청소년들이 주체가 되어야 한다는 것, 청소년참여 수준이 높아야 한다는 것을 기본 전제로 그들의 삶과 마주하고 있는 현시대의 문제들을 청소년자신이 해결하는 과정이라고 한다면, 프로그램이나 사업 등을 위해서 청소년을 "대상화"하는 접근은 청소년운동이 아니라는 것은 생각할 필요가 있다. 청소년운동은 청소년들이 주도적으로 자신이 속한 삶의 공간을 꿈꾸고 이상으로 생각하는 인간다운 삶을 실현시키는 실질적인 활동의 과정 그 자체로 이해하는 것이 중요하다.

(2) 시민청소년운동의 성격

시민청소년을 전제한 청소년운동으로서의 시민청소년운동은 크게는 사회운동이며 시민운동의 하나라고 할 수 있다. 따라서 여러 학자들이 시민사회, 시민운동, 사회운동 등에 관한 논의한 점에 비추어 청소년운동의 성격을 규정하기로 한다.

첫째, 시민청소년운동은 시민사회운동과 마찬가지로 시민사회의 사회적 생활영역 전반에 걸쳐 드러나는 적대관계나 갈등, 모순 등을 다양한 주체들이 자율성에 바탕한 평등한 연대를 이루어 저항과 대항의 잠재력을 찾아내고 만들어가는 과정과 목표가 있는 운동으로 정의할 수 있다(정유성, 1996). 이런 점에서 시민청소년운동은 청소년들의 권리와 해방과 행복을 위한 운동과 관련되고 청소년에 대한 억압, 차별, 배제, 착취 등의 문제에 맞서 보다 더 자유롭고 평등하게 살 수 있는 사회를 만드는 운동이라는 의미와도 맥락을 같이한다(공현, 2013; 정건희, 2016).

둘째, 시민청소년운동은 비판적 시민의식 성숙의 역사와 관련이 있다. 특히, 1987년 민주화선언 이후 정치, 경제, 사회, 문화의 모든 영역에서 국민의 참여와 자율성 그리고 시민들이 스스로 책임과 의무를 다하고 권리를 찾아야 한다는 시민의식이 강조되면서 시민운동은 우리 시민사회의 주요한 과제로 전개되어 왔다. 서론에서 언급한 최근의 다양한 청소년운동의 사례들은 시민들의 자율적이고 적극적인 참여에 의하여 우리가 관례적으로 생각해 오던 것들을 비판적인 의식으로 보면서 성숙한 시민사회의 건설을 위하여 시민들이 앞장 선 것을 전제하는 것으로 볼 수 있다.

셋째, 시민청소년운동은 최근의 청소년운동이 시민운동적인 성격을 갖게 됨으로서 종래의 청소년운동과는 매우 다른 측면을 가지게 되었다는 점과 관련된다. 청소년은 사회변화발전의 잠재요인(potential agency)으로서 청소년들의 지배적 가치와 사회구조 그리고 그 사회가 갖는 미래지향성은 청소년운동의 성격을 규정하는 중요한 의미를 갖는다(고영복, 1993). 종래의 청소년운동은 주로 보수적인 이념을 바탕으로 하여 그 테두리 안에서 청소년들에게 사회의 무관심과 냉대를 극복하는 일에 주로 관심을 갖는 것이었다. 그러나 시민사회운동으로서의 청소년운동은 청소년의 세계 또는 그와 관련한 상황에 문제가 있고 그에 따른 기대가 환기되고 있다는 것을 시사하는 것이다. 일상적인 관례적 생활이나 제도적 틀로서는 해결되기 어려운 상황이나 새로운 요구가 일어나고 있음을 의미한다.

사회운동은 억압받는 사람이나 소외된 사람 편에서 공유된 정체성에 기반하여 정부정책과 사회정의의 명분을 진전시키는 공적 태도에서의 변화를 달성하려는 힘을 구축하기 위해 하는 집단적 행동을 의미한다(Conner & Rosen, 2016). 사회운동은 판에 박힌 것에 도전하고 문화적 태도나 대중적 담론의 변화를 창조한다. 성공적인 운동은 동맹을 찾으며, 변화를 위한 보다 큰 사회적 합의를 이루고 권력을 구축할 뿐만 아니라 가슴에 호소하고 다수의 마음을 바꾼다.

최근, 나간채 등(2016)은 광주・전남 지역사회운동에서의 다양한 사례에서 발견된 공통적 특성을 확인하고 이를 귀납적으로 추출하여 개념화하였는데, 그 특성을 다수성, 공유된 목적, 비제도성(변화를 위한 집합적 도전)으로 설정하고 이에 더하여 보완적으로 조직성과 지속성을 추가했다. 따라서 사회운동이란 다수의 사람들이 공통의 목적을 가지고 지배권력에 도전하여 조직적으로 전개하는 행동 또는 권력에 도전하는 집단행동이라고 정의하였다. 여기서 권력이란 국가권력만이 아니라 정치권력, 경제권력, 가족이나 세대집단 등의 제반영역에서 나타나는 일방적 강제력을 의미한다.

이와 같이, 시민청소년운동의 개념적 고찰을 통해 알 수 있는 것 중의 하나는 청소년운동은 청소년들이 주체적으로 추동해 나가는 자발적 동기와 필요성이 있으며, 사회변화를 위해 다양한 형태로 저항하는 속에서 사회발전에 긍정적 기여를 해 왔음을 알 수 있다. 이런 점에서 시민청소년운동은 시민사회의 특성 속에서 전통적 제도, 정치권력, 사회경제적 가치들이 더 이상 효과적이지 못하고 정통성을 상실하고 있다고 생각하는 일단의 비판적 청소년 다수에 의해 공통적으로 형성되는 사회운동으로서 청소년들이 기존 사회조건과 정치질서에 맞서 변화를 가져오는 주체로 활동하는 것을 알 수 있다.

5 시민청소년운동의 특성과 참여적 맥락

1) 운동주체로서의 청소년주도(youth-led)

청소년주도(youth-led)라는 용어는 개념 정의가 잘 되어 있지 않다. 그러나 청소년주도적 관여의 개념은 청소년이 사회와 세계를 위한 이로운 일을 창출하는 책임을 가지는 것으로 이해할 수 있으며, 그에 따라 개인과 조직이 청소년을 특별한 행동과정으로 나아가도록 관여하는 태도, 행동, 지식 및 기술을 포함하는 것이다. 여기서 청소년 관여(youth engagement)는 청소년이 자신 밖에 초점을 두는 활동에 의미 있게 참여하고 지속적으로 개입하는 것으로 정의할 수 있다. 청소년관여는 청소년이 자신들에게 직간접적으로 영향을 끼치는 의사결정에 참여할 때 일어난다. 청소년들은 해결책을 탐색하는 일에 개입하고 때로는 의사결정이나 계획의 과정에 영향을 끼친다. 이러한 관여는 청소년이 참여하도록 초대되는 것으로 청소년조직화(youth organizing)로 용어화된다. 청소년조직화와 청소년주도조직화(youth-led organizing)는 각기 다른 개념이다. 청소년조직화는 청소년을 사회정의를 목적으로 하는 일에 관여하는 구체적인 전략을 내포한다. 청소년주도조직화(또는 관여)는 그와 달리 청소년 스스로 시작하고 전형적으로는 풀뿌리 활동에 집중한다(Conner & Rosen, 2016).

Delgado와 Staples(2008)은 지도력 모델은 청소년들이 집단을 조직화하는 데 사용할 수 있는 권력에 의해 정의되는 하나의 연속체 상에 위치할 수 있다고 설명한다. 이들은 지역사회조직화에서의 청소년권력에 대한 4가지 모델을 규명했다. ① 청소년의 참여와 함께하는 성인주도, ② 청소년을 제한된 파트너로 함께하는 성인주도 모델, ③ 청소년-성인 공동협력파트너십, 그리고 ④ 성인 동맹자들과 함께하는 청소년주도 모델 등이다. 이러한 연속체는 청소년과 성인 간에 공유하는 권력의 정도를 고려하는 데 있어서 유용한 출발점을 제공한다. 그러나 이는 어떻게 청소년권력과 통제가 조직 내에서 이루어지는지 그 방법에 대해서는 분명하지 않다는 문제가 있다.

Zimmerman(2007)도 청소년조직화를 "청소년이 참여하고 이끌어가는 것에 임파워되는 정도"(p. 301)에 입각하여 이해하면서 청소년리더십에 관한 하나의 스펙트럼을 제시한다. 스펙트럼의 한쪽 끝은 청소년이 클라이언트로 자리매김하는 조직이 있고, 반대편 끝에는 청소년이 주도하는 조직이 있는 범주를 가진다. 중요한 점은 청소년중심(youth driven)조직과 청소년운영(youth run) 조직, 그리고 청소년주도(youth-led) 조직들 간의 차이점에 대해 제시하고 있는 것이다.

〈표 11-1〉 **청소년조직화의 유사개념 비교**

구분		개념 정의
유사 개념	청소년 인도 (youth driven)	청소년이 지배와 프로그래밍을 포함하는 지도력 위치에서 실질적이고 의미 있는 역할을 함
	청소년 운영 (youth run)	청소년이 직원의 대부분을 차지하고 그 조직의 일상의 운영을 관리함
	청소년 주도 (youth led)	청소년이 성인 동맹자들의 적절한 지지와 함께, 사무총장을 포함하여 모든 주요한 지도력 역할에 있고, 이사회의 다수 구성원이 됨

출처: Zimmerman (2007). pp.301-302에서 구성.

이러한 분석틀에서 보면, 지도력의 행동은 주로 지배의 측면에서 개념화되고 조직구성원의 하위에 있는 지도자로 보인다. 이와 대조하여, 이론가에 따라서는 분배적 지도력과 집단주의자 지도력에서는 지도력을 다르게 본다. 이러한 영역에서의 지도력은 관계성에서 구현되는 것으로 생각하고 문화, 비전, 조직의 일을 목적적이고 생산적인 방식으로 지지하는 다양한 행동을 통해 표현된다(Rosen, 2016).

예를 들면, London(2007)은 청소년주도 참여행동 연구에 관한 논의에서, 청소년주도 조직과 프로젝트를 두 개의 축을 따라 위치시키는 하나의 매트릭스를 소개하였다. 수직적 축은 청소년이 의사결정에서 권위를 갖는 정도를 나타내고 수평축은 청소년들이 어떻게 각기 다른 프로젝트의 단계 전반을 통해 포함되는지를 측정한다. 이 매트릭스는 청소년참여에 관한 매개변수를 서술하는데 도움을 준다. Rosen(2016)은 청소년주도 조직에서 청소년지도력에 대한 "집단주의자" 접근은 청소년들이 자신의 동료들 속에서 지도역량을 개발하고, 의사결정에 참여하고 자신의 조직집단을 외부자들에게 대변함으로써 대두된다. 이런 의미에서 지도력은 조직 전체를 통해 다양한 방법으로 참여하는 구성원에 의해 구체화된다.

2) 시민청소년운동의 참여적 맥락

시민청소년운동은 청소년참여의 맥락과 깊은 관련을 갖는다. 첫째, 청소년이라는 개념이 함축하고 있는 필연적인 변화지향성과 행동지향성을 전제로 객체(object)가 아니라 주체(subject)이며, 동원의 대상이 아니라 참여의 주체로 보고, 위험한 문제집단이 아니라 가능성의 세대로 보는 것에서 비롯된다는 점을 기억할 필요가 있다. 물론 청소년참여를 통하여 이루어지는 청소년운동이 모든 해결의 방법을 제시해 주거나 모든 문제를 해결할 수 있다는 의미는 아니지만, 이는 개인적 차원에서 자기실현의 과정이며 사회적 차원에서 사회문제의 해결을 위한 문제제기이며 역사적 차원에서 투영되는 역사적 존재로서의 책임을 감당하는 일이기도 하기 때문이다(강대근, 1991).

둘째, 청소년참여는 또한 항상 의도적으로 이루어지는 것이 아니라 특정한 이론적 분석틀과 관련되고 그에 따라 청소년 또는 청소년시기에 관련한 내용들이 제기된다. 참여는 청소년발전(youth development)을 위한 필요한 전제조건이며, 지역사회 개발(community development)을 위한 하나의 전략이며, 청소년시민성(young citizenry)을 기르는 하나의 민주주의적 이상이거나 지배적이고 억압적인 구조에 도전하는 하나의 정치적 행동인 것이다.

최근, 유럽연합에서는 청소년업무를 참여와 임파워먼트, 인권의 가치 및 민주주의, 그리고 반 차별과 관용의 원칙들에 의해 안내되고 관리되는 하나의 실천으로 정의한다. 이러한 입장은 유럽만이 아니라 세계를 위한 하나의 모델로서도 청소년업무에 관련한 정책 이니시어티브에 영향을 줄 잠재성을 갖는다. 따라서 우리는 청소년참여에 관한 하나의 단선적 이해를 따라가는 것이 아니라 민주주의, 청소년참여, 발언권, 청소년 업무, 그리고 보다 넓게는 교육과의 관련에서 청소년업무를 볼 필요가 있을 것이다.

셋째, 시민청소년운동은 청소년참여를 전제로 하고 완전한 참여를 지향한다. 여기서 완전한 참여란 완전자치를 실현하는 단계를 의미한다. 따라서 청소년에게 실질적인 의사결정권을 부여하지 않는다면 이는 명목적 참여에 불과할 가능성이 많다. 이런 측면에서 Arnstein(1969)의 시민참여모델과 Hart(1997)의 청소년참여의 모델 등에 대해 이해할 필요가 있다. 이들은 시민 또는 청소년참여를 단계별로 유형화하고 점차적으로 완전자치를 할 수 있도록 도와주어야 한다고 주장한다. 또한, 이들은 시민 또는 청소년참여를 파트너십, 대표권력 및 시민통제 등과 같은 민주주의적 용어 속에서 설명하고 있다.

이런 점에서 최근, Marsi(2017)는 청소년의 지역사회 개발에 참여하는 것에 대해 설명하면서, Hart의 아동참여사다리(Ladder of children participation) 모델과 Lacofano의 상호작용적 의사결정을 위한 전략(Strategy for interactive decision making) 예시된 개념들을 활용한 청소년참여의 차원과 형태의 개관적 모델을 제시한 바 있어 주목된다. 이 모델은 ① 청소년의 의사결정력과 변화에 영향을 끼치는 힘과 ② 청소년의 지역사회에서의 다른 사람들과의 상호작용과 공동협력 등의 두 가지 기본적 차원에 입각한 것이다. [그림 11-1]에서는 진정한 참여는 손에 잡히지 않을 수 있지만, 청소년참여를 실현한다는 것은 성인이 통제하는 것이 아니라 의사결정자와 이해당사자로부터의 지지를 받는 일이 중요한 동시에 청소년이 진정으로 변화과정에 헌신적으로 관여하는 것이 중요하다는 점을 말하고 있다.

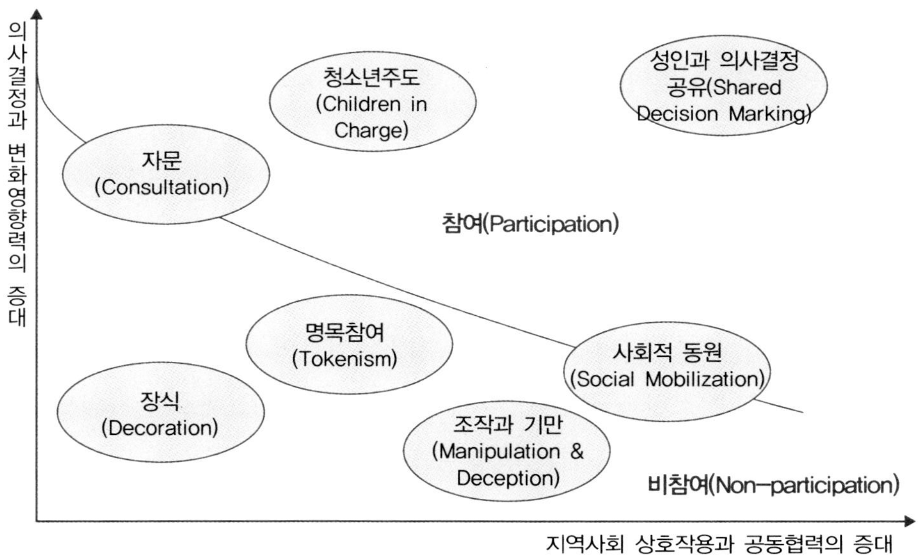

[그림 11-1] 청소년참여의 차원과 형태

출처: Masri (2017). p.4.

3) 시민청소년운동의 청소년업무에의 함의

청소년업무(youth work)는 청소년사업 또는 청소년실천활동으로도 이해할 수 있는데 영국, 아일랜드, 호주, 그리고 미국 등과 같은 국가에서의 청소년 분야를 일컫는 용어이다. 우리나라는 청소년분야 전반을 칭하는 합의된 용어는 없지만, 청소년과 관련하여 존재하는 실천현장과 활동 그리고 정책과 사회환경 등을 총칭하는 것으로 이 용어를 원용하면 현재의 청소년업무와 시민청소년운동의 관계에 대해 이해하는데 유용할 수 있다.

앞서 고찰한 바와 같이, 우리나라의 청소년업무에서 시민청소년과 관련한 흐름이 이어져 왔으며, 점차 청소년개발, 청소년참여, 청소년의 시민적 관여(youth civic engagement) 등과 같은 의미가 많은 주목을 받고 있음이 사실이다. 전체적으로 보면, 청소년업무의 방향이 1998년 이후 수립된 제2차 청소년육성5개년계획(1998-2002)으로 청소년참여와 권익증진을 주요 내용으로 하는 것으로 확장되었다. 당시 참여적 맥락에서 청소년문화와 청소년정보화의 영역을 새롭게 추가하고, 기존의 가정과 학교의 역할, 사회환경 개선 등과 관련한 영역이 가정과 지역사회의 역할 강화와 참여확산이라는 성격으로 크게 보완하면서 청소년운동과 관련한 내용을 업무 영역화하였다고 본다(김민, 2016).

이런 점에서 이제 지금까지 펼쳐 온 청소년업무의 철학과 이론적 토대를 다시 마련하고, 청소년과 청소년업무에 대한 기본발상을 새로운 차원으로 크게 전환할 때가 되었다. 그 기본 방향은 청소년의 '삶의 질'을 향상시키고 '청소년에 의한 청소년운동'을 제대로 알아볼 수 있도록 하는 것이다. 청소년운동은 그 운동의 주체가 청소년임으로 해서 스스로 새로운 질서의 탄생을 예기하고 있으며 새로운 생활형태를 함축하고 있다. 4차 산업혁명의 시대,

SNS시대, 글로벌화의 시대 등에 따른 인간소외와 생명의식, 상실과 단절 등의 총체적 위기에 대해서도 준비가 필요하다. 이런 점에서는 오늘날의 시민청소년운동은 청소년에 의한 청소년만을 위한 운동이 아니다. 이 시대를 살고 있는 모든 사람들이 함께 참여해야 할 운동인 것이다.

지난 50여년간 청소년의 인격함양과 여가제공을 목적으로 하는 청소년업무가 지속하여 왔으며, 청소년업무의 방향을 청소년참여로 전환한 이후 20여년을 향해가고 있다. 세계적 추세는 이보다 더 오랜 기간을 청소년업무의 발전을 위해 노력해 왔으며, 청소년업무의 모델은 청소년서비스뿐만 아니라, 청소년발달, 청소년지도력, 시민적 관여, 그리고 청소년조직화를 포함하는 방향으로 나타나고 있다. 또한, 이러한 청소년업무 모델의 성격에는 청소년참여적 맥락과 연계되면서, 청소년업무의 성과로 이어지고 있음을 알 수 있다. 청소년조직화는 공동시민성의 참여형태를 보이면서, 청소년행동주의의 업무성과를 보이고 있는 것이다.

우리나라 청소년분야의 발전은 대상의 측면에서 "일부 특정 청소년"에서 "모든 청소년"으로 확장하고, 방향의 측면에서는 청소년문제에 대한 "사후처방"에서 "예방적 접근"으로 전환하여 왔으며, 내용적인 측면에서는 청소년의 권리와 자율적인 참여의 기반확충과 함께 "잠재역량개발"을 강조하는 것으로 진전되어 왔음을 기억할 필요가 있다. 청소년의 사회참여는 우리 사회의 현재적 모습이고 민주주의 국가로서의 정치적, 경제적 발전이 지속되는 것과 함께 시민청소년운동도 더욱 확산될 것으로 예상된다. 이런 점에서 보면, 청소년업무의 모델로서 적극적 관점에서의 청소년개발(youth development)적 접근, 청소년 시민참여에 대한 이해, 그리고 그와 관련된 청소년행동주의의 함의를 알아보는 일은 청소년학의 주요 과제가 될 것이다.

참고문헌

강대근(1991). "청소년운동을 통한 새질서 새생활 실천" 청소년학대회. 서울: 한국청소년학회.

강주연 · 이이든 · 김지수(2020). 텍스트 마이닝을 활용한 'Z세대' 관련 뉴스데이터 의미연결망 분석. 미래청소년학회지, 17(2), 25-48.

고순청(2016). 청소년 가출에 영향을 미치는 요인. 동국대학교 석사학위논문.

고영복(1993). "사회변동과 청소년운동" 한국사회의 구조와 의식. 서울: 사회문화연구소출판부.

공현 · 둠코(2016). 인물로 만나는 청소년운동사. 서울: 교육공동체벗.

공현 · 전누리(2018). 우리는 현재다: 청소년이 만들어 온 한국현대사. 서울: 빨간소금.

곽미정 · 김명수 · 노상은 · 이영호 · 장기수 · 전대성 · 현영렬 · 홍희석(2020). 청소년문화론. 경기: 양서원.

구은미 · 박성혜 · 이영미 · 이혜경(2009). 21세기 아동 · 청소년복지. 학지사.

구태익(2003). 한국의 청소년활동과 청소년시설의 변천. 서울: 한국청소년시설환경학회.

국회미래연구원(2019). 청소년 미래선호가치 설문조사 기반연구. 서울: 국회미래연구원.

권이종 · 김천기 · 이상오(2010). 청소년문화론. 경기: 공동체.

김경신 · 박옥임 · 임형택 · 이민창 · 김오남(2007). 청소년복지론. 청목출판사.

김경준 · 모상현 · 송태진(2019). 청소년우대정책 현황 및 해외사례 분석 연구. 세종: 한국청소년정책연구원.

김경준 · 최인재 · 설인자 · 원구환(2007). 청소년 우대제도의 국제적 동향과 발전방안. 서울: 한국청소년정책연구원.

김경준 · 최인재 · 조흥식 · 이용교 · 이상균 · 정익중(2005). 청소년복지정책 현황과 개선방안 연구. 한국청소년개발원.

김도영 · 이혜경 · 노자은(2019). 청소년복지론. 서울: 학지사.

김미연(1994). 문화정책 결정과정에서의 국회의 역할에 관한 연구. 숙명여자대학교 석사학위논문.

김미윤(2006). 문화실천의 사례를 통해 본 청소년 문화참여의 의미와 과제. 미래청소년학회지, 3(1), 107-143.

김민(2016). '자발적 의식화'를 거치는 청소년운동, 그들의 역사를 기록해야 한다!. 청소년현장, 이시대의 방향과 관점: 다시, 청소년운동으로. 학술포럼 자료집. 29-63.

김병진(2018). 청소년의 자원봉사활동 경험이 장애인 인식에 미치는 영향. 조선대학교 석사학위논문.

김보현(2011). 청소년의 봉사활동 태도에 영향을 미치는 요인. 창원대학교 석사학위논문.

김상범・박선희・박주현・천정웅(2022). 청소년지도방법론. 경기: 양성원.

김상형(1983). "청소년과 사회정책: 한국 민간 청소년운동의 실태." 현대사회와 청소년. 서울: 아산사회복지사업재단.

김성이・조학래・노충래・신효진(2010). 청소년복지학. 경기: 양서원.

김영인・구정화(2020). 청소년인권과 참여. 서울: 한국방송통신대학교 출판문화원.

김영지(2007). 한국 청소년 인권정책 형성과정 연구. 숙명여자대학교 대학원 박사학위논문.

김영화・최영진(2012). 오늘의 청소년, 그들은 누구인가?: 청소년복지론. 경기: 정민사.

김윤나・박옥식(2009). 청소년활동의 효과에 관한 비교분석: 자아존중감, 직업성숙도, 학업성취, 생활만족도, 스트레스, 비행과의 관계를 중심으로. 청소년복지연구, 11(1), 79-99.

김정명(1991). 청소년활동 동기부여 방안. 한국청소년정책연구원 연구보고서.

김정주(1999). 청소년참여. 한국청소년학회 편. 청소년학총론(pp. 477-512). 서울: 양서원.

김정주・길은배・정화수(1999). 청소년의 지역사회 참여운동 연구. 서울: 한국청소년개발원.

김정주・김용태・성기원(2003). 지역사회에서 청소년 동아리활동 실태와 지원 방안 연구. 한국청소년개발원연구보고서.

김정주・천정웅・김영지・임지연(1998). 지역청소년센터 운영모델 연구: 지역사회 청소년육성 거점으로서의 청소년센터 운영방안. 서울: 한국청소년개발원.

김정주・최창욱・성기(2004). 청소년육성 기능강화 및 행정채계 발전방안. 서울: 문화관광부.

김종길(2003). '안티사이트'의 사회운동적 성격 및 새로운 저항 잠재력의 탐색. 한국사회학, 37(6), 145-175.

김종명 외(2013). 사회복지개론. 경기도: 양서원.

김주희・곽성현(2015). 청소년의 국제교류활동 참여효과에 대한 인식 연구. 한국과학예술포럼, 19, 231-242.

김지윤(2019). 초기 청소년의 국제교류 경험 이해. 서울대학교 석사학위논문.

김지혜・김기남・박지영・정경은・조규필(2006). 단기청소년쉼터 운영모형에 관한 연구. 국가청소년위원회.

김진호(2007). positive youth development의 의미와 정책적 시사점. 천정웅 이용교 편. 적극적 관점의 청소년개발. 서울: 인간과 복지.

김진호・권일남・이광호・최창욱(2009). 청소년활동론. 서울: 한국방송통신대학교출판부.

김진화 외(2003). 청소년문제행동론. 서울: 학지사.

김현수(2012). 청소년의 인터넷 중독과 해결방안에 관한 고찰. 한국중독범죄학회보, 2(1), 73-86.

김현진・최수진・이선영・양희준・김도균・김성천・한은정・장암미(2020). 18세 선거권과 학교교육의 대응 방안. 충북: 한국교육개발원.

김현철・최창욱・민경석(2010). 초중고 창의적 체험활동과 청소년활동정책의 연계방안 연구. 연구보고 10-R08. 한국청소년정책연구원.

김형주・김옥순・김 민・송창석・손의숙・심한기(2003). 청소년참여와 권익증진 제도화 방안 조사・연구: 대통령 청소년특별회의의 구성・운영을 중심으로. 서울: 문화관광부・한국청소년단체협의회.

김혜원(2010). 청소년기에 나타나는 심리적 특성과 관련 부적응행동. 세계청소년학아카데미 편, 글로벌시대 비판청소년학. 세계청소년학아카데미.

나간채(2016). 민주장정 100년, 광주・전남지역사회운동사. 광주광역시・전라남도.

나은영・차유리(2010). 한국인의 가치관 변화추이: 1979, 1998, 2010년의 조사결과 비교. 한국심리학회지, 24(4), 63-92.

남미자・장아름(2020). 청소년 정치참여의 의미와 학교교육의 방향. 교육정치학연구, 27(1), 31-60.

노 혁(2010). 청소년복지론. 교육과학사.

노자은・김정민・조영미(2019). 청소년문화. 서울: 학지사.

문호영・최창욱(2015). 생애주기에 따른 아동・청소년・청년 연령구분 실태와 방향. 청소년정책 이슈브리핑, 21, 1-16.

박가나(2008). 청소년 참여활동이 공동체의식에 미치는 효과. 서울대학교 대학원 박사학위논문.

박성복・이종렬(1993). 정책학원론. 서울: 대영문화사.

박용순(2007). 사회복지개론. 서울: 학지사.

박정현(2017). 87년 민주화 이후 역대 정부의 사회복지정책과 사회권: 사회복지 국정목표 및 방향에 관한 내용 연구. 민주사회와 정책연구, 32, 47-85.

박주현・박선희・안명선・김상범・천정웅(2023). 청소년육성제도론. 경기: 양서원.

박진규・윤여숭・최용환・최희선・하중래(2019). 청소년문화. 서울: 학지사.

박혜숙(2016). 신세대 특성과 라이프 스타일 연구: Z세대를 중심으로. 인문사회 21, 7(6), 753-767.

백혜정・임희진・김현철・유성렬(2017). 2017년 청소년종합실태조사. 여성가족부.

사지원(2012). 20세기 전환기의 독일 청소년운동: 반 문명운동. 독일어문학, 56, 201-221.

성열준・오진석・강병연・이채식・강세현・황수주・김종찬・김재원(2016). 청소년문화론. 경기: 양성원.

송주완(2020). Z세대의 외식 소비성향이 외식업체 선택 속성과 행동의도에 미치는 영향.

Journal of Hotel & Resort, 19(1), 289-312.

신은경・윤경・김진강(2016). 동아리활동에 따른 진로결정 자기효능감이 진로성숙도에 미치는 영향. Tourism Research, 41(1), 133-154.

안명선・박선희・김상범・박주현・천정웅(2022). 청소년지도방법론. 경기: 양성원.

오윤선・황인숙(2020). 청소년문화론. 경기: 양서원.

오해섭(2008). 지역사회 중심 청소년활동의 중요성과 청소년역량강화 방안. 농촌지도와 개발, 15(3), 417-432.

오해섭・문호영(2020). Z세대 10대 청소년의 가치관 변화 연구. 세종: 한국청소년정책연구원.

오해섭・문호영・염유식(2019). 청소년이 행복한 지역사회 지표조사 및 조성사업연구 VII. 세종: 한국청소년정책연구원.

오해섭・이민희・김영호(2007). 뉴거버넌스를 통한 청소년행정체계 운영모형 정립. 서울: 한국청소년정책연구원.

유윤종(2019). "청소년인권운동" 국가청소년위원회, 대한민국 인권 근현대사(pp. 401-436). 서울: 국가청소년위원회.

윤여찬(2004). 외국과 한국의 청소년운동비교. 한국교원대학교 교육대학원 석사학위 논문.

이동후(2009). 사이버 대중으로서의 청년 세대에 대한 고찰: 사회적 소통과 관여를 중심으로. 한국방송학보, 23(2), 409-446.

이민희(2011). 한국과 독일의 청소년운동에 관한 비교사적 연구: 청소년운동을 통한 21세기 한국사회 변혁의 가능성 탐색. 청소년학연구, 18(4), 349-382.

이용교(2006). 디지털 이용교, 천정웅(2009). 청소년복지: 정책과 실천. 인간과 복지청소년복지. 인간과 복지.

이윤주(2015). 청소년 정치참여 활성화를 위한 실천중심 기능학습의 필요성: 사회과교육에서의 청소년정치참여 연구동향을 기반으로. 시민교육연구, 47(2), 85-113.

이윤주・오해섭・강지원・백승주・성지은・탁현우(2018). 지역사회 협력망 운영을 통한 청소년 성장지원 모델 개발 연구. 경제인문사회연구회 협동연구총서 18-35-01. 세종: 경제인문사회연구회.

이은규(2009). 21C 한국기독청년운동의 신앙적 선교적 방향: 서울 YMCA를 중심으로. 신학과 실천, 20, 227-259.

이자영・정경은・하정희(2017). 청소년 문제와 보호. 서울: 학지사.

이해주・이미리・모경환(2008). 청소년 문제론. 한국방송통신대학교출판부.

이혜경・김도영・진은설(2020). 청소년지도방법론. 서울: 학지사.

이혜원・이봉주・김혜래・오승환・정익중・하승수・이지수 외(2008). 청소년권리와 청소년복지. 한울.

임희진・백혜정・김현철・강현철(2012). 2012 청소년 가치관 국제비교 조사. 여성가족부・한국청소년정책연구원.

장세룡(2016). 도시공간점거와 직접행동 민주주의: 2011년 9월 뉴욕 월 가 “점령하라”운동에 관한 성찰. 역사와 경계, 99, 251-296.

장인협・오정수(2006). 아동・청소년복지론. 서울대학교출판부.

장일순(2007). 청소년사회학. 서울: 학문사.

전희일・신명철・류기덕・신용식・유영주 외(2018). 청소년정책 및 육성제도론. 경기: 양서원.

정건희(2013). 청소년참여 담론 연구. 중앙대학교 대학원 박사학위논문.

정건희(2015). 최근 한국의 청소년참여 동향: 청소년운동을 중심으로. 청소년참여 활성화 방안 포럼. 서울: 한국청소년활동진흥원.

정건희(2016). 청소년참여를 중심으로 한 지역운동. 청소년현장, 이시대의 방향과 관점: 다시, 청소년운동으로. 학술포럼 자료집, 77-95.

정규석・김영미・김지연(2013). 청소년복지의 이해. 서울: 학지사.

정유성(1996). “학부모교육 운동과 사회교육”. 한국사회교육학회 편. 사회운동과 사회교육. 서울: 한국사회교육학회.

정하성・유진이(2012). 청소년 문화. 경기: 양서원.

정혜원(2006). 청소년 사회참여의 과정과 형식에 관한 일연구: 맥아담의 ‘인지적 해방과 운동문화’를 중심으로. 청소년학연구, 13(5-1), 155-186.

정홍익(1992). 문화행정연구: 개념틀과 분석. 한국행정학회, 25(4), 4229-4245.

조달현(2018). 청소년단체 활동이 인성에 미치는 효과에 관한 연구. 명지대학교 박사학위논문.

조선화・강명숙・김혜진・류진아・박희현・이지항・최명선(2005). 문제중심으로 접근한 청소년복지론. 경기: 교문사.

조성연・유진이・박은미・정철상・도미향・길은배・김민정(2012). 청소년복지론. 서울: 창지사.

조영(2021). 학교 밖 청소년 민주시민교육: YMCA청소년 정치참여운동 사례를 중심으로. 성공회대학교 석사학위논문.

조혜영・김지경・전상진(2012). 후기청소년 세대 생활・의식 실태조사 및 정책과제 연구 I: 대학 재학 후기청소년을 중심으로. 서울: 한국청소년정책연구원.

조흥식 외(2014). 사회복지학개론. 서울: 창지사.

주경필(2015). 성인도래기(emerging adulthood)의 개념정립을 통한 국내 청년복지정책에 대한 소고(小考). 청소년복지연구, 17(1), 189-213.

지영래(2020). Z세대, 포노 사피엔스, 그리고 프랑스 어문학 교육. 프랑스어문교육, 71, 81-110.

진덕규(1985). 지역단위 청소년운동의 모델개발에 관한 연구: 정치사회학적 인식. 서울: 한국청소년연구소.

차경수(1991). "시민운동으로서의 청소년운동", 청소년학 대회, 서울: 한국청소년학회.

채희주 · 이진숙(2020). Z세대의 SNS마켓에서의 소비자 사회화 경험에 대한 현상학적 연구: 인스타마켓을 중심으로. 한국생활과학회지, 29(2), 199-216.

천정웅(1997). "청소년참여의 동향과 과제", 1급 청소년지도사 연수교재 (별쇄본). 한국청소년개발원.

천정웅(1998). IMF시대 청소년참여의 방향과 과제, IMF시대 청소년의 소외와 참여(pp. 169-222). 서울: 한국청소년학회.

천정웅(1999). "청소년정책의 발전과 특성," 한국청소년학회 편, 청소년학총론(pp. 441-475). 서울: 양서원.

천정웅(2007). 아동 · 청소년복지와 청소년개발을 위한 영성의 개념화. 천정웅 · 이용교 편. 적극적 관점의 아동 · 청소년복지. 인간과 복지.

천정웅(2008). 한국의 아동과 청소년의 참여권. 아동 · 청소년 참여권, 11-48. 한국청소년정책연구원 · 한국아동권리학회.

천정웅(2009). Hart의 청소년참여 사다리 모델 비판. 한국청소년시민포럼 발표자료집. 한국청소년시민학회.

천정웅(2009). 적극적 관점의 청소년활동: 역량개발의 이론, 정책, 실천. 글로벌청소년포럼 및 지역정책토론회 자료집. 보건복지가족부 · 대구광역시.

천정웅(2009). 한국의 아동과 청소년의 참여권 신장. 한국아동권리학회 2008년 추계학술대회 발표논문. 아동 · 청소년참여권. pp.13-47.

천정웅(2010). 청소년발전(youth development)관점에서 본 시민적 관여(civic engagement)의 이론적 기초: 개념, 구성요소, 요인, 가치, 이점들. 시민청소년학연구, 1(1), 49-63.

천정웅(2011). 청소년복지론. 경기: 양서원.

천정웅(2011). 청소년참여의 유형화 연구. 미래청소년학회지, 8(4), 27-47.

천정웅(2011). 청소년학 연구와 글로벌청소년학의 비전. 2011 글로벌 4대 학회 추계연합학술대회 자료집.

천정웅(2013). 지역사회 청소년 네트워크와 외국의 실천경험 연구. 청소년시설환경, 11(4), 145-156.

천정웅(2014). 청소년참여론: P이론의 청소년학. 경기: 양서원.

천정웅(2020). 청소년의 가치관 변화에 따른 사회 · 정책적 대응 방안 논의: Z세대를 위한 새부대(New Bottle)의 모색. 제35차 청소년정책포럼: Z세대 청소년의 가치관 변화와 정책방안. 세종: 한국청소년정책연구원.

천정웅(2021). 청소년복지론(2판). 경기: 양서원.

천정웅(2021). 청소년인권과 참여. 경기: 공동체.

천정웅(2023). 청소년정책론. 서울: 신정.
천정웅・김경준・김영지(1995). 청소년과 지역사회 참여. 한국청소년개발원.
천정웅・김미옥・최명민・노혜련・이용교(2009). 강점관점 청소년개발 레질리언스. 서울: 신정.
천정웅・김민・김진호・박선영(2010). 차세대 청소년학 총론. 서울: 양서원.
천정웅・김영지・임지연(1997). 청소년참여의 세계적 동향. 한국청소년개발원.
천정웅・김영지・임지연(1997). 청소년참여증진방안 연구. 한국청소년개발원.
천정웅・김윤나・이채식・전경숙(2011). 청소년복지론. 서울: 신정.
천정웅・박선희・이태숙(2020). 사회복지윤리와 철학. 경기: 양성원.
천정웅・박주현・황보람(2020). 학교사회복지론. 경기: 양서원.
천정웅・오정아・박선희・이승민・박주현(2019). 인간행동과 사회환경. 양성원.
천정웅・오해섭・김정주・김민(2015). 청소년활동론. 양서원.
천정웅・이민희・박선영・황성하 (2013). 글로벌 청소년정책론. 경기: 양서원.
천정웅・이용교 편(2007). 적극적 관점의 아동・ 청소년복지. 인간과 복지.
천정웅・이용교 편(2007). 적극적 관점의 청소년개발. 인간과 복지.
천정웅・이용교・김혜원(2009). 청소년발달・역량개발・청소년복지. 서울: 교육과학사.
천정웅・이지민・성윤숙(2020). 청소년문제와 보호. 양서원.
천정웅・장근영・이채식・김윤나(2013). 청소년문화론. 경기: 양서원.
천정웅・한상철・임지연(2000). 현안 청소년문제 분석 연구. 한국청소년개발원.
최윤진(1992). '청소년과 가치관', 청소년문화론, 한국청소년연구원.
최윤진(1998). 청소년 문화 연구의 동향과 과제. 청소년학연구, 5(2), 63-80.
최윤진(2016). 청소년인권의 쟁점과 청소년참여운동. 시민청소년학연구, 7(2), 1-18.
최정윤・박경・서혜희(2006). 이상심리학. 서울: 학지사.
최창욱・전명기(2013). 청소년참여기구 활성화방안 연구. 서울: 한국청소년정책연구원.
최태욱(2017). 고령화・저성장・양극화 시대의 청년정치 부상 가능성. 민주사회와 정책연구, 31, 259-285.
표갑수(2000). 아동・청소년복지론. 나남.
한국청소년개발원(1994). 청소년활동론. 인간과복지.
한국청소년개발원(2008). 청소년 문화론. 경기: 교육과학사.
한도희(2016). 청소년참여의 반석 청소년운영위원회로의 전진. 시민청소년학연구, 7(2), 61-84.
한승희(1995). 학교수련활동 현장운영 모델 개발. 서울: 한국청소년개발원.
함병수・신선미(1997). 청소년카드제도를 위한 기초조사: 우리나라 청소년의 소비생활실태와 청소년카드사례를 중심으로. 서울: 한국청소년개발원.

홍문기(2016). 독일 청소년운동. 글로벌청소년학연구, 6(2), 29-41.

홍봉선 · 남미애(2022). 청소년복지론. 서울: 공동체.

홍정희(2016). 청소년 지역사회 참여활동 경험의 교육적 의미: '청소년참여위원회' 활동을 중심으로. 이화여자대학교 대학원 박사학위 논문.

황상민(1999). 사이버 세상에 또 다른 내가 있다. 서울: 김영사.

황여정(2017). 청소년의 지역사회참여 모형개발 연구. 세종: 한국청소년정책연구원.

Alderson, P., & Montgomery, J. (1996). Health care choices: Making decisions with children. London: Institute for Public Policy Research.

Angel, W. D. (1990). Youth movements of the world, Harlow, Essex, U.K.: Longman Group UK.10.

Arnett, J. J. (2004). Emerging adulthood: The winding road from the late teens through the twenties. New York: Oxford University Press.

Arnett, J. J. (2007). Afterword: Aging out of care: Toward realizing the possibilities of emerging adulthood. New Directions for Youth Development. 113, 151-161.

Ashcraft, R. F. (2017). Positive youth development in diverse and global contexts. Journal of Youth Development, 12(3), 63-66.

Astroth, K. A., Brown, D., Poore, J. & Timm, D. (2002). Avenues to adulthood or avenues to civic anemia? In CYD Anthology 2002. (12-18). Sudbury, MA: The Institute for Just communities.

Bandura, A. (1964). The stormy decade: Fact or fiction? Psychology in the Schools, 1, 224-231.

Bazemore, G., & Terry, W. C. (1997). Developing delinquent youths: A reintegrative model for rehabilitation and a new role for the juvenile justice system. Child Welfare, 76(5), 665-716.

Benard, B. (2004). Resiliency: What we have learned. San Francisco, CA: WestEd.

Benson, P. L. (1997). All kids are our kids: What communities mustdo to raise caring and responsible children and adolescents. San Francisco, CA: Jossey-Bass.

Benson, P. L. (2003). Developmental assets and asset-building communities: Conceptual and empirical foundatins. In R. M. Lerner & P.,L. Benson (Eds.), Developmental assets and asset building communities: Implications for research, policy, and practice (pp. 19-43). Norwell, MA: Kluwer Academic Publishers.

Benson, P. L., & Pittman, K. J. (2001). Trends in youth development: Visions, realities and challenges. Boston: Kluwer Academic Publishers.

Benson, P. L., & Saito, R. N. (2001). The scientific foundations of youth development. In P. L. Benson and K. J. Pittman (Eds.), Trends in Youth Development: Visions, realities and challenges. Boston: Kluwer Academic Publishers.

Blakeslee, J. & Walker, J. S. (2018). Assessing the meaningful inclusion of youth voice in policy and practice: State of the Science. Portland, OR: Research and Training Center for Pathways to Positive Futures, Portland State University.

Bloom, M. (2000). The use of theory in primary prevention practice: Evolving thoughts on sports and after-school activities as influences of social competency. In D. Steven, & G. Thomas (eds.) Developing competent youth and strong communities through after-school programming(pp. 17-66). Washington, D.C.: CWLA Press.

Camino, L. & Zeldin, S. (2000). Making the transition to community youth development: Emerging roles and competencies for youth-serving organizations and youth workers. CYD Journal, 1(1), 70-78.

Cargegie Corporation (1989). A matter of time: Risks and opportunities in the nonschool hours. New York: Task Force on Youth Development and Community Programs.

Catalano, R. F., Berglund, M. L., Ryan, J. A. M., Lonczak, H. S., & Hawkins, J. D. (1999). Positive youth development in the United States: Research findings on evaluations of positive youth development programs. Washington, D.C.: US Department of Health and Human Services.

Chapin, R. K. (1995). Social policy development: The strengths perspective. Social Work, 40(4), 506-514.

Checkoway, B. (1998). Involving young people in neighborhood development. Children and Youth Services Review, 20(9/10), 765-795.

Checkoway, B. (2011). What is youth participation? Children and Youth Services Review, 33, 340-345.

Cheon, J. (2008). Best practices in community-based prevention for youth substance reduction: Toward strengths-based positive development policy. Journal of Community Psychology, 36(6), 761-779.

Cheon, J. (2009). Convergence of a strengths perspective and youth development: Toward youth promotion practice. Advances in Social Work, 9(2), 176-190.

Coner, J. & Rosen, S. M. (2016). Contemporary youth activism: Advancing social justice in the United States. Santa Barbara, CA: Praeger.

Connell, J., & Kubisch, A. (2001). Community approaches to improving outcomes for urban children, youth, and families: Current trends and future directions. In A. Booth & A. C. Crouter (Eds.) Does it take a village? Community effects on children, adolescents, and families, (pp.177–201). Mahwah, NJ: Lawrence Erlbaum Associates, Publishers.

Damon, W. (1997). The youth charter: How communities can work together to raise standards for all our children. New York, NY: Free Press.

Davila, A., & Mora, M. T. (2007). Do gender and ethnicity affect civic engagement and academic progress? Working paper 53. The Center for Information and Research on Civic Learning and Engagement(CIRCLE), College Park, MD: University of Maryland.

Delgado, M. & Staples, L. (2008). Youth–led community organizing: Theory and action. Oxford: Oxford University Press.

Delgado, M. (2002). New frontiers for youth development in the twenty–first century, Colummbia University Press.

Delgado, M. (2015). Community practice and urban youth: Social justice service learning and civic engagement. New York, NY: Routledge.

Deuze, M. (2006). Participation, remediation, bricolage: Considering principal components of a digital culture. The Information Society, 22(2), 63–75.

Eccles, J., & Gootman, J. (2002). Community programs to promote youth development. Washington, DC: National Academy Press.

Elder, G. H. (1974). Children of the great depression. Chicago: University of Chicago Press.

Elder, G. H. (1995). The life course paradigm: Social change and individual development. In P. Moen, G. H. Elder, & K. Luscher (Eds.), Examining lives in context. Washington, DC: American Psychological Association.

Elder, G. H. (1997, April). The life course as developmental theory. Paper presented at the meeting of the Society for Research in Child Development, Washington DC.

Erikson, E. (1963). Childhood and society (2nd ed.). New York, NY: W.W.Norton & Company.

Fernandes–Alcantara, A. L. (2018). Vulnerable youth: Background and policies. Washington, DC: Congressional Research Service.

Finn, J. L. (2001). Text and turbulence: Representing adolescence as pathology in human services. Childhood, 8(2), 167–191.

Flanagan, C. A., & Faison, N. (2001). Youth civic engagment: Implications of research for social policy and programs. Social Policy Reports, 15, 3–14.

Fletcher, A., & Vavrus, J. (2006). The Social Change led By and With Young People. CommінAction, Olimpia, WA.

France, A., & Crow, L. (2001). CTC – the story so far: An interim evaluation of communities that care. York: Joseph Rowntree Foundation.

Fredricks, J. A., & Eccles, J. S. (2006). Is extracurricular participation associated with beneficial outcomes? Concurrent and longitudinal relations. Developmental Psychology, 42, 698–713.

Freud, A. (1946). The ego and the mechanisms of defense. New York, NY: International University Press.

Galston, W. A. (2001). Political knowledge, political engagement, and civic education. American Review of Political Science, 4, 217–234.

Hall, G. S. (1904). Adolescence: Its psychology and its relations to physiology, anthropology, sociology, sex, crime, religion, and education. New York, NY: D. Appleton & Company.

Hamilton, S. F., Hamilton, M. A., & Pittman, K. (2004). Principles for youth development. In S. F. Hamilton, M. A. Hamilton(Ed.), The youth development handbook(pp.3–22). Thousand Oaks, CA: Sage Publications.

Hart, R. A. (1997). Children's participation: The theory and practice of involving young citizens in community development and environmental care. London: UNICEF.

Hawkins, J. D. (1999). Preventing crime and violence through communities that care. European Journal on Criminal Policy and Research, 7, 443–458.

Heiner, R. (2009). Social problems: An introduction to critical constructionism. New York: Oxford University Press.

Homan, M. S. (2007). Promoting community change: Making it happen in the real world. Pacific Grove, CA: Thomson Brooks/Cole.

Hughes, D. M., & Curnan, S. P. (2000). Community youth development: A framework for action. CYD Journal, 1(1), 7–13.

IWGYP: Interagency Working Group on Youth Programs (2016). Pathways for youth: Strategies plan for deferal collaboration. IWGYP.

Jarvis, S. V., Shear, L., & Hughes, D. M. (1997). Community youth development: Learing the new story. Child Welfare, 56, 5, 719–741.

Kang, J. (2016). Youth and activism in postauthoritarian south Korea: Igniting the internet. Honolulu, HA: University of Hawai'i Press.

Kubisch, A. C. (2005). Comprehensive community building initiatives – ten years later: What we have learned about the principles guiding the work. New Directions for Youth Development, 106, 17–26.

Larson, R. (2000). Toward a psychology of positive youth development. American Psychologist, 55(1), 170–183.

Lerner, J. V., Phelps, E., Forman, Y. E. & Bowers, E. P. (2009). Positive youth development. In R. Lerner & L. Steinberg (Eds.). Handbook of adolescent psychology (pp. 1–15). New York, NY: Wiley.

Lerner, R. M. (2004). Liberty: Thriving and civic engagement among America's youth. London: Sage Publications.

Lerner, R. M. (2017). Commentary: Studying and testing the positive youth development model: A tale of two approaches. Child Development, 88(4), 1183–1185.

Levine, P. (2007). The future of democracy: Developing the next generation of American citizens. Mediford, MA: Turfs University Press.

Little, R. (1993). What's working for today's youth: The issues, the programs, and the lessons. East Lansing: Michgan State University.

London, J. K. (2007). Power and pitfalls of youth participation in community–based action research. Children, Youth and Environments, 17(2), 406–432.

MacNaughton, G., Hughes, P., & Smith, K. (2007). Young children's rights and public policy: Practices and possibilities for citizenship in the early years. Children & Society, 21, 458–469.

Marcia, J. (1991). Identity and self–development. In R. M. Lerner, A. C. Pertersen, & Brooksgunn (Eds.), Encyclopedia of adolescence(vol. 1). New York: Garland.

Masri, S. S. (2017). Integrating youth in city planning: Develoing a participatory tool toward a child–friendly vision of Eastern Wastani - Saida. Alexandria Engineering Journal, 57(2), 1–13.

Matarese, M., McGinnis, L., & Mora, M. (2005). Youth involvement in systems of care: A guide to empowerment. Washington, DC: Technical Assistance Partnership.

Maton, K. I., Schellenbach, C. J., Leadbeater, B. J., Solarz, A. L. (2004). Investing in children, youth, families, and communities: Strengths–based research and policy.

Washington, DC: American Psychological Association.

Mayall, B. (2002). Towards a sociology for childhood: Thinking from children's lives. Philadelphia, PA: Open University Press.

Mead, M. (1928). Coming of age in Samoa. New York, NY: Dell.

Melpignano, M., & Good, T. L. (2004). America's teenagers–Myths and realities: Media images, schooling, and the social costs of careless indifference. Manwah, NJ: Lawrence Erlbaum Associates.

Nichols, S. L., & Good, T. L. (2004). America's teenagers–Myths and realities: Media images, schooling, and the social costs of careless indifference. Manwah, NJ: Lawrence Erlbaum Associates.

Nixon, R. (1997). What is positive youth development? Child Welfare, 76(5), 571–575.

Otto, J. (1995). Community collaboration. New York, NY: Columbia Business School.

Percy–Smith, B. (2006). From consultation to social learning in community participation with young people: Creating "Space" for young people's participation in neighborhood development using dialogue and social learning. Children Youth and Enviornment, 16(2), 153–179.

Perkins, D. F. (2009). Community youth development. In J. Wood & J. Hine (Eds.) Working with young people (104–113). Thousand Oaks, CA: Sage Publication.

Perkins, D. F., & Borden, L. M. (2006). Key elements of community youth development programs. In A. Villarruel(Ed.). Community youth development. Sage publications. London, 328–337.

Perkins, D. F., Border, L. M. & Villarruel, F. A. (2001). Community youth development: A partnership for action. The School Community Journal, 11(2), 39–56.

Petr, C. G. (2003). Social work with children and their families: Pragmatic Foundations. (2nd ed.). New York, NY: Oxford University Press.

Petr, C. G. (2004). Social work with children and their families: Pragmatic Foundations. (2nd ed.). New York, NY: Oxford University Press.

Piaget, J. (1952). The origins of intelligence in children (M. Cook Trans.). New York: International Press.

Pittman, K. (1991). Promoting youth development: Strengthening the role of youth serving and community organizations. Washington DC: Academy for Educational Development.

Pittman, K. (2017). Positive youth development as a strategy for addressing readiness and equity: A commentary. Child Development, 88(4), 1172–1174.

Pittman, K. J. (2000). Balancing the equation: Communities supporting youth, youth supporting communities. Community Youth Development Journal, 1, pp. 33–36.

Pittman, K. J., & Fleming, W. E. (1991). A New Vision Promoting Youth Development, Testimony, Washington D. C., House Select Committee on Children, Youth and Families.

Pittman, K.J., Irby, M., Tolman, J., Yohalem, N., & Feber, T. (2003). Preventing problems, promoting development, encouraging engagement; Competing priorities or inseparable goals?, Based upon Pittman, K., Irby, M. (1996). Preventing problems or promoting development?, Washington. D.C.: The Forum for Youth Investment, Impact Strategies.

Rapp, C. A., & Goscha (2006). The strengths model: Casemanagement with people with psychiatric disabilities. NewYork: Oxford University Press.

Rosen, S. M. (2016). Identity performance and collectivist leadership in the Philadelphia Student Union. International Journal of Leadership in Education: Theory and Practice, 19(2), 224–240.

Roth, J., & Brooks–Gunn, J. (2000). What do adolescents need for healthy development? Implications for youth policy. Social Policy Report, 14(1), 3–19.

Saleebey, D. (Ed.). (2005). The strengths perspective in social work practice (4th ed.). Boston, MA: Pearson Education, Inc.

Scales, P. C. & Leffert, N. (1999). Developmental assets: A synthesis of the scientific research on adolescent development. Minneapolis, MN: Search Institute.

Scales, P. C. (2001). The public image of adolescents. Society, 38(4), 64–70.

Schroth, H. (2019). Are you ready for Gen Z in the workplace? California Management Review, 61(3), 5–18.

Schwieger, D., & Ladwig, C. (2018). Reaching and retaining the next generation: Adapting to the expectations of Gen Z in the classroom. Information Systems Education Journal, 16(3), 45.

Sherrod, L. (2003). Promoting the development of citizenship in diverse youth. PS: Political Science and Politics, 36, 287–292.

Sherrod, L. (2007). Civic engagement as an expression of positive youth development. In R. K. Silbereisen & R. M. Lerner (eds), Approaches to positive youth development. (pp. 59–74). Thousand Oaks, CA: Sage Publications.

Sherrod, L. R., & Lauckhardt, J. (2008). Civic engagement: The development of citizenship. In. R. M. Lerner & L. Steinberg (Eds.). Handbook of adolescent psychology (3rd ed.). Hoboken, NJ: Wiley.

Shier, H. (2001). Pathways to participation: Opening opportunities and obligations. Children and Society, 17, 107–117.

Sinclair, R. & Franklin, A. (2000). Young people's participation, Research in practice and making research count. London: Department of Health.

Small, S., & Memmo, M. (2004). Contemporary models of youth development and problem prevention: Toward an integration of terms, concepts, and models. Family Relations, 53(1), 3–11.

Stagner, M., & Duran, M. A. (1997). Comprehensive community initiatives: Principles, practice, and lessons learned. The Future of Children, 7(2), 132–140.

Sullivan, T. J. (2006). Introduction to social problems. New York: Pearson.

Tanner, J. L., & Arnett, J. J. (2009). The emergence of 'emerging adulthood': The new life stage between adolescence and young adulthood. In A. Furlong(Ed.), Handbook of youth and young adulthood: New perspectives and agendas(pp. 38–45). London: Routledge.

Theis, J. (2007). Performance, responsibility and political decision-making: Child and youth participation in southeast Asia, Children, Youth and Environment, 17(1), 1–13.

Tuck, E. & Yang, K. W. (2014). Youth and resistance research and theories of change. New York, NY: Routledge.

U.S. Department of Health and Human Services (1997). Understanding youth development: Promoting positive pathways of growth. Washington, D.C.: Government Printing Office.

UNESCO (1968). Cultural policy: A preliminary study. Sutdies and documents on cultural policies 1. Paris: UNESCO.

Villarruel, F. A., Perkins, D. F., Borden, L. M., & Keith, J. G. (2003). Community youth development: Programs, policies, and practices. Thousand Oaks, CA: Sage Publications.

Watts, R., Williams, N. C., & Jagers, R. J. (2003). Sociopolitical development. American Journal of Community Psychology, 31(1/2), 185–194.

Weick, A., Rapp, C., Sullivan, W. P., & Kisthardt, W. (1989). A strengths perspective for social work practice. Social Work, 34, 350–354.

Williamson, H., Fras, M., & Lavchyan, Z. (2021). About Time!: A reference manual for youth policy from a European perspective. Strasbourg, Council of Europe and European Commission.

Winter, Micha de (1997). Children as Fellow Citizens: participation and commitment, Oxford: Radcliffe Medical Press.

Zimmerman, K. (2007). Making space, making change: Models for youth-led social organizations. Children, Youth and Environments, 17(2), 298-314.

찾아보기

저자소개

천정웅(대구가톨릭대학교)

청소년전문가(youth professional)와 전업활동지도자(youth worker)를 대상으로 청소년분야 "강점기반실천(strengths-based practices)의 본질(nature)"을 분석한 논문으로 미국 캔사스 대학교(University of Kansas)에서 사회복지학 박사학위를 취득하였으며 환경레짐(environmental regime)에 관한 논문으로 한국 중앙대학교에서 정치학 박사학위를 받았다. 한국청소년정책연구원 기획조정실장, 한국청소년학회 사무총장 등을 역임하고, 미국 아이오와 대학교(University of Iowa) 방문학자, 캔사스 대학교 사회정책분석연구원 Research Manager로 일한 바 있다.

현재 대구가톨릭대학교 사회복지학과 교수로 재직하고 있으며, 대구다문화가족지원센터 협회장 등을 역임하였다. 대구가톨릭대학교의 주요 보직으로 국제다문화대학원장, 다문화연구원장, 다문화교육원장, 청소년복지연구소장, 사회복지학과장, 대학원 사회복지학과장 등이 있다. 학부와 석・박사과정에서 청소년복지론을 비롯하여 청소년 인권과 참여, 청소년활동론, 사회복지정책론, 사회복지행정론, 지역사회복지론, 고급통계자료분석론, 질적연구방법론, 국제사회복지론, 인간행동과 사회환경 등을 강의하고 있다.

1980년대 중반 이후 한국과 미국에서 청소년학을 연구해 왔으며, 2000년대부터 사회복지이론과 실천, 양적・질적 연구방법 등을 중심으로 하는 강의와 저작활동에 진력해오고 있다. 한국전통사상에 특별한 관심을 갖고 있으며, 논문작성법을 비롯하여 "청소년 인권과 참여", "청소년복지론", "사회복지연구방법론", "질적연구방법론" 등의 10여권의 단독저서와 "다문화청소년활동론", "차세대 청소년학총론", 등의 50여권의 공저를 발간하였다. 다수의 국문논문과 "Best practices in community-based prevention for youth substance reduction", "Causal relationships between service outcomes and satisfaction, service utilization, and demographic characteristics: A path analysis" 등 단독저자로서 SCI, SSCI 등재 영문저널 게재 논문을 여러 편 갖고 있다.

2003년 미국에서 "세계청소년학 아카데미(World Academy for Youth Studies)"를 창립하여 한국과 미국에서 국제컨퍼런스 "청소년학 월드포럼(World Forum on Youth Studies)"을 개최하였으며 글로벌청소년학회, 한국사회복지질적연구학회의 편집위원장을 역임했으며, 최근에는 글로벌청소년학회와 한국시민청소년학회 회장을 맡았다. 한국과 미국의 연구기관에서 청소년 관련 정책연구와 데이터 분석 등을 통해 50여종의 국・영문 보고서를 발간하였다.

비판청소년학 총서 7
청소년학

초판발행 2023년 7월 15일 **1판 1쇄 인쇄** | 2023년 7월 20일 **1판 1쇄 발행**

지은이 천정웅
펴낸이 최용구 | 펴낸곳 도서출판 **신정**
주소 (04316) 서울시 용산구 원효로 89길 19 (원효로1가)
전화 02)3211-4782, 0266(영업부), 3211-4783(편집부), 3211-4784(팩스)
이메일 shinjeong72@naver.com | **홈페이지** www.sjbook.co.kr
등록 2001년 5월 11일 제13-702호
기획마케팅 최용구 장만동 최충구 송대용 | **책임편집** 석기은 황가연

ISBN 978-89-5912-864-8 93330
정가 21,000원